U0741957

U034284

·安徽师范大学文学院学术文库·

论元结构
与汉语构式

LUNYUAN JIEGOU YU HANYU GOUSHI

熊仲儒 著

安徽师范大学出版社

·芜湖·

责任编辑:潘　安
装帧设计:杨　群　欧阳显根
责任印制:郭行洲

图书在版编目(CIP)数据

论元结构与汉语构式 / 熊仲儒著. —芜湖:安徽师范大学出版社,2014.11
(安徽师范大学文学院学术文库)
ISBN 978-7-5676-1177-1

Ⅰ.①论… Ⅱ.①熊… Ⅲ.①汉语-语法结构-文集 Ⅳ.①H14-53

中国版本图书馆CIP数据核字(2014)第001580号

本书由安徽师范大学教育基金会宝文基金资助出版

论元结构与汉语构式

熊仲儒　著

出版发行:安徽师范大学出版社
　　　　芜湖市九华南路189号安徽师范大学花津校区　　邮政编码:241002
网　　址:http://www.ahnupress.com/
发 行 部:0553-3883578　5910327　5910310(传真)　　E-mail:asdcbsfxb@126.com
印　　刷:安徽芜湖新华印务有限责任公司
版　　次:2014年11月第1版
印　　次:2014年11月第1次印刷
规　　格:700 mm × 1000 mm　1/16
印　　张:19.25
字　　数:300千
书　　号:ISBN 978-7-5676-1177-1
定　　价:38.50元

凡安徽师范大学出版社版图书有缺漏页、残破等质量问题,本社负责调换。

总　序

　　安徽师范大学文学院的前身是1928年建立的省立安徽大学中国文学系,是安徽省高校办学历史最悠久的四个院系之一。这里人才荟萃,刘文典、郁达夫、苏雪林、周予同、潘重规、卫仲璠、宛敏灏、张涤华、祖保泉等著名学者都曾在此工作过,他们高尚的师德、杰出的学术成就凝固成了我院的优良传统,培养出了一大批出类拔萃的各类人才。

　　文学院现设有汉语言文学、汉语言、秘书学、汉语国际教育等4个本科专业;文学研究所、语言研究所、古籍整理研究所、美育与审美文化研究所、艺术文化学研究中心等5个研究所(中心)。拥有中国语言文学博士后科研流动站,中国语言文学一级学科博士点,中国语言文学、艺术学理论2个一级学科硕士学位点;设有中国古代文学等10个硕士学位二级学科授权点和学科教学(语文)、汉语国际教育两个专业学位点;有1个安徽省A类重点学科(中国语言文学),3个安徽省B类重点学科(中国古代文学、汉语言文字学、中国现当代文学);1个国家级特色专业建设点(汉语言文学专业),1个国家级教学团队(中国古代文学),2门国家级精品课程(文学理论、大学语文),1个省级刊物(《学语文》)。

　　文学院师资科研力量雄厚,现有专任教师82人,其中教授26人,副教授40人,博士51人。2009年以来,本学科共主持省部级以上科研项目74项,其中国家社科基金项目20项(含重大招标项目1项),获得省部级以上奖励13项。教师中,有国家首届教学名师1人,享受国务院特殊津贴12人,皖江学者3人,二级教授8人,5人入选省级学术和技术带头人,6人入选省级学术和技术带头人后备人选。

　　走过80多年的风雨征程,目前中文学科方向齐全,拥有很多相对稳定、特色鲜明的研究领域。唐诗研究、"二陆"研究、宋辽金文学研究、词学研究、现代小说及理论批评研究、当代文学现象研究、《文心雕龙》研究、古典诗歌接受史研究、梵汉对音研究、句法语义接口研究、儿童语言习得研究等在全国居于领先地位或在学术界有较大影响。特别是李商隐研究的系列成果已成为传世经典，国务院学位委员会委员、北京大学教授袁行霈先生说，本学科的李商隐研究，直接推动了《中国文学史》的改写。

经过几代人的薪火相传，中文学科养成了严谨扎实的学术传统，培育了开拓创新的学术精神，打造了精诚合作的学术团队，形成了理论研究与服务社会相结合、扎根传统与关注当下相结合、立足本位与学科交融相结合、历代书面文献与当代口传文献并重的学科特色。

新世纪以来，随着老一辈学者相继退休，中文学科逐渐进入了新老交替的时期，如何继承、弘扬老一辈学者的学术传统，如何开启中文学科的新篇章，成了摆在我们面前的迫切任务。基于这一初衷，我们特编选了这套丛书，名之为"安徽师范大学文学院学术文库"，计划做成开放式丛书，一直出版下去。我们认为对过去的学术成果进行阶段性归纳汇集，很有必要，也很有意义，可以向学界整体推介我院的学术研究，展现学术影响力。

现在呈现在读者眼前的是第一辑，文集作者均是资深教授或博士生导师，有年高德劭的老一辈专家，有能独当一面的中年学术骨干，有崭露头角的青年才俊，可以反映出文学院近年科研的研究特点与研究范式。

新时代，新篇章。文学院经过八十余年的风雨砥砺，取得了辉煌的成就。赭塔晴岚见证了我们的发展，花津水韵预示着我们会更上层楼；"傍青冥而颉颃白日，出幽谷而翱翔碧云"。我们坚信，承载着八十多年的历史积淀，文学院的各项事业必将走向更大的辉煌！

我们拭目以待……

丁　放　　储泰松
2014年8月

目　录

第 一 部 分
论元结构的构式理论

自然语言的词序①

　　关于自然语言的词序问题,在管约论的早期主要是通过对核心词进行参数设定而解决的,如英语是核心在前(head-initial)的语言,日语是核心在后(head-final)的语言,这在描写上有极大的方便,但学界并不满足于此。Wexler & Manzizi(1987)提出词汇参数化假设(Lexical Parametrization Hypothesis),这一假设认为参数的值与特定的语言无关,而与语言中的特定词项有关。Fukui(1988)在此基础上进一步提出参数的值只与功能范畴有关,即"功能范畴参数化假设"(Functional Parametrization Hypothesis),这一看法基本为学界所接受(Chomsky 1995)。普遍的词序如何来设定呢? 从理论上讲,可以任意设定,我们可以设XY为普遍词序也可以设YX为普遍词序。设YX为普遍词序的话,若要生成XY,则需要用功能范畴F激发移位,如(假定F不可见):

　　(1) Y　X　→　[F [Y　X]]

　　　　　　→a. $[X_1-F [Y t_1]]$

　　　　　　→b. $[X_1 [F [Y t_1]]]$

　　(1a)为核心移位情况,(1b)为短语移位情况。可能正因为如此,所以 Chomsky(1995)在谈到合并(Merge)的时候,用集合表示 $K=\{\gamma, \{\alpha, \beta\}\}$。但在经验上,普遍词序有探讨的必要:因为一种设置可能符合经济原则,而另一种设置可能就不符合经济原则;根据设定的普遍词序可以探讨某一语言中的功能范畴的特征及其句法后果;另外还可以使规律更严整。

　　我们讨论自然语言的词序,动机很简单,因为 Kayne(1994)提出

---

① 本文在写作过程中得到了方立教授的指导和邓思颖博士的帮助,谨致谢忱,文责自负。

只能"左向嫁接",而汉语的动结式"V-R"按理论只能"右向嫁接"①。如果汉语的"V-R"允许"右向嫁接",又会产生一个问题,即语言中并列存在两种方向的嫁接,那如何解决可学性(learnability)问题。文章还有助于确定"得"的句法位置。我们的讨论分六个部分。第一部分简介线性对应公设及其所推导的普遍词序与左向嫁接。第二部分谈其可能遭遇的困难,主要是汉语的语料:一种是动结式"V-R",一种是动介式"V-P"。第三部分是文章的主体,先谈适应性的处理,其前提是必须承认"V-R"是词库中的复合词,我没有采用这种看法,所以我寻求新的解决策略,设计了自然语言的可能词序,如为[S[h[C[H]]]],这样做的好处是使规律更谨严,即"嫁接与移位同向",并探讨了"了"的句法位置和轻动词 v 的存在理据。第四部分谈谈理论蕴涵,Huang(1982,1994)对汉语按核心的范畴特征设置不同的参数,[+V]特征值的核心都是核心在前,而其他的都是核心在后,我们所设计的词序[S[h[C[H]]]]可能有助于统一处理,按照我们所设计的词序,词汇核心都是核心在后,而对其扩展的功能核心都是核心在前。另外我们还谈了如何将我们的词序融进简明短语结构理论。第五部分为经验上的证据,以汉语"把"字句与日汉"V-R"为例进行说明。最后是结语。

1 Kayne(1994)的设计

Kayne(1994)探讨了线性词序与结构等级之间的普遍联系,并提出了线性对应公设(LCA)。该公设认为终端语符的线性词序由不对称的成分统制(ACC)所造成(胡建华 1999;邓思颖 2000)。这里先介绍几个重要概念:

（2）a. X 不对称地成分统制 Y,当且仅当 X 成分统制 Y,并且 Y 不成分统制 X。

　　　b. X 成分统制 Y,当且仅当 X 与 Y 是范畴,X 排除 Y,并且所有支配 X 的范畴都支配 Y。

---

① 如果将动结式"V-R"处理为词库中的词则另当别论,其代价可参见 Shi(1998),另外也不好解释核心在后的日语何以也选择"V-R"形式。仿 Kayne 的分析,下文中有,此处不赘述。也有其他的学者认为"V-R"是由句法派生的,如 Tang(1997),他用小句分析法,其结果也是右向嫁接:

[vP Subj [v' v [VP Obj$_i$ [v' V [FP F [XP pro/PRO$_i$ X]]]]]]

→Subj VX Obj$_i$[FP F [XP pro/PRO$_i$ …]]

c. 范畴 X 支配 Y,当 X 的所有片段(segment)都支配 Y 时。

d. 范畴 X 排除 Y,当 X 的所有片段都不支配 Y 时。

为了理解上方便,我们举一个实例进行说明:

(3)a.

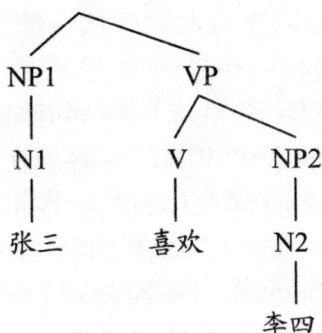

b.

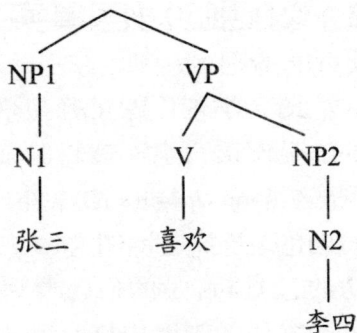

成分统制的定义要求统制与被统制的成分都应是范畴,这一点相当重要,像(3a)中的下层 VP 只是[VP, VP]的一个片段(segment)而非范畴,所以下层 VP 不能成分统制 N1;(3b)中 VP 是范畴而非片段,VP 与 N1 相互排除,另外支配 VP 的范畴 S 也支配 N1,所以 VP 成分统制 N1,且为不对称的成分统制,按照线性对应公设,因为 d(<VP,N1>)= {<喜欢,张三>},所以"喜欢"应前于"张三",这跟自然语言并不一致,故(3b)不正确。他根据线性对应公设推导出自然语言的普遍词序为 S–H–C,如(3a)。

Kayne(1994)的线性对应公设在理论上有一些优越性。首先,它推导出句法结构必须是双分枝的,排除了多分枝的可能性。Larson (1988)在做"双宾结构"时提出的单补足语假设(Single Complement Hypothesis)就是关于双分枝结构的假设,现在双分枝结构则成了理论上的必然。其次,它也排除了"右向嫁接"(right adjunction)的可能性。这里对嫁接的方向做个说明:

(4) a.

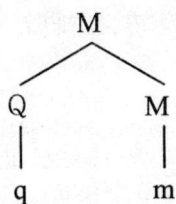

b.

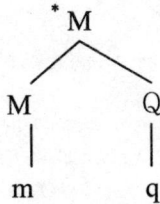

因为 M 并不排除 Q,所以 M 不能成分统制 Q,Q 也不能成分统制 M

的片段(下层 M)。但 Q 成分统制 M,因为 Q 排除(不包含)M,支配 Q 的所有范畴都支配 M。因此 Q 不对称的成分统制 M,由于 d(<Q,M>)={<q,m>},故 q 前于 m,也就是说嫁接的方向只能是左向的,如(4a)。

2　汉语的语言事实

语言学理论的正确与否,单纯从理论本身是无法判断的,最简单的办法是用语言事实进行验证。在 Baker(1988)中,除了介词在动词的右侧融合(incorporation)以外,如"V–P",几乎所有的融合都发生在被融合的词的左侧,这说明 Kayne(1994)关于左向嫁接的推导在总体上是成功的,但语言学的研究要讲究一致性,不能左向嫁接也行右向嫁接也行。汉语的观察也许有助于我们寻找合适的思路去解决这个问题。这里我们选结果补语与介词补语作说明。为什么选这两种结构呢?原因很简单,因为它们都不在主动词后直接带时体标记词"了",这样一种简单事实只能逼迫我们将动结式与动介式处理成复合词,这样就给我们带来了一个问题:这种复合词是词库中本来就有的呢,还是在句法中派生的呢? 另外这类结构还能诊断出我们的分析到底正确与否。

(5)结果补语

他哭湿了手绢。　　　　　　　*他湿哭了手绢。

(6)介词补语

张三送给了李四一本书。　　　*张三给送了李四一本书。

他把书放在了桌上 。　　　　*他把书在放了桌上。

按照 Kayne 的嫁接理论,(5–6)可表示成:

(7) a.

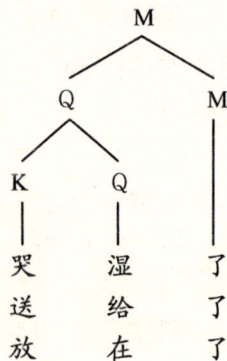

这种结构图有两种意义：

第一，Q左向嫁接到M，然后K又左向嫁接到Q。这个树形图的合理性可参看Kayne（1994：20），如（8）。这样一来，其合并次序应是：

（7）b. […了…[…哭…[…湿…]]]（暂不考虑细节）

在这里"湿"不能越过"哭"先嫁接到"了"上，因为这样会违反核心移位限制（HMC），因为"湿""哭"与"了"是相同类型的核心，这跟（8）不同：

（8）Jean vous le donnera.

　　　Jean you$_{DAT}$ it will-give

　　　'Jean will give it to you.'　　　　　　（Kayne 1994：20）

"vous""le"与"donnera"是不同类型的核心，而且"vous"与"le"是"donnera"指示语或补足语。

第二，K左向嫁接到Q，生成新的Q，然后新Q又左向嫁接到M，这样一来，其合并次序是：

（7）c. […了…[…湿…[…哭…]]]（暂不考虑细节）

也就是说"湿"是高于"哭"的上一个核心，它有两种可能：其一为主动词，其二为轻动词。因为"湿"为实义词项，所以不可能为轻动词。而"湿"为主动词，"哭"又为什么呢？其实Kayne也不这样分析，他的技术手段是小句分析法（small clause analysis），其结果是：

（9）[他 哭（[[F]）[手绢 湿]）（]）]（暂不考虑"了"的位置）

"湿"左向嫁接有两种情形：

（10）a. *他 湿$_1$-哭 [手绢 t$_1$]

　　　　b. 他 哭 [湿$_1$-F [手绢 t$_1$]]

（10b）虽然达到了结果，但如果考虑"了"的话，问题又来了，因为汉语中的"了"要在主动词之后。其结果只能是：

（11）* 他哭-了…[湿$_1$-F[手绢-t$_1$]]　　（*他哭了湿手绢）

所以学界有人主张将汉语动结式（哭湿）处理为一个词，这样做的好处是可以维护Kayne的线性对应公设，但付出的代价是很大的（Shi 1998），显而易见的代价是扩大了词库。

（10a）的处理，Kayne（1994）曾将之应用于英语，以生成"John picked up the book"。Kayne采用小句分析法，将小品词"up"分析成小句的核心，"the book"在小句的指示语位置，可表示成：

（12）John picked [sc the book up]

    a. John up$_k$–picked [sc the book t$_k$]

    b. John$_i$ picked$_j$ [t$_i$ up$_k$ – t$_j$ [sc the book t$_k$]]

其间采用了两种技术手段，即（12a）采用融合操作（incorporation），（12b）采用分解操作（excorporation）。这种方法应用于汉语似乎不太容易：

（13）[他 哭 [手绢 湿]]

    a. 他[湿哭 [手绢湿]]

    →他 哭 [他[湿哭 [手绢湿]]]

    →*[AspP他 哭–了[… [他 哭[他[湿哭 [手绢湿]]]]]]

    b. 他[湿哭 [手绢湿]]

    →[AspP他[湿 哭–了[…[手绢湿]]]]

    →他[哭…[AspP他[湿 哭–了[…[手绢湿]]]]]

如果"湿哭"在与"了"融合之前就分解，其结果会同（10b）一样，如（13a）。如果让"湿哭"先与"了"融合，然后将"哭"从中分解出来，这样能得到合适的结果，如（13b），但总觉得缺乏相应的理据。这里并非说不可用分解操作，对于"John picked a book up that had fallen"来说，使用分解操作倒很方便，见（40）的分析。为什么一种方法只适用于英语而不适用于汉语呢？我们的回答是英汉的差别可能在于前者的词项在词汇集（Numeration）中就已经负载了形态特征，而后者是在推导的过程中被负载上的。如：

（14）a. John pick-ed up the book.

    b. *张三 哭–了 湿 手绢。

（15）a. *John pickup-ed the book.

    b. 张三 哭湿–了 手绢。

3 解决对策

3.1 适应性对策

3.1.1 动介式的处理

简单的处理是承认既有"左向嫁接"，如"吃了"中的"吃"左向嫁接于"了",又有"右向嫁接",如"哭湿"中的"湿"右向嫁接于"哭"。其后果是放弃"线性对应公设"。放弃"线性对应公设"在简明短语结构理论中不难做到,因为该理论是建立在 X-bar 理论的基础上的,所以Chomsky(1995)指出线性对应公设只是依赖于经验结果,而非理论必然。但该理论的一些好处也是很显然的,所以 Chomsky 做了一些努力,让线性对应公设作用于语音部分,以融合 Kayne 的理论。

为了使"V-P"适应 Kayne(1994)的理论,我们可以接受 Collins(1997)的建议,对下面的句子分别设置两种合并方式,其结果如下(不考虑细节):

(16)我把书<u>放在了</u>桌上。　　　　我把书<u>送给了</u>张三。

　　我<u>放在了</u>桌上一本书。　　　　我<u>送给了</u>张三一本书。

　　我<u>放了</u>一本书在桌上。　　　　我<u>送了</u>一本书给张三。

(17)a. 我[···[$_{Asp}$放-在-了···[$_{vP}$桌上[$_v$放-在[放一本书]]]]]

　　b. 我[$_v$把[书[$_{Asp}$放-在-了···[$_{vP}$桌上[$_v$放-在[放书]]]]]]

　　c. 我[···[$_{Asp}$放-了···[VP一本书[V放[在桌上]]]]]

(17a)与(17b)将"在"处理为轻动词,(17c)将"在"处理为介词。

如果接受 Baker(1988)的题元指派一致性假设(UTAH)的话,分别设置两种合并顺序,似乎不行,但稍做些处理也是可以的,即把"(在)桌上"、"(一本)书"都处理为内部论元。Baker(1988)的处理是:

(18)a. [$_{VP}$[$_v$放-在][$_{PP}$ t 桌上][$_{NP}$一本书]]

　　→[$_{Asp}$放-在-了···[$_{vP}$桌上[$_v$放-在[放[一本书]]]]]

　　b. [$_{VP}$[$_v$ 放][$_{NP}$一本书][$_{PP}$ 在桌上]]

　　→[$_{Asp}$放-了···[$_{VP}$一本书[$_v$放[在桌上]]]]

3.1.2　动结式的处理

难以适应 Kayne(1994)理论的是动结式"V-R"。不仅汉语如此,日语的情况似乎也有些类似,一般认为日语的核心在后,按理"V-R"的形式在日语中应该取"R-V"的形式,而实际上它仍旧取"V+R"的形式,这里引李亚非(Li 1993)的材料进行说明:

(19)John - ga　sono hon-o　yomi-tsukareru-ta.

　　John-NOM that book-ACC read - tired -PAST

　　'John read that book and as a result John got tired.'

　　(张三读书,结果张三累了。)

（20）John-ga　Mary-o　karakai-akiru-ta.

John-NOM Mary-ACC tease-bored-PAST

'John teased Mary and as a result John got bored.'

（张三逗柳英,结果张三烦了。）

比较：

（21）a. yomi-tsukareru-ta　　karakai-akiru-ta　V-R

　　 b. 读 －累　　 －了　　 逗　　 －烦 －了　V-R

为适应 Kayne（1994）的理论,我们可以将"V-P"中的"P"处理为轻动词,对"V-R"我们可以处理为一个复合词,像 William（1994）对英语的处理：

（22）a. John wiped clean the table.

　　 b. John wiped the table clean.

William 建立了这样的词汇规则：V→VA。不过,我们不准备采用这样的建议。我们感兴趣的是为什么汉语、日语、英语都采用"V-R"的形式,我们希望通过句法推导得到共同的解释。

3.2　移位的限制

在早期的句法中,移位是任意的,可以上移也可以下移,生成能力过于强大。为限制过于强大的生成能力,一般要求上移（upgrade）。如何保证上移呢？Radford（1988）给出了一个成分统制条件（C-command Condition）①,即在 S-结构上,被移动的成分必须成分统制各自的虚迹。其中 X 成分统制 Y 是指：支配 X 的第一个分枝节点也支配 Y,而且 X、Y 不相互支配。按照这一理论,我们分析一下日语的动结式：

_____

① 这也可以用核心移位限制（Head Movement Constraint）进行限制,即核心只能移进严格（properly）管辖它的另一个核心。但在最简方案中已经取消了"管辖"这一概念,所以我们采用成分统制条件。无论用哪一种限制,结果都是一样,即（23）a、b 合格,c 不合格。写这节内容是为澄清一种事实,即移位不受方向限制。移位之所以受到限制是为了能在 LF 上获得解释。核心移位限制也好,成分统制条件也好,都是为了使移位的成分能够约束自己的虚迹（trace）。

（23）

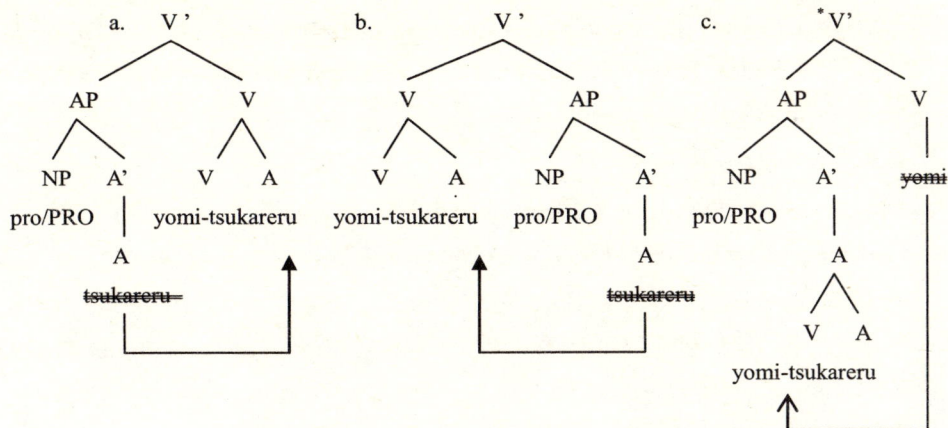

以上三种移位中，按成分统制条件，惟有（23c）不合格，因为"yomi"不能成分统制自己的虚迹"yomi"，（23a、b）两种移位方式都合格，虽然一个向左移位一个向右移位，但移位的成分都能成分统制各自的虚迹。由此我们认为，移位的方向并不重要，关键是看能否遵守成分统制条件。

3.3 重新分析

线性对应公设只准单向嫁接，如左向嫁接，而我们容许双向嫁接，既有左向嫁接又有右向嫁接。容许双向嫁接得回答一个问题，即什么时候左向嫁接，什么时候右向嫁接，或者说得解决嫁接的可学性（learnability），为此我们设计的普遍词序是：[S[h[C[H]]]]，Kayne 设计的普遍词序为 S–H–C，我们把它看做是[S [h[C[H]]]]的推导结果。如：

（24）a.   b.

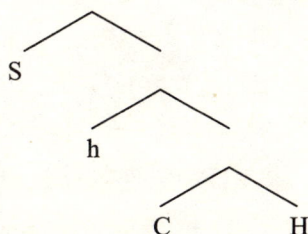
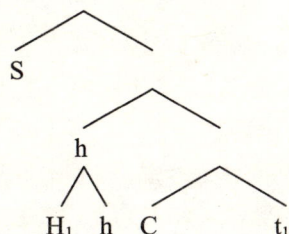

（24b）是由（24a）经核心移位推导而来的，忽略不可见的成分，（24b）表现为"S–H–C"。我们用汉语"V–R"来验证这种设置：

（25）张三哭湿了手绢。

为了不至于太烦琐，我们暂且不考虑"了"（下文中会谈及"了"的句法位置）。我们先用小句分析法做：

（26）$[[_v][[_c$ 手绢湿$] [_v$ 哭$]]]$

→$[[_v] [[_c$ 手绢 湿$][_v$ 哭-湿$]]]$

→$[[_v$ 哭-湿$] [[_c$ 手绢湿$][_v$ 哭-湿$]]]$

下面我们采用类似于Huang（1988）的处理：

（27）$[[_v] [[_s$ 手绢$][_v [[_c$ pro 湿$][_v$ 哭$]]]]]$

→$[[_v][[_s$ 手绢$][_v [[_c$ pro 湿$][_v$ 哭-湿$]]]]]$

→$[[_v][[_s$ 手绢$][[_v$ 哭-湿$] [[_c$ pro 湿$][_v$ 哭-湿$]]]]]$

→$[[_v$ 哭湿$] [[_s$ 手绢$] [[_v$ 哭-湿$] [[_c$ pro 湿$][_v$ 哭-湿$]]]]]$

两种方法的结果相同，而且我们发现核心词右向移位时都是嫁接在另一核心词的右侧。这一移位是许可的，因为它可以成分统制自己的虚迹。我们的初步结论是：

（28）右向移位嫁接于右侧（right-to-right）。

现在我们考虑介词嫁接：

（29）张三送给李四一本书。

首先我们用类似于Larson（1988）的方法做：

（30）$[[_v] [[_c$ 给李四$][_v$ 送$]]]$

→$[[_v] [[_c$ 给李四$][_v$ 送-给$]]]$

→$[[_v$ 送-给$] [[_c$ 给李四$][_v$ 送-给$]]]$

结论依然相同，即"右向移位嫁接于右侧"。接着我们改用类似于Collins（1997）的方法重新做一遍：

（31）$[[_v] [[_s$ 李四$][_v [[_c$ 一本书$][_v$ 送$]]]]]$

→$[[_v] [[_s$ 李四$][[_v$ 送-给$] [[_c$ 一本书$][_v$ 送$]]]]]$

→$[[_v$ 送-给$] [[_s$ 李四$][[_v$ 送-给$] [[_c$ 一本书$][_v$ 送$]]]]]$

在句法结构上"给"高于"送"，所以"给"不能嫁接到"送"，否则难以成分统制自己的虚迹。"送"的上移理所当然。在这里我们又发现：

（32）左向移位嫁接于左侧（left-to-left）。

如果进一步抽象，我们可提出"嫁接与移位同向假设"，即右向移位嫁接于右侧，左向移位嫁接于左侧。嫁接与移位同向假设可以排除

嫁接方向的任意性。如果我们的分析正确的话,我们就可以重新解释英语的动结式了:

(33)John wiped clean the table.

    a. [_{vP} [John] [_{v'} [_v wiped–clean][_{vP}[s the table][_{v'} [_v wiped–clean][_{vP}[c clean][_v wiped– clean]]]]]]

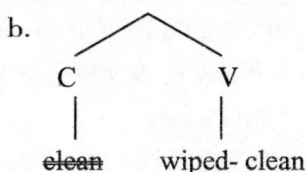

    b.

             C   V

      clean   wiped- clean

(34)John wiped the table clean.

    [_{vP} John [_{v'}[_v wiped] [_{vP}[s the table][_{v'} [_v wiped][_{vP} [c clean[_v wiped]]]]]]]

日语的解释也差不多,可表示成"[_c pro/PRO tsukareru [_v yomi-tsu-kareru]]"。

3.4 "V–N"的处理

根据我们所设置的普遍词序[S [h [C[H]]]],"右向移位"及"右向嫁接"只是发生在底层,对于其他的移位或嫁接而言只能是左向的。这里就有一个问题,即如何处理名词的融合N–V。假设有这样的结构:[[_h v] [[_c N] [_H V]]],如果右向移位,其结果是:[[_h v] [[_c N] [_H V– N]]],但这不是我们所要的结果,能否等到 V 移到 v 之后移位得出[[_h N –V – v] [[_c N] [_H V]]]呢? 理论上是可行的,因为 N 与 V 不是同一个范畴,前者的特征值是[+N,–V],而后者的特征值是[–N,+V],这样是不是不违背核心移位限制(HMC)我们并不太清楚,按理是不违背的。保险的是如果名词位于指示语位置,则名词一定要等到动词与轻动词嫁接之后嫁接,因为如果不这样就会违背成分统制条件。前者可以少引进一些功能范畴,后者则要多一些,哪种更好,这里不做结论。例证有:

(35)Pat wa-ha-hwist-ahtu- t-a.

    Pat PAST–3MS–money–lost–CAUS–ASP

    'Pat lost money.' （Baker 1988: 76）

其推导过程可以表示成:

(36)a. [[_h CAUS][_{HP} [_c money] [_H lost]]]

    →[[_h lost – CAUS] [_{HP}[_c money][_H lost]]]

→[[_h money– lost – CAUS] [_{HP}[_c ~~money~~][_H ~~lost~~]]]

b. [[_h CAUS] [_{hP}[_s money[··· [_H lost]]]

→[[_h lost – CAUS] [_{hP}[_s money[···[_H ~~lost~~]]]]

→[[_h money– lost – CAUS] [_{hP}[_s ~~money~~[···[_H ~~lost~~]]]]

（36a）让名词在补足语位置，（36b）让名词在指示语位置。融合后的结构可表示成[money– [lost–CAUS]]，可能也能表示成[[money– lost] – CAUS]，后者是 Kayne（1994:20）的表示方法，它表示 lost 先嫁接到核心词 CAUS 上，然后 money 嫁接到 lost 上，如（7a）。

3.5 "了"的句法位置

在上文中我们忽略了"了"的句法位置，这里想做一点说明。Chomsky（1995）原本设想让词在词汇集（Numeration）中或进入推导时就负载上形态特征，这样对一些语言是可行的，但对于汉语这样的语言似乎不太可行，除非我们认为"V–P"、"V–R"是词库中的词，否则难以解释下列现象：

（37）a. V–P–了　　　放在了

　　　b. V–R–了　　　哭湿了

Tang（1998）的观点值得注意，他认为有的语言形态丰富（rich），有的语言形态贫乏（impoverished），前者在词汇集中就已经负载了形态特征，后者得在推导过程中取得。如果这种观点可行的话，那么汉语就应该属于得在推导过程中取得形态特征的语言。那么"了"应该在哪里呢？"了"是表示"时体"（Asp）的词，不应该在时制（T）位置。汉语的测试很简单，用把字句即可：

（38）a. 他把书送给了张三。

　　　b. 他没把书送给张三。

测试说明"把"位于否定性功能范畴之下，据此，我们设计的句法结构是：

（39）a.

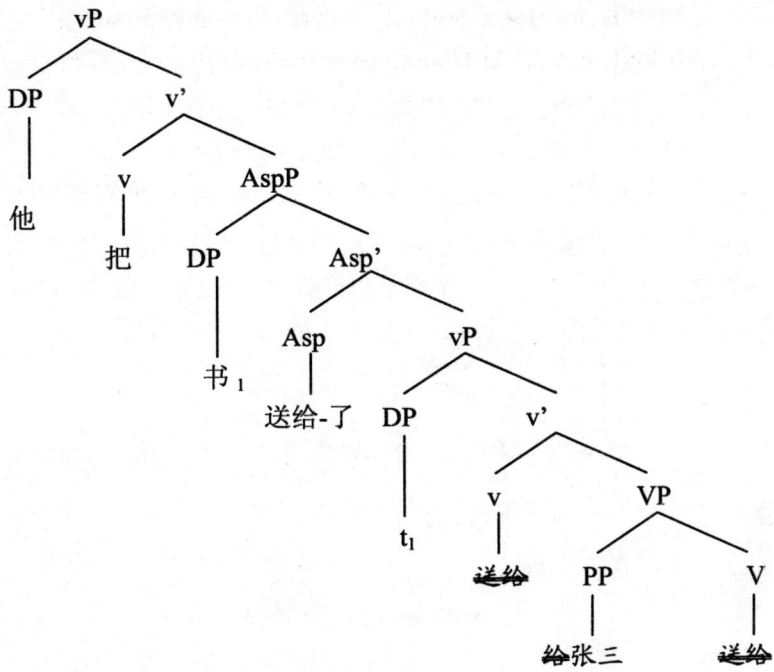

b.

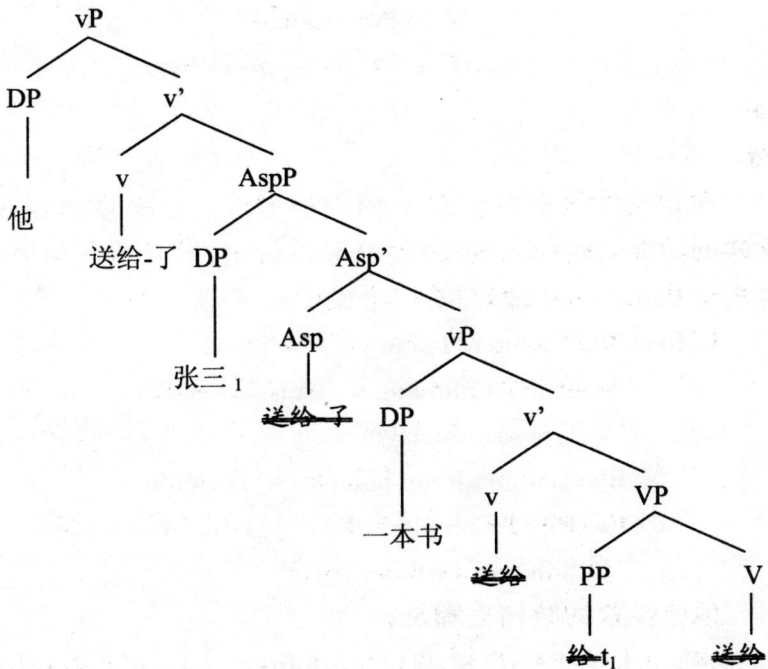

上文中谈到"John picked a book up that had fallen"中涉及"分解"操作,那么应该在哪里进行分解呢? 如果我们采用类似于 Larson 的做法,分解的位置看来也只能在 Asp 的位置:

（40）

```
                    vP
                  /    \
                DP      v'
                |      /   \
              John    v     AspP
                      |    /    \
                   picked DP    Asp'
                          |    /    \
                      a book₁ Asp    vP
                          |    |    /   \
                       picked- up DP   v'
                                   |   /  \
                           t₁ that had fallen  v    VP
                                              |   /   \
                                          picked-up Prt    V
                                                     |      |
                                                     up   picked-up
```

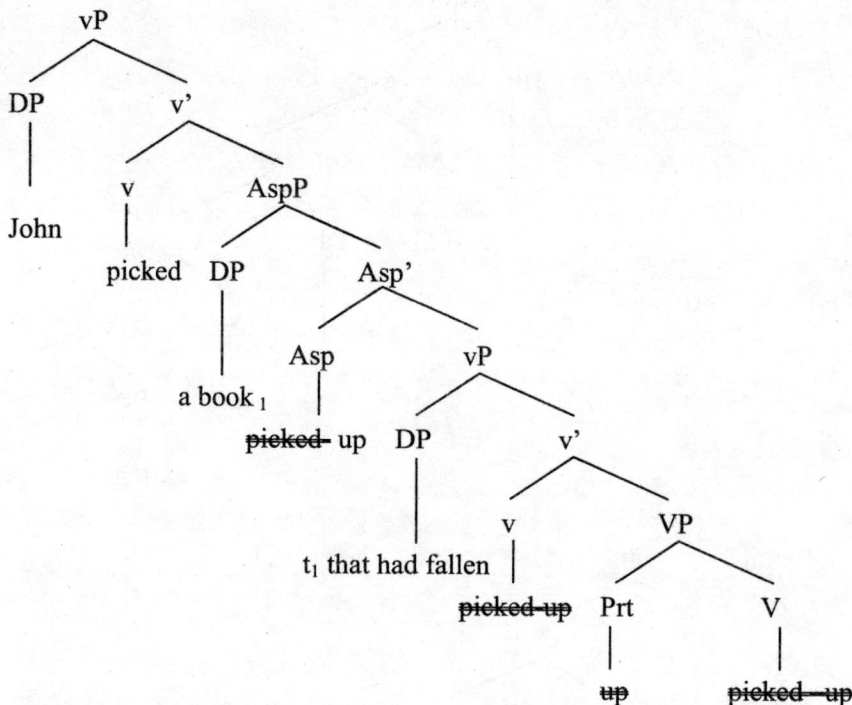

在句法结构中有没有 Asp 这样的功能范畴,或者说该不该将 Asp 这样的功能范畴引入句法结构,可以讨论,但它的存在是不容置疑的,这里选 Ramchand（1997）的一个例子做证明:

（41）a. Bha Calum a'faicinn a'bhalaich.

　　　　Be-PAST Calum ag see-VN boy-GEN

　　　　'Calum saw the boy.'

　　b. Bha Calum air am balach（a）fhaicinn.

　　　　Be-PAST Calum air the boy-DIR 'a' see-VN

　　　　'Calum had seen the boy.'

他所设置的结构分别是:

（42）a. [ı·[ı[+PAST] Bha][AspP[SPEC Calum][Asp·[Asp a'][VP[SPEC][V·[V faicinn]
[XP a'bhalaich]]]]]]]

b. [ᵢ·[ᵢ[+PAST] Bha][ₐₛₚₚ[SPEC Calum][ₐₛₚ·[ₐₛₚ air][ᵥₚ[SPEC ambalach]

[ᵥ·[ᵥ afhaicinn][ₓₚ]]]]]

3.6　[S[v[C[V]]]]中 v 的理据

关于 v 的理据，我们可以从 Chomsky(1995:316-317)的论述中获得一种启示，他认为对于下面这样的构型，可以表达外部论元的致使性(causative)或施事性(agentive)角色，联系 Baker(1997)，我们可以认为 v 语义上表示[CAUSE]或[DO]，在句法上用来核查 Obj 的形式特征(FF)。从理论上说左右两种构型是等价的，但其经验后果却不同，我们以英语与日语的例子作个比较：

(43)a. John bought a book.

　　b. John-ga hon-o katta.

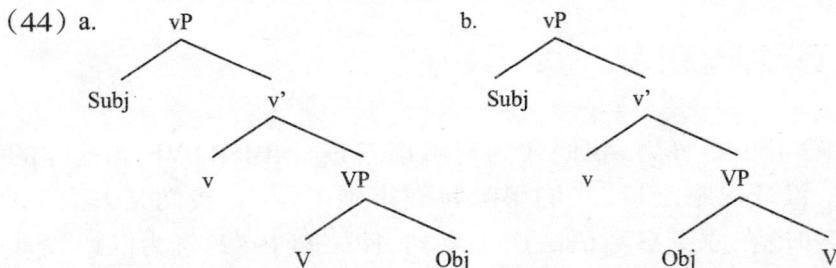

(44) a.
```
         vP                          b.        vP
        /  \                                  /  \
    Subj    v'                            Subj    v'
           /  \                                  /  \
          v    VP                               v    VP
              /  \                                  /  \
             V    Obj                            Obj    V
```

按 Chomsky 处理，英语中的 a book 在狭义句法中不发生移位，而日语中的 hon-o 则需要发生显性移位。按我们的处理，正好相反，日语的宾语不移位而英语的宾语要移位。这种处理好不好，需要考虑大量数据才可下结论。另外我们还可以采纳 Tang(1998)处理日语的建议，让 V 嫁接到标句词 C 上，并让移空 V 的 TP 移到 C 的指示语位置。在这里，不管采用哪种处理，都能和理论要求一致，只是具体到某种语言时可能经验后果不同。

其实 v 还有另外一种语义，即表示"变得"或"变成"[BECOME]，对应于谓词分解中的[BECOME]：

(45)[X cause [y be/become PREDICATE]]

这个表示[BECOME]的 v 核查什么我们还不太清楚，但它确实存在，在汉语中可以用"得"表示，如"这件事把他激动得说不出话来"：

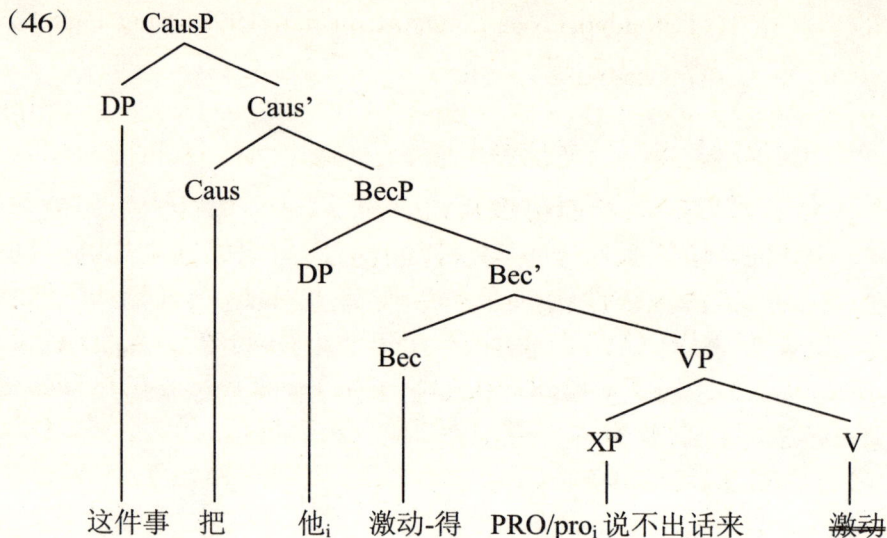

（46）

```
              CausP
            /       \
          DP         Caus'
                    /      \
                 Caus       BecP
                           /     \
                         DP       Bec'
                                 /      \
                               Bec       VP
                                        /    \
                                      XP      V
这件事    把      他ᵢ   激动-得   PRO/proᵢ说不出话来   ~~激动~~
```

4　理论蕴涵

　　费了一些气力,我们才为自然语言设计出[S[h[C[H]]]]这样的普遍词序,设计出来之后,我们得问我们得到了什么,我们又失去了什么。我们知道在原则参数语法产生之初,Huang(1982)就为汉语设计一种句法结构,其中一个显著的特点是根据核心的范畴特征设置核心位置的参数。Huang(1982,1994)为汉语设计短语结构如下:

（47）a. XP → YP X'

b. X' → YP X'

c. X' → Ⅰ. X⁰ YP iff X=[+v]

Ⅱ. YP X⁰ otherwise

　　Huang 的设计正确与否,我们不讨论。我们关心的是不同的范畴,其核心位置能否一致处理。早期有学者(Li 1985)做过这方面的尝试。我想我们的假设有助于统一处理,因为我们的基本操作是由底向上(bottom-up)的合并(Merge),这一技术手段使得我们不必设置下面的句法结构:

（48）a. [_CP XP [c [YP　C]]]

b. [_TP XP [t [YP　T]]]

　　因为 T 也好,C 也好,它们都是功能范畴,是 V 的功能范畴,是对 V

的扩展投射(Extended Projection)(Grimshaw 1991;Tang 1998)。如此一来,句子结构可表示成:

(49)$[F_n \cdots [\cdots [\cdots [F_2 \cdots [F_1 \cdots [\text{Spec} [v_m \cdots\cdots [\text{Spec} [v_1 [\text{Comp V}]]]]]]]]]]]$

其中v_1、v_m、F_1、F_2、F_n都是扩展V的功能范畴。它可能包括:v、Asp、T、C等。由此可见,所有的词汇核心都是核心在后(Head-final),所有的功能核心都是核心在前(Head-initial)。对于[S[h[C[H]]]]的普遍词序而言,除了底层的词汇核心在结构的右边以外,所有对其扩展的功能性核心都在结构的左边,这似乎有些不一致(相对于核心而言);但非核心成分又获得了一致性,即所有的非核心成分都在结构的左边。更为重要的是,在我看来,这样的句法结构可以为汉语的"得"找到一个比较合适的句法位置,Tang(1997)也为"得"设定了一个句法位置F,如:

(50)$[_{vP} \text{Subj} [_{v'} v[_{vP}\text{Obj} _i[_{v'}V [_{FP} F[_{XP} \text{pro/PRO} _i X]]]]]]$

但如果要生成"这件事激动得张三说不出话来",则只能"右向嫁接",这样就不如我们嫁接方向的严格,另外我们的设置能更好地表达语义结构([X cause [y be/become PREDICATE]]),可参见 Baker(1997)。

我们失去的是词序与不对称性成分统制之间的谨严关系,比如说我们允许"右向嫁接",这就违背了线性对应公设。但必须注意的是我们的"右向嫁接"不是任意的,它是"右向移位"的产物,按照成分统制条件,只能发生在结构的底层,即C与H之间才许可这样的"右向核心移位",其他地方不存在"右向嫁接"。如果我们采用Kayne的词序设计,想较好地解释"V–R–了",则只能假定"V–R"是个词,但这样不太好解释核心在后的日语为什么也选择了"V–R"形式。在我们看来,词序属于语音部分,跟统制没有关系,如果我们选择[S[h[C[H]]]]的词序,词序是自左向右的有语音内容的成分的线性序列。

最后我想谈谈如何将我们所设置的词序或者说句法结构融进简明短语结构理论(bare phrase structure theory),比如说:

(51)a. 张三杀死了李四。　　　[[s李四][[h杀死][[c pro死][H杀死]]]]

　　b. John killed Bill.　　　[[s Bill] [[h kill] [H ~~kill~~]]]

考虑到这里的h不起核查作用,也没有词汇实现(如"得"),根据简明短语结构理论,在结构中可以不表现出来,所以对于John killed

Bill可以表示成(52a),而不表示为(52b):

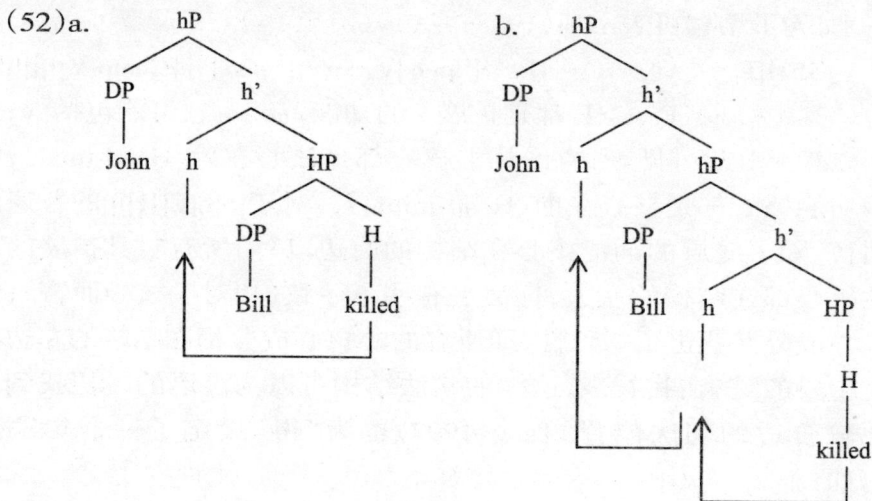

(52)a.

b.

5 经验证据

我们把自然语言的词序设计成[S[h[C[H]]]]是为了求得规律的谨严(嫁接与移位同向),也是为了解释语言的可学性(儿童如何知道何时左向嫁接、何时右向嫁接)。这样做表面看来是纯技术性的,在一些学者看来可能价值不大,但实际上它是有一些经验上的证据的,这里以汉语的"把"字句与日语的"V-R"做点说明。

5.1 "把"字句

对于"把"字句,过去有的语法著作认为"把"的作用是将动词后头的宾语提前,也就是说"把"字句其实就是"主—动—宾"的变式。朱德熙(1982)一反众论,提出"把"字句不涉及宾语提前。关于朱德熙的直觉,理论语言学是可以做出解释的。比如说我们可以借助Larson-shell这种技术手段,以及Larson所设置的题元等级与映射原则。如"张三把书送给李四",其句法结构可如下表示(忽略无关细节):

(53)[$_{vP}$[张三][$_{v'}$[$_v$ 把][$_{VP}$[书][$_{v'}$[送][给李四]]]]]

假设这种看法是正确的,现在我们会遭遇这样的困难,即对于只有两个论元的动词来说,它也有"把"字句形式,那该如何处理? 如:

(54)我把书卖了。 他把房子拆了。

他把钱丢了。　　　　　他把衣服脱了。

如果我们按照 Larson（1988）或 Chomsky（1995），其结构将是：

（55）a. 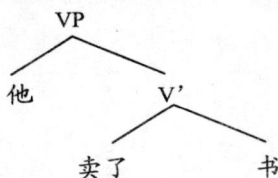 b.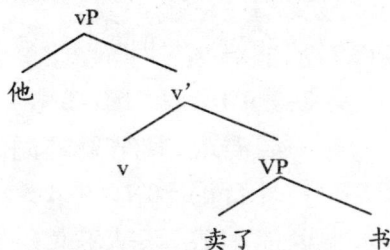

由于"书"位于"卖了"之后，无论按照哪种结构图，我们都难以基础生成把字句，都需要将"书"等名词短语移动到"卖了"等动词之前。这样一来，处理上就显得有些不一致了，即有的不需要移动名词短语（"我把书放在桌上"），有的需要移动名词短语（"我把书卖了"）。但如果换用我们的设计，就可以在很大程度上获得一致：

（56）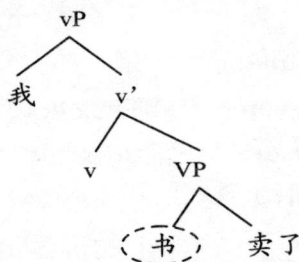

在这里轻动词 v 表示[Cause]，在汉语中可以由"把"来实现，也可以移进主动词（核心移位）。关于"把"字句，我们的说明只是演示性的，要使所有的把字句都能基础生成，得重新探讨论元的合并次序。如果要想让它基础生成，或证明朱德熙的直觉，其结构构型都会是[S [h[C[H]]]]。如果我们的观点是正确的话，以前说汉语存在 Object Shift 现象，现在倒可以换成 Verb Shift 的说法。

5.2　"V–R"

在上文中，我们认为"V–R"的核心在前，而"核心在后"的日语却也选择了"核心在前"的"V–R"形式，对此我们认为这是右向嫁接的结果，自然语言的普遍词序相同，差异只在功能范畴。但是 Li（1993）并不如此认为，Li 对"V–R"的形态核心有不同的设置，如汉语的"V–R"核心在前，日语的"V–R"核心在后。核心的设置在 Li 的系统中有着极为重要的意义,因为 Li 有个基本假设,即核心的题元信息在复合词中保持,题元信息包括题元角色及各自的等级。在他看来,这可以解释(57)的歧义与(58)的单义:

(57)滔滔跳烦了(幽幽了)。

    跳$<\theta 1>$ 烦$<\theta \alpha>$

    a. 滔滔跳,其结果是滔滔烦了。

        复合词$<\theta 1-\theta \alpha>$

    b. 滔滔跳,其结果是幽幽烦了。

        复合词$<\theta 1<\theta \alpha>>$

    c. *幽幽跳,其结果是滔滔烦了。

        复合词$<\theta \alpha<\theta 1>>$

核心的题元信息在(57a、b)中都得到保持,而在(57c)中没有得到保持,因为 $\theta 1$ 在复合词中不是最显著的题元角色,它位于内嵌括号中。我们再看看日语的例子:

(58)John-ga Mary-o karakai-akiru-ta.

    John-NOM Mary-ACC tease-bored-PAST

    Vcaus:$<\theta 1<\theta 2>>$ Vres:$<\theta \alpha>$

    a. John 逗 Mary,其结果是 John 烦了。

        复合词$<\theta 1-\theta \alpha<\theta 2>>$

    b. *John 逗 Mary-o,其结果是 Mary 烦了。

        复合词*$<\theta 1<\theta 2-\theta \alpha>>$

    c. *Mary 逗 John,其结果是 Mary 烦了。

        复合词*$<\theta 2<\theta 1-\theta \alpha>>$

在 Li 看来,(58b、c)中没有突显核心 Vres 的题元角色,所以不合格。问题是有时即使突显了 Vres 的题元角色,句子还是不合格:

(59)*John-ga Mary-o odori-akiru-ta.

    John-NOM Mary-ACC dance-bored-PAST

    Vcaus:$<\theta 1>$ Vres:$<\theta \alpha>$

    Mary 跳舞,其结果是 John 烦了。

        复合词$<\theta \alpha<\theta 1>>$

为了解释这种现象,Li(1993)又设置了时体核心参数,他认为 Vcaus 为时体核心,(59)的不合格在于没有突显时体核心的题元角色,所以日语的复合词的题元信息应是:$< \theta 1 - \theta \alpha < \cdots >>$。Li 为了解释汉语与日语在"V-R"上的句法差异设置了两种核心,一为形态核心,一为时体核心。这样做一方面不符合词汇主义主张,另一方面还得引进新的限制来解释其他现象,如:

(60)a. 老王喝醉了酒。　　　　　b. 酒喝醉了老王。
　　 老师讲烦了课。　　　　　　课讲烦了老师。
　　 大家吃腻了菜。　　　　　　菜吃腻了大家。

对(60b)组而言,它既没有保持形态核心的题元信息,也没保持时体核心的题元信息,这样一来又要假设致使等级(Causative Hierarchy)优先于题元等级(Thematic Hierarchy)。在我们看来,语言的普遍词序都是相同的。日语也是以动词为核心,补语做其补足语(Comp),其融合过程可表示成"[C pro/PRO akiru][V karakai-akiru]"。为简单计,假定"V-R"(karakai-akiru)已经生成,我们来考察一下 John-ga Mary-o karakai-akiru-ta 的生成过程(忽略无关细节):

(61)[$_{vP}$ Mary-o[$_{v'}$[$_v$ CAUS] [$_{vP}$ John-ga karakai-akiru-ta]]]　　　(a)

→ [$_{vP}$ Mary-o[$_{v'}$[$_v$ CAUS karakai-akiru-ta$_i$] [$_{vP}$ John-ga t$_i$]]]

→ [$_v$ DO][$_{vP}$ Mary-o[$_{v'}$[$_v$ CAUS karakai-akiru-ta $_i$] [$_{vP}$ John ga t$_i$]]]　(b)

→ [John-ga $_j$[$_v$ DO karakai-akiru-ta$_i$][[$_{vP}$ Mary-o[$_{v'}$[$_v$ CAUS t$_i$] [$_{vP}$ t$_j$ t$_i$]]]]]

→ ......

→ [$_{CP}$ [John- ga t$_i$ Mary- o] [[$_C$ karakai- akiru- ta]$_i$ [$_{TP}$ ......]]]　　(c)

在 John-ga Mary-o karakai-akiru-ta 中 , Mary 是 Causer, John 是 Causee(广义的),按 Grimshaw(1990)的致事主语原则, John 先于 Mary 合并,得(61a);但由于 John 还是 Doer, Mary 也是 Doee,所以又与表示[DO]的轻动词合并,所以得(61b)。由于日语的动词移位较高,要移到 C 位置,参见 Tang(1998),得(61c)。其实汉语也有着相同的句法行为,如"老王喝醉了酒",它的生成过程如下(假定 V-R 已生成):

（62）[$_{vP}$酒[$_{v'}$[$_v$CAUS][$_{vP}$老王 喝醉了]]]① （a）

→[$_{vP}$酒[$_{v'}$[$_v$CAUS 喝醉了][$_{vP}$老王 喝醉子]]]

→[$_v$DO][$_{vP}$酒[$_{v'}$[$_v$CAUS 喝醉了][$_{vP}$老王 喝醉子]]] （b）

→[老王[$_v$DO 喝醉了][[$_{vP}$酒[$_{v'}$[$_v$CAUS 喝醉子][$_{vP}$老王 喝醉子]]]]]

（62a）的证据有：

（63）a. 核心词移位：酒喝醉了老王。

　　　b. 插入"把"：酒把老王喝醉了。

日汉的差异在于：当 Causer-Doee、Causee-Doer 时，V-R 在日语中一定要移进 DO，而在汉语中不一定要移进 DO。

（64）日语：DO ……CAUSE……V-R

　　　汉语：(DO)……CAUSE……V-R

在日语中移进[Spec，v_{DO}]的成分都是 Causee 与 Doer，对前者而言体现了 Vres 为形态核心，对后者而言体现了 Vcaus 为时体核心。但我们这样处理就不需要另设核心了，使语言处理更加一致。有趣的是，汉语的移位步骤越多，变异程度越高，所以即使为 Causee 的 Doer 有时也不能移到[Spec，v_{DO}]的位置，如：

（65）a. 故事听乐了孩子。　　　b. *孩子听乐了故事。

　　　小说看哭了妈妈。　　　*妈妈看哭了小说。

　　　衣服洗累了姐姐。　　　*姐姐洗累了衣服。

（65b）中的"孩子"等虽为动作者（Doer），但仍不能移到[Spec，v_{DO}]的位置，这与日语不同。日语中为 Causee 的 Doer 一定要移到[Spec，v_{DO}]的位置②。（59）不合法的原因在于 Mary 虽可能为 Causer，但不能为 Doee（由于动词为非作格动词），故可能的 CausP 无法与 Do 合并，这样一来，John 就不可能移到[Spec，DoP]。

---

① 在述结式的研究历史中，有一组经典例句：

　张三吃完了饭。　　　　张三吃饱了饭。

　张三把饭吃完了。　　　*张三把饭吃饱了。

　*这碗饭把张三吃完了。　这碗饭把张三吃饱了。

如果我们的研究是正确的，它们合并的次序不同，这种次序可能反映了事件结构（或词汇概念结构）：

　张三[[Caus][饭吃完了]]　饭[[Caus][张三吃饱了]]

② 可以预见，当 Causee 不是主动词的 Doer 时，Causee 论元就不会移到比 Causer 更高的位置，其结果就是补语谓词 Vres 得题元角色 θ α 不再显著。

6 结 语

我们在做句法探讨时有个基本理念,即相信理论具有片段性,它需要我们用事实去验证并发展之,而不是简简单单地用材料去验证。就左向嫁接而言,Kayne 的理论基本上是正确的。根据成分统制条件,右向嫁接仅仅存在于词汇核心与其补足语的核心之间,而且可能还要考虑补足语核心的特征值,也就是说右向嫁接非常少。若存在"右向嫁接"且嫁接的方向具有严格性的话,自然语言的词序只能是[S[h[C[H]]]],而不会是S–H–C,这样做有一些经验上的好处。至于语言结构的双分枝性,我们可以认为是由合并(Merge)这种运算方式所决定的。

主要参考文献:

[1] BAKER M. 1988. Incorporation: a theory of grammatical function changing[M]. Chicago: University of Chicago Press.

[2] BAKER M. 1997. Thematic roles and syntactic structure[M]//HAEGEMAN L. Elements of grammar. Dordrecht: Kluwer Academic Publishers.

[3] CHOMSKY N. 1995. Bare phrase structure[M]//WEBELHUTH G. Government and binding theory and the minimalist program. Oxford: Blackwell.

[4] CHOMSKY N. 1995. The Minimalist Program[M]. Cambridge :MIT Press.

[5] COLLINS C. 1997. Local economy[M]. Cambridge :MIT Press.

[6] FUKUI N. 1988. Deriving the differences between English and Japanese: a case study in parametric syntax[J]. English linguistics, (5): 249-270.

[7] HUANG C-T J. 1988. Wo pao de kuai and Chinese phrase structure [J]. Language,64(2): 274-311.

[8] HUANG C-T J. 1994. More on Chinese word order and parametric theory[M]//LUST B, et al. Syntactic theory and first language acqui-

sition: cross-linguistic perspectives, Vol 1, Heads, projections and learnability. New York: Lawrence Erlbaum Associates Publishers.

[9] HUANG C-T J. 1998. Logical relations in Chinese and the theory of grammar[M]. New York: Garland Publishing.

[10] KAYNE R. 1994. The antisymmetry of syntax[M]. Cambridge: MIT Press.

[11] RADFORD A. 1988. Transformational grammar[M]. Cambridge: Cambridge University Press.

[12] RAMCHAND G. 1997. Aspect and predication[M]. Oxford: Clarendon Press.

[13] TANG S-W. 1997. The parametric approach to the resultative construction in Chinese and English[M]// CHEN-SHENG L, TAKEDA K. UCL working papers in linguistics.

[14] TANG S-W. 1998. Parametrization of features in syntax[D]. University of California.

[15] WEXLER K, MANZINI M. 1987. Parameters and learnability in binding theory[M]//THOMAS, WILLIAM E. Parameter setting. Dordrecht: D.Reidel Publishing Company.

[16] LI Y-F. 1993. Structure head and aspectuality[J]. Language, 69: 480-504.

[17] 邓思颖.2000.自然语言的词序和短语结构理论[J]. 当代语言学, (2):138-154.

[18] 胡建华. 1999. 限制性句法 : 句法反对称性理论——评 Richard S. Kayne 的《句法的反对称性》[J].当代语言学, (2): 44-52.

[19] 朱德熙.1982.语法讲义[M].北京:商务印书馆.

（原载《现代外语》2002 年第 4 期）

存现句与格理论的发展

在 GB 框架里,格理论是一个相当重要的理论模块。它决定着名词短语的句法分布,为名词短语的移位提供了一个重要的动机。但随着理论自身的发展,它也慢慢地显露出一些缺陷。本文将以存现句为例,谈谈格理论的发展。

1 格传递说

Chomsky 的格理论与 Fillmore 的格理论不同:后者谈的是施事、受事之类的语义格,而前者谈的是句法格,处理的是抽象格的指派及其形态实现。在 Chomsky 的格理论中,格是由格的指派者指派给相应的名词短语,其指派方式是结构的或是固有的,所以格有结构格与固有格之分。结构格的指派是在管辖及邻接的条件下实现的。能指派结构格的是限定句的有时态的 I [+TENSE] 与动词、介词。具体地说:

主格由 S—结构中的[+TENSE]指派给主语:He disappeared. *He to disappear.

宾格由 S—结构中的 V 指派给宾语:I liked him.

旁格由介词在 D—结构指派给介词的宾语:She gave the book to him.

属格由 D—结构中的结构[NP[NP___]指派:Barry's book.

比如说:

(1)a. Three men arrived.

　　b. There arrived three men.

这两个句子的成立在 GB 中都能得到很好的解释。首先它们都符合"题元准则",其中"there"的插入是应"扩充的投射原则(EPP)"的要求而填入的形式主语,不是论元。其次符合格的要求,(1a)中"three men"由 I[+TENSE]指派格,(1b)中"three men"由动词"arrive"指派格,

"there"由I[+TENSE]指派格。但该理论很难解释下面的句子:

(2)There arrived last night three men from England.

在(2)中"three men from England"这一名词短语与"arrive"并不邻接,中间有"last night"阻隔,按照格理论,这个句子应不合格,这就要求生成语法做出一个合理的解释。Chomsky(1981)根据Rizzi等的研究考察了意大利语,见(3),发现这两个句子的结构很不相同:前者是个嫁接结构,后者是个动词内部结构,可表示成(4)。

(3)a. telefonano molti studenti.

'many students telephone.'

b. arrivano molti studenti.

'many students arrive.'

(4)a. [$_{VP}$ [$_{VP}$ telefonano][$_{NP}$ molti studenti]]

b. [$_{VP}$ arrivano [$_{NP}$ molti studenti]]

其理由是在两种结构中ne-附着的表现不同:

(5)a. *ne telefonano molti.

'of-them many telephone.'

b. ne arrivano molti.

'of-them many arrive.'

Chomsky(1981)在以上基础上做了进一步抽象:

(6)a. PRO^i [$_{VP}$[$_{VP}$V-AGR^i] NP^i]

b. PRO^i [$_{VP}$ V-AGR^i NP^i]

这里的NP并不是直接从动词那儿获得格,而是AGR首先将格指派给动词前的主语NP(PRO),然后动词后的NP从动词前的主语位置的PRO那儿继承格,一切操作靠上标系联,这种思想就是Chomsky(1986)格传递说的前身。这样一来,(2)就可以得到很好的解释,即AGR将格指派给"there",然后"three men from England"从"there"那儿继承格,也就是说"three men from England"并不是从"arrive"那儿获得格的,所以虽然有"last night"阻隔也没有关系。

谈到格传递,不能不提Burzio,应该说Chomsky的这种思想主要是来自Burzio的研究,后来的许多争论也是来自Burzio。Burzio(1986)有个很重要的思想,即不是所有的动词都能指派格,动词指派格是要有条件的,这就是有名的布尔兹欧定理(Burzio's Generalization):"一个没有外部论元的动词不能指派宾格,一个不能指派宾格的动词没有外部论元。"及物动词有外部论元,指派宾格毫无疑问;不及物动词按理是不能指派宾格的,其实不然,一类可以,一类不可以,前者是非作格(unergative)动词,后者是非受格(unaccussative)动词,据我们所知,被动词也不能指派宾格。这样一来,自然地就形成了两组:及物动词与非作格动词一组,非受格动词与被动词为另外一组。意大利语的助动词的分布似乎可以证实这一点,助动词 essere(be)与 avere(have)分别选择不同的不及物动词:

(7)a. Giovanni e(essere)arrivato.

　　　'Giovanni has arrived.'

　　b. Giovanni Ha （avere）telefonato.

　　　'Giovanni has telephoned.'

而在被动句中,也只能出现 essere(be),如:

(8)Maria e（essere）accusata.

　　'Maria has been accused.'

Burzio 从句法上将不及物动词分成非作格动词与非受格动词,一方面将非受格动词与被动词联系起来,使理论更具有一致性;另一方面使格的传递方向具有互补性,即除了左向传递之外还有右向传递,前者通过语链,如(9a),后者通过论元与助词构成的双元组,如(9b):

(9) a.(John, e)John, I have met e.

　　b. (there, man) There is a man in the room.

格的传递说具有一些理论上的优势,但对某些语言事实却不好解释,如:

(10)a. A man came.

　　　The men came.

　　b. There came a man.

　　　*There came the man.

(11)Under the roof stood an old man.

　　Down the hill came a man.

(12)*There seems a man to be in the room.

(13)a. I consider there to be a solution.

　　b.*I consider there a solution.

2　直接赋格说

　　Burzio（1986）认为非受格动词没有指派格的能力，但 Belletti（1988）却不这么认为。根据 Chomsky（1986），格有两种，一为结构格，一为固有格。在 Belletti 看来非受格动词缺乏的只是指派结构格的能力，但拥有指派固有格的能力。她观察到在一些形态丰富的语言里，在众多不同形式的词形变化中，宾格不是动词后的名词短语所能接受的唯一的一种语法格。如芬兰语中的动词后的名词短语有两种形式，其一为宾格，其二为部分格：

（14）a. Han pani kiriat   poydalle.

　　　　　he   put the books（acc, pl）   on the table

　　　　　他   放 书（定指并带宾格标记的复数）   在桌子上

　　　　　"他把书放在桌子上。"

　　　b. Han pani hirjoja   poydalle.

　　　　　he   put（some）books（part, pl）   on the table

　　　　　他   放 书（不定指并带部分格标记的复数）在桌子上

　　　　　"他放了一些书在桌子上。"

（15）a. Poydalla   on   hirjoja.

　　　　　On the table is   （some）books（part, pl）

　　　　　'There are some books on the table.'

　　　b. Helsingisa tulee   kirjerita.

　　　　　From Helsingisa comes（some）letters（part. pl）

　　　　　'There are some letters from Helsingisa.'

　　Belletti 通过类推认为部分格应具有普遍性，因为非受格动词之后的名词短语具有不定指性质，所以她认为非受格动词能够指派部分格。Belletti 的看法也能解释一些句法现象，如（2）中"there men from England"获得的是部分格，虽有阻隔也没关系；（10）中"There came the man"之所以不合格是因为"the man"定指，与部分格的要求不适应；（11）中"Down the hill came a man"虽无"there"传递也没关系，因为"a man"获得的是部分格；（13b）中"a solution"无法获得格，故不合法。尽管如此，它也有自身难以克服的弱点，它不能很好地解释有格的名词

短语为什么要移到论元位置,而格传递说却能做出很好的解释:

    (16)a. ____ came a man

         b. A man came.

直接赋格说则必须认为有两个"come",一个能指派固有格,一个不能指派固有格,不能指派固有格的动词的论元只能前置于动词,由Tense指派主格。这样一来,"be"动词与非受格动词都要一分为二。

3　LF 词缀说

存现句中的名词短语的格问题让语言学家颇为头疼,不管是采用格传递说还是采用直接指派格的说法都存在问题。Chomsky(1995)取消了指派格的说法,他认为名词从词库中被选择进词汇集(Numeration)的时候就已经被附加了格的特征,而不是从结构中接受格的指派,现在句法运算要做的事就是把这些格擦除掉,原因很简单,因为格这样的形态特征在语义解释上没有用,所以 Chomsky 把格称作不可解释特征,得擦除。这就是核查理论。在最简方案中,Chomsky 将 INFL 分裂成 AGR 与 TENSE 两部分,AGR 又被分成 AGRs 与 AGRo 两部分,主语、宾语分别移到[Spec,AGRs]与[Spec,AGRo]的位置把一致特征核查掉,另外它们分别在[Spec,TENSE]与[Spec,AGRo]的位置把格特征核查掉,在这过程中还伴随着动词及动词的嫁接体的移动,两种格的核查对象分别是:

    (17)a. [$_{Agr}$ T Agr]

         b. [$_{Agr}$ V Agr]

在最简方案中,Chomsky(1995:175)假定"there"位于[Spec,Agrs]中,主语在[Spec,T]位置获得格;Chomsky(1995:213)也谈到另一种可能,即 NP 提升到[Spec,T]位置获得格,然后提升到[Spec,Agrs]获得一致。前一种可能性,没办法核查名词的一致特征(Case appears without agreement),所以他首肯后一种选择,这其实就是回到 Chomsky(1991),在那儿他将"there"处理为 LF 层面的粘着语素,也就是说"there"在 LF 层面一定要与名词短语结合起来,这样一来,存现句的主语在 LF 上就只有一个形式了。Chomsky 的处理一方面回答了存现句中名词短语何以能与动词在人称与数上保持一致性,另一方面也回答了位于动词之后的名词短语为什么可以移到主语位置,坚持了 Burzio 对存现动词的非受格的定性。美中不足的是要设置一个 LF 上的粘着语素。

顺便说一句,直接赋格说与自利原则(Greed Principle)是有抵触的,如:

(18)a. There is [α a strange man] in the garden.

b. *is [α a strange man]in the garden.

(18b)中"a strange man"已经由 be 指派了固有格,按自利原则,它是没有必要提升的。(16)中如果不设置两个"Come"词条,可认为"a man"的前移是由 EPP 特征驱使的,但这样却违背了自利原则,即使给自利原则松绑,也不好解决一致性问题。当然,也可以假设"there"是 LF 上的词缀,让动后名词短语与"there"一起核查一致特征。

4 新的探索

4.1 协约操作

"there"(EXPL)问题一直在 Chomsky 心头萦绕,在取消 Agr 之后,他认为结构格是一致的反映(structure Case is a reflex of agreement)(Chomsky 1999:12),在这里他将 phi—特征(人称、数、性等)提到了一个相当重要的地位。Chomsky(1999)花了大量的笔墨在协约(Agree)操作上。协约是 α 与 β 之间的关系,其中 α 有可解释的形态特征,β 有不可解释的形态特征,α 与 β 在匹配以后通过协商约定消去 β 的不可解释的形态特征。其中,匹配是指两者有相同的特征,特征值可以不同。假定语言 L 生成了带有标记 LB(K)的句法体 K,标记 LB(K)是句法体 K 的核心,它有着不可解释的形态特征,所以它是激活协约操作的唯一成分,使得它能在 LB(K)的域内搜索匹配目标 G,这样它自己也就成了搜索目标 G 的探针 P。在操作中有两点要注意:

(19)a. 为应用协约操作探针 P 与目标 G 必须活跃[①]。

b. 为消去与之配对的匹配成分 β 的不可解释的特征,α 必须

---

① 活跃是指其有着不可解释的形态特征。

有完整的 phi—特征集。

对于格一致系统,不可解释的特征是探针 P(probe)的 phi—特征与目标 G(goal)这一名词的格特征,名词的 phi—特征是可解释的,所以名词只有当其有格特征的时候才活跃,一旦格特征的值被确定了,名词就不再进入一致关系,并且只能呆在那儿(frozen in place)。结构格不是探针"T"与"v"的特征,但如果探针合适即具有完整的 phi—特征集,则在一致条件下消去。

4.2 实例分析

具体应用如下(Chomsky 1999:12):

(20)[C [T be likely [EXPL to-arrive a man]]]

在这里有两组探针 P 与目标 G,分别为(T,EXPL)与(T,man),前者协约之后消去 T 的 EPP 特征与 EXPL 的[person]特征,后者协约之后消去 T 的 phi—特征集与"man"的格特征。其机制在于:EXPL 有不可解释的特征[person],T 有完整的不可解释的 phi—特征集,"man"有不可解释的结构格特征,故这三者都很活跃,可应用协约操作,其中 T 是句法体 TP 的核心或标记,这样 T 就自然称为探针 P,其余两个就有可能分别成为与之相匹配的目标 G。在第一次协约的时候,EXPL 的 phi—特征集不完整,故 T 的 phi—特征集仍保持不变,这样 T 又可以再一次成为探针 P。在第一次协约的时候提升了 EXPL,得:

(21)There is likely to arrive a man.

在第二次协约的时候,"man"的值分给了 T 的不可解释的 phi—特征集,主格分给了结构格。协约之后,一切不可解释的特征全部消去。在协约的时候所指派的值将传递到语音部分。注意,在这里,Chomsky 不再求助于 EXPL 是 LF 上的黏着语素这一假说。

我们再来看他的另一个例子(Chomsky 1999:12):

(22)[C [we [v^*P v^*-expect [EXPL to-arrive a man]]]]

在这里也有两组探针 P 与目标 G,分别为(v^*,EXPL)与(v^*,man),前者协约可消去 EXPL 的[person]特征,后者协约可消去 v^* 的 phi—特征集,指派给"man"的结构格以宾格并消去。与上例不同的是 v^* 缺乏 EPP 特征,故"there"不能移到 v^* 的额外指示语位置,这是为了解释"there"为什么只能在"expect"之后,理由是英语不是宾语漂移[-OS] (object shift)语言。对该语言来说,只有WH—移位与主题化时才允准 v* 有额外的 EPP 特征。"there"不能移到 v* 的额外指示语位置,这个信息很重要,是 Chomsky 对自利原则的重新认识,说明协约操作不同于特征核查,它不要求有利于双方。自利原则虽说是为了单方面的形态需要,而实际上也解决了吸引者的特征需要,是双方面的"殉情自杀";而这里,"there"与 v* 协约操作,得利的只是 there,v* 毫无利益。我们现在用 Chomsky 理论分析两个简单的句子:

(23)a. John loves Mary.

b. [$_c$ [$_{TP}$ John$_1$ T [$_{v*P}$ t$_1$ v*–loves Mary]]]

(24)a. There comes Mary.

b. [$_c$ [$_{TP}$ there T [$_{vP}$ v–comes Mary]]]

(23)中 v* 是 v*P 的核心或标记,有完整的 phi—特征集,但不可解释,故它可以成为探针 P;"Mary"有不可解释的结构格,故可以成为目标 G。两者协约之后,"Mary"的 phi—特征值为 v* 的不可解释的 phi—特征集定值,v* 为"Mary"的格特征定值,并在下一个强层阶中消去,协约时所指派的值在语音部分可见。同样,T 与"John"也进行协约操作并吸引"John"提升。(24)中 T 有完整的 phi—特征集,但不可解释,"there"有不可解释的[person]特征,T 与"there"协约后消去"there"的[person]特征,由于"there"的不完整,T 的 phi—特征集保持不变,这样它仍旧活跃,它需要继续寻找目标 G,正好"Mary"有不可解释的结构格特征,这样它们自然匹配,给"Mary"的格特征以主格并消去,"Mary"为 T 的 phi—特征集定值并消去。(23)与(24)的不同在于:前者的 v* 有完整的 phi—特征集,后者的 v 的 phi—特征集不完整。故前者可以指派给"Mary"以宾格并消去,而后者不能给"Mary"以宾格,只能由 T 指派。

5 问题探讨

5.1 假设PP有[person]特征

在层阶式推导(Chomsky 1999)中,格的指派与核查(消去)由 T 与 v* 进行。T 与 v* 有着完整的但不可解释的 phi—特征集,作为探针 P 的它们,只需要寻找有相同的 phi—特征集的目标 G 就可以了,匹配时经过协约给各自的不可解释的特征指派值并消去,指派值让其进入语音部分,消去值让其进入语义部分(LF)。但这里还有个问题,即如何解释(25c):

(25)a. The old man stood under the roof.

b. There stood an old man under the roof.

c. Under the roof stood an old man.

我们可以将"there"解释为带有不可解释的[person]特征,但不好把"under the roof"解释为带有不可解释的[person]特征。其实这也不是大的问题。Chomsky(1999:5)指出,在放弃范畴特征的框架里,[person]特征就起着以前指派给[D]或[N]特征的作用。这里只需"under the roof"这一介词短语PP有[N]的特征即可,Jackendoff(1977)的系统中曾这样来描写实词的特征①:

(26)N: [+N, −V]　　P: [+N, +V]

V: [−N, +V]　　A: [−N, −V]

从这里可以看出PP确实有[N]特征,这一点在汉语中也能得到证明:

(27) 台上坐着主席团。　　在台上坐着主席团。

他躺床上。　　　　他躺在床上。

Bresnan(1993)、Hoekstra & Mulder(1990)、Levin(1986)、Postal(1977)等的研究也从另外的角度证明PP有[N]的特征,他们认为PP可以作主语。我们知道主语有[N]特征。从理论上说,PP提升也是有可能的:

(28) [C [T [v–stood [NP an old man][PP under the roof]]]]

因为"H的最小域里的常元与探针P的距离都是相等的",在这里探针P就是T,它可以提升NP也可以提升PP,这由"可辨读条件"(legibility condition)(Chomsky 1999:1)所规定。既然在范畴特征框架里,PP与"there"一样都有[N]特征,那么在新的框架里,PP与"there"也应

① Chomsky(1970)的处理略显不同,他认为:

N:[+N, −V]　V:[−N, +V]　A:[+N, +V]　P:[−N, −V]

由于[person]特征等价于范畴框架中的[+N],为了进行协约操作,本文暂且从Jackendoff(1977)。后文中根据协约操作的内在逻辑性(即协约不必有利于双方)与Lasnik的建议(开明的自利原则),认为PP的移位是应谓词限制的要求,不需特设其[person]特征。至于P的特征该选Chomsky的还是Jackendoff的,这里不好说,因为我们没有做这方面的专门研究。

该一样,应具有[person]特征。

近年来,有很多人在开始对存现句中的动词是不是非受格动词产生怀疑,像Levin与Rappaport(1995)就列举了一些非作格动词出现于方位倒装句的例子。没有大量的证据我不敢怀疑,但我相信现在的技术手段可以重新设置存现句的底层结构或者说合并次序。比如说,我们可以根据Larson-shell进行句法计算,即先让PP同动词V合并,再让NP参与合并,如果词汇阵列里还有表示存现的轻动词,再让它参与合并,得:

(29)a. [$_{VP}$[NP] [$_{V'}$ [[V] [PP]]]]

　　　b. [$_{v'}$[v][$_{VP}$[NP] [$_{V'}$ [[V] [PP]]]]]

在这里,v仍旧是一个有缺陷的轻动词,它不能给NP指派格,但它可以提升动词嫁接到它所在位置,得:

(30)…[$_{v'}$[V-v][$_{VP}$[NP] [$_{V'}$ [[t] [PP]]]]

如果把不可见的除掉,结果就是Chomsky(1981)为存现句设定的D—结构的一部分:

(31)…[V　NP　PP]

这样的好处是:一方面仍旧能解释意大利语的ne-黏着现象①,另一方面就是让出现于方位倒装的非作格动词也能纳入这一框架,如果它被表示存现的轻动词选择的话。

我们现在再来解释方位倒装句的生成:

(32)a. under the roof stood an old man.

　　　b. [C[T [$_{vP}$ v-stood [[$_{NP}$ an old man][[$_{V}$ t][$_{PP}$ under the roof]]]]]]]

T是核心,可以成为探针P,它有完整的但不可解释的phi—特征集;PP有不可解释的[person]特征,可成为目标G;NP有不可解释的格特征,也可以成为目标G。于是我们有两组探针P与目标G。T与PP匹配后,经过协约提升PP,擦去T的EPP特征与PP的[person]特征;T与NP匹配后,经过协约,T指派给NP以主格并擦去,NP给T的phi—特征定值并擦去。

---

① 如果词汇阵列中选择了"ne",则在VP必须和轻动词v合并,V在v的吸引下提升,"ne"也跟着提升到[spec, v]。也就是说,"ne"本来在动词前面,后因动词提前而又落在动词后面,这样正好符合其提升的条件,如:

[C [T [[ne]$_i$ [$_v$ arrivano]$_j$ [[molti t$_i$] t$_j$]]]]

5.2 对PP的重新思考

在协约之后，一切不可解释的特征都被擦去。在这些操作背后隐含着三个假设：

(33) a. 结构格是一致的反映。

b. 有缺陷的特征与完整的特征匹配后只能协约擦去有缺陷的特征。

c. 协约操作不必对双方有利。

(33a)是为了解决存现句等主谓倒装句的一致性问题而提出的，当然也能解决正常句的一致性问题。(33b)是为了满足协约操作(19b)的要求。(33c)是对自利原则的修正，自利原则是建立在特征核查理论的基础上，现在的操作是协约操作，而非特征核查，故要求有所不同，这从例(22)的分析可以看出。再如：

(34) a. There stood an old man under the roof.

b. [C[there T [$_{vP}$ v-stood [[$_{NP}$ an old man] [[$_v$ t] [$_{PP}$ under the roof]]]]]]

这里T与PP协约之后，获利的是PP，它擦去了[person]特征；而T并没有获利，它的EPP特征是由"there"的代入擦去的。

自利原则的要求太强了，它不是推导的结果，而是人为的规定，所以我们认为用协约操作代替特征核查，在方向上是对的。要求松绑自利原则的呼声很早，如 Lasnik (1995)提出的开明的自利原则 (Enlightened Self-interest)，Lasnik认为"最后一招限制不是贪婪的自利原则而是开明的自利原则(Last resort condition is not Greed but Enlightened Self-interest)"。开明的自利原则是讲"成分移位要么是为了满足自身的需求，要么是为了满足移进的位置的需求(Items moves either to satisfy their own requirements or those of the position they move to.)"。开明的自利原则是针对 Chomsky 的贪婪的自利原则 (Greed Principle)提出的，前者强调移位可以为了自己获利，也可让利他人。无独有偶，Carstens(2000)也提出了相同的看法，Carstens认为，在激发移位中，靶子T(target)的特征没有特殊的地位，如果某一范畴有不可解释的特征，为了核查，它可以自己提升，也可以被吸引提升。Carstens说："移位：对于特征F的两种表现F$_1$、F$_2$来说，F$_2$是K

的子标,只有当 F_1 或 F_2 不可解释,F_1 才提升到 K。"如果这是正确的话,我们可以为 PP 的提升找理由,因为假设 PP 有[person]特征毕竟不符合语感,当然理论上完全可以假设像诸如 PP 这样的成分有[person]特征。如果我们放弃 PP 这样的成分有[person]特征,也是可以的,现在我们重新解释(35)与(36)。

(35)a. under the roof stood an old man

b. [C[T [$_{vP}$ v–stood [[$_{NP}$ an old man][[$_v$ t][$_{PP}$ under the roof]]]]]]

这里 PP 的移位并不是因为自身有不可解释的[person]特征,而纯粹是为了 T 的 EPP 要求而移位的,这种移位是开明的(enlightened)。T 带着完整的 phi—特征与 NP 匹配,协约后,T 指派给 NP 以主格,NP 给 T 的 phi—特征定值。

(36)a. There stood an old man under the roof.

b. [C[there T [$_{vP}$ v–stood [[$_{NP}$ an old man][[$_v$ t][$_{PP}$ under the roof]]]]]]

这里 PP 并不需要与 T 进行匹配,因为 T 的 EPP 特征已经由 there 的代入(substitution)获得满足。NP 也由 T 指派了主格。

5.3 注意操作的层阶性

下面的句子,Chomsky(1999)似乎难以解释:

(37)a. There seems to be someone in the garden. [①]

b.*There T seems someone to be in the garden.

(38)a. It seems that there is someone in the garden.

b.*It T seems there to be someone in the garden.

通过协约操作,T 能够指派给"someone"主格并擦去,"there"的

---

① 见 Chomsky(1995),可以用拖延原则排除(37a)式,但这里还存在个问题,比如说我们用拖延原则阻止(Ⅰ)中的"someone"提升,但为什么拖延原则不阻止(Ⅱ)中的"someone"提升呢?

(Ⅰ)There seems to be someone in the room.

There seems [t to be someone in the room].

(Ⅱ)Someone seems to be in the room.

Someone seems [t to t be in the room].

另外,在管约论时期,Burzio(1986)为排除生成"*There talked to John a man."这样的句子,建议"there"应在 D—结构中插入。最简方案 MP 中也存在这样的问题,比如说(Ⅲ)中,如果合并优先于移位(MOM),则在 T 的[Spec,T]位置插入 there,生成不合语法的句子。

(Ⅲ)[$_T$ [$_{vP}$ John talked to a man]].

*There John talked to a man.

[person]也给定值并擦去，一切该进行的都进行了，按理(37b)、(38b)应该合法，但事实上并非如此。是不是 Chomsky(1999)有问题呢？否！Chomsky(1999:12)放弃了 Chomsky(1995)的拖延原则(Procrastinate)[①]，Chomsky 指出，在局部语域中，如果探针与目标匹配并且活跃，它们不可解释的特征必须尽快地而且尽可能充分地消去。这就要求运算要具有层阶性，要一段一段地清，这时期的模式可表示如下[②]：

(40) π:　　　　　　　PH1 →　PH2 →　···

NS:　　　DNS → DNS　→ DNS　→ ···

λ:　　　　　　　　PH1 →　PH2 →　···

如在(38b)中，运算进行到：

(41)[$_c$ [T$_{-comp}$　seems [α [T$_{-def}$ to][VP someone be in the garden]]]]

由于在 α 层阶中，T$_{-def}$ 没有 EPP 特征[③]，不能促使"someone"移位，T$_{-comp}$ 与 "someone"匹配且活跃，为擦去 T$_{-comp}$ 不可解释的 EPP 特征，"someone"移位，得：

(42)someone seems to be in the garden.

有人也许会说按该理论无论如何也生成不了"there is someone in

---

① Chomsky(1995:374)也认为拖延原则是可违反的，他指出，为推导成功而违反拖延原则，这不是对经济原则的违反；反之，不是为推导成功而违反拖延原则，则是对经济原则的违反。

② PH 为层阶，NS 为狭义句法，DNS 为狭义句法推导，π 为语音部分，λ 为语义部分。

③ 说 T$_{-def}$ 没有 EPP 特征，不好解释"I wanna go there"的语音缩减。据 Martin(2001)说，Stowell 曾有这样的分类：

[+tense, +finite]　核查主格

[+tense, −finite]　核查空格　Bob wants to buy a new camera.

[−tense, −finite]　不核查格　The defendant seemed to the DA to be guilty.

那我们现在只要换种说法就可以了，即 T-def 指的是[−tense]，它无 EPP 特征：

T−comp	[+tense, +finite]	有 EPP 特征	给主格定值
T−incomp	[+tense, −finite]	有 EPP 特征	给空格定值
T−def	[−tense, −finite]	无 EPP 特征	不能定格的值

那么轻动词有没有这么三类呢？

按上文的观点，我们可以排除(Ⅰ)，但对于(Ⅱ)我们该怎么办：

(Ⅰ)*They alleged [many strangers$_k$ to have been t$_k$ in that garden].

　*John wagered [many strangers $_k$ to have been t$_k$ in that garden].

(Ⅱ)They alleged [there to have been many strangers in that garden].

　John wagered [there to have been many strangers in that garden].　(Ura: 2001) the garden",其实不然,比如说运算进行到(43)的时候:

(43)[[ᵥ is-v][someone t in the garden]]

假定(43)不是直接与 T 合并①,而是先与"there"合并②,然后与 T 合并,得:

(44)[C [T [there [v is-v] [someone t in the garden]]]

由于 T 与离它最近的 there 都很活跃而且匹配,故吸引"there"提升。其理据是像"there"的 EXPL 都是在 D—结构中插入(Burzio 1986),这是为了解释""there talked to John a man";另外根据 Rothstein (1995)的谓词限制(Prediction Condition)③,v 也要求"there"与之合并。

5.4 汉语分析

何元建(2000)曾分析过如下句子:

(44)a. 一条狗跑进屋里来。

b. 屋里跑进来一条狗。

c. 跑进屋里来一条狗。

d. 跑了一条狗进屋里来。

e. 有一条狗跑进屋里来。

何元建将(44a)中的"一条狗"处理为施事,其他各句中的"一条狗"处理为客事,这比较符合语感,然后他根据 Grimshaw(1990)提出的题元等级为它们各设置了一种合并顺序。我们想根据 Larson (1988)所提出的题元等级做重新分析,跟何元建不同的是我们遵从朱德熙(1982:128-130)将"进来"处理为"跑"的趋向补语,而"来"又是"进"的趋向补语,而不把"跑进来"当作动词串,所以"进来"作为旁格 (oblique)与"跑"先合并,然后新的句法体与"屋里"合并,然后再与一个轻动词合并,最后与"一条狗"合并,如:

---

① 如果直接与 T 合并,则只能生成"Someone is in the garden.",但必须注意这种生成方式不经济,因为要是这样"Someone is in the garden."就不应该与 v 合并。

② 根据谓词原则,v 要主语,"someone"移到 v 的主语位置不经济,故需"there"的合并。

③ 谓词限制是说"Every syntactic predicate must be syntactically saturated."。

（45）

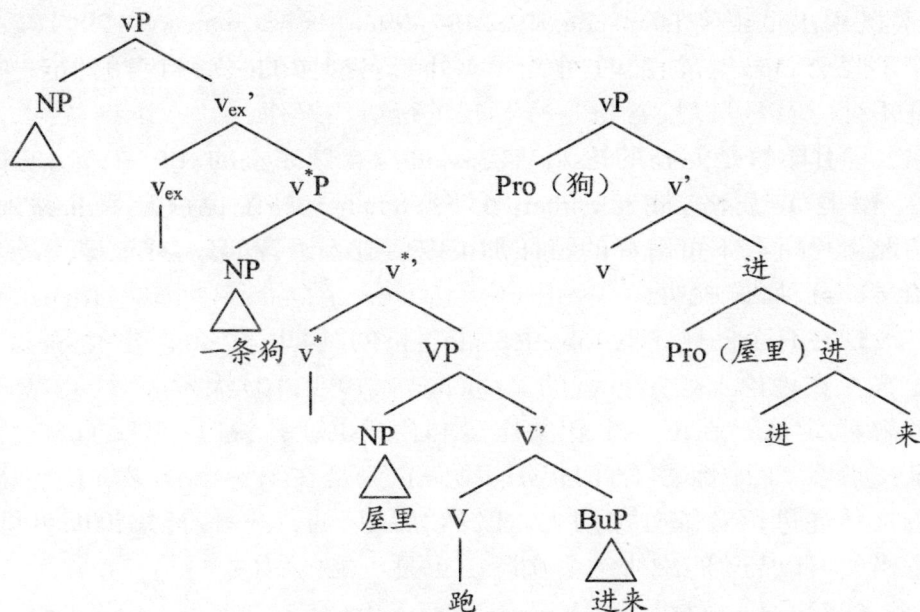

所以,(44)可分别指派以下结构:

(46)a. [[一条狗]T[[一条狗][[跑进][[屋里] [[跑进][进 来]]]]]]

b. [[屋里]T[[屋里][[跑进来][[一条狗][[跑进来][屋里][[跑进来][进来]]]]]]]

c. [[T跑进][[屋里][[跑进 来][[一条狗][[跑进来][[屋里][[跑进来][进来]]]]]]]

d. [[T跑了][[一条狗][[跑 进][[屋里][[跑进][进 来]]]]]]

e. [[T有][[一条狗][[跑进][[屋里][[跑进][进 来]]]]]]

(46a、b)中的名词短语已经移进了[Spec，T]的位置,证据是我们可以说"一条狗没有跑进屋里来"、"屋里没有跑进来一条狗",而其他句子中的名词短语并没有移进[Spec，T]位置,这是一种非常奇怪的现象。我们能不能说汉语的T没有EPP特征呢? 不能,证据是:

(47)a. 昨天跑进屋里来一条狗。　　门外跑进屋里来一条狗。

b. 昨天跑了一条狗进屋里来。　　门外跑了一条狗进屋里来。

c. 昨天有一条狗跑进屋里来。　　门外有一条狗跑进屋里来。

对于时间名词、方位名词,我们可以认为它们的phi—特征集不完整,和T协约之后消去了T的EPP特征,自身的phi—特征也得到了定值与消去。这从另一个方面证明了汉语学者的"时间主语"、"处所主语"的说法是正确的(朱德熙 1982:97-99)。根据 Chomsky(1999),T 与带不完整 phi—特征的时间名词或处所名词协约之后自身的 phi—特征不变,所以可以接着与"一条狗"进行协约操作,给"一条狗"定上主格。v*引导的是完整的论元结构,v*自身有着完整的 phi—特征,它能给"屋里"定宾格。T 与 v*的不可解释的 phi—特征也被定值并擦去。由此可见所有不可解释的特征都被定值进入语音部分,并被擦去进入语义部分,操作成功。

现在有个问题,即(46b)中的带宾格的"屋里"怎么能进入[spec,T]位置? 在理论上这是可行的。Chomsky(1999:10)认为:"对层阶 PH1 的解释/定值是在下一个相关层阶 PH2。"也就是说"屋里"的 phi—特征虽然在 v*P 中擦去了,但仍旧可见,它只是在下一个强层阶 CP 中随着被传递进语音部分才消失。既然"屋里"的 phi—特征集仍旧可见,它当然可以与 T 匹配协约。实际上也是可能的,如:

(48)cerkv-u bulo zbubova-n-o v 1640 roc'i.

church-acc/f was-imp built-Pass-imp in 1640

'the curch was built in 1640'　　　(Sobin 1985;Ouhalla 1991)

值得注意的是,由"一条狗跑进屋里来"加轻动词生成"屋里跑进一条狗来"并不是为了核查什么,因为"屋里"的形态特征已经"核查"[1],只是应"谓词限制"的要求而移位的。这个轻动词表示"存现"义,是它给"一条狗"以客事的题元角色;就像"这瓶酒把张三喝醉了"中表示致使[+causative]的轻动词给张三以"causee"的题元角色一样。因为轻动词不可见,所以人们还是常把"一条狗"、"张三"等看作施事,其实这忽略了一个无形的要素。如果有可能,我们将倡导建立一种"构件语法"(Construction Grammar),构件包括有形、无形的要素及各种要素之间的关系。这种轻动词可能是因为非核查的原因,对名词短语的移位没有特别强的要求,如:

(49)a. 跑了一条狗进屋里来。　　　　　屋里跑了一条狗进来。

　　　b. 有一条狗跑进屋里来。　　　　屋里有一条狗跑进来了。

现在我们再来看看英语:

---

① 如果由"一条狗"核查的话,其结果还是"一条狗跑进屋里来",这种移位具有不可见性,不经济。

(50)a. A dog ran into the house.

　　b. There ran a dog into the house.

　　c. Into the house ran a dog.

　　　[Into the room walked Sylvia Tucker，with Zahid walking be-
hind her like a puppet.(Levin and Rappapord)]

　　d. *There [ ] [into the house ran a dog]. （无关细节忽略不计）

　　e. *There [ran] [into the house [ ] a dog]. （无关细节忽略不计）

(51)a. 跑进屋里来一条狗。　　　　　[跑进][屋里［来］一条狗］。

　　b.*跑进来屋里一条狗。　　　　　[跑进来]［屋里[ ]一条狗］。

　　如果我们的观察是正确的话,(50d)不正确是因为它的轻动词的
动词特征没有实现,(50e)不正确是由于"ran"移出以后,"a dog"处于
音韵边界(phonological border)。看看(51),(51b)也有相同的问题。
这可称为音韵边界效应(PBE),再如：

(52)十个人吃了一锅饭。　　　　主席团坐台上。

　　一锅饭吃了十个人。　　　　台上坐着主席团。

　　*吃了[一锅饭[ ]十个人]。　　*坐着[台上[ ]主席团]。

6　结　语

　　EXPL(there)及其伴随成分(association),这二十年来一直吸引着
语言学家进行探讨。在早期,Chomsky接受Burzio的建议,让EXPL将
主格传递给其伴随成分。后来Belletti提出诘难,认为EXPL的伴随成
分有固有格。格问题让Chomsky伤透了脑筋,一度让格问题退缩到
LF上进行处理,所以出现了"there"是LF上的词缀一说,但这毕竟是
特例。近年来,Chomsky又回到狭义句法处理格问题,让T(有完整但
不可解释phi—特征)和v*(有完整但不可解释phi—特征)与名词短语
进行协约操作指派格,前者指派主格,后者指派宾格。Chomsky的近
期处理减少了格的神秘性,比把"there"假设为LF上的词缀更易让人
接受。但还是遗留了不少问题让人探讨,比如说"there"的句法地位是
什么,"有缺陷的特征与完整的特征匹配后只能协约擦去有缺陷的特
征"的根据是什么。

主要参考文献：

[1] BELLETTI A. 1988. The case of unaccusatives[J]. Linguistics inquiry, 19: 1-34.

[2] BRESNAN J. 1992. Locative inversion in Chichewa[J]. Syntax and semantics, 26: 53-101.

[3] BURZIO L. 1986. Italian syntax: A government-binding approach [M]. Dordrecht: D. Reidel Pub.

[4] CARSTEN V. 2000. Concord in minimalist theory[J]. Linguistic inquiry, 31: 319-355.

[5] CHOMSKY N. 1999. Derivation by phase[J]. MIT working papers in linguistics, 18.

[6] CHOMSKY N. 1981. Lectures on government and binding[M]. Dordrecht: Foris Publications.

[7] CHOMSKY N. 1995. The minimalist program[M]. Cambridge, Mass.: MIT Press.

[8] CHOMSKY N. 2000. Minimalist inquiries: the framework[M]// MARTIN R, et al. Step by step: essays on minimalist syntax in honor of Howard Lasnik. Cambridge, Mass.: MIT Press.

[9] LARSON R.1988. On the double object construction[J]. Linguistic inquiry , 19: 335-391 .

[10] LASNIK H. 1992. Case and expletives: notes toward a parametric account[J]. Linguistic inquiry, 23: 381-405.

[11] LASNIK H. 1995. Case and expletives revisited: on greed and other human failings[J]. Linguistic Inquiry, 26: 615-633.

[12] LEVIN B, RAPPAPORT M.1995. Unaccusativity: at the syntax-lexical symantics interface[M]. Cambridge, Mass: MIT Press

[13] MARTIN R. 2001. Null Case and the distribution of PRO[M]. Linguistic inquiry, 32: 141-166.

[14] OUHALLA J. 1991. Functional categories and parametric variation [M]. London: Routledge.

[15] URA H. 2001. Case[C]//BELTIN M, COLLINS C. The handbook of Contemporary syntactic theory. Cambridge, MA.: Blackwell

Publishers.

[16] 何元建. 2000. 论元、焦点与句法结构[J]. 现代外语,（2）:111–124.

[17] 朱德熙. 1982. 语法讲义[M]. 北京:商务印书馆.

（原载《现代外语》2002年第1期）

论元结构与句法语义接口

方立(2004)指出:"句法与语义的接口是非常复杂的,是当代语言学家极其关注的问题,是当代语言学研究的重要课题。句法与语义的接口一指句法与逻辑形式的接口,一指句法与词库的接口。"论元结构既是句法与词库的接口,也是句法与逻辑形式的接口。Grimshaw (1990:1)认为论元结构有两个接口:一是词汇语义结构,一是d—结构;Chomsky (1981:39)认为所有的句法表达式都是词库中指示的题元结构的投射。这主要是从句法与词库的接口的角度看待论元结构,但也可以拓展为句法与逻辑形式的接口。因为论元结构是句子语义表达式的一部分。

1 句法与语义

1.1 论元的动态性与结构的平板性

一个逻辑表达式往往包含"个体、谓词、公式与算子"这样四种逻辑范畴,略去算子,我们可以建立以下的句法规则:

(1)t→$\mathrm{Pred}_n(e^1, e^2, \cdots, e^n)$, $0 \leqslant n$

"t"是公式的逻辑范畴,基本对应于自然语言中的句子;"Pred"是谓词的逻辑范畴,基本对应于自然语言中的动词、形容词、介词与名词等;"e"是个体的逻辑范畴,基本对应于名词短语。数字起标记论元数目的作用。在这个公式中,谓词的论元数目可以从0到n,即零元谓词、一元谓词、二元谓词以至n元谓词。比如说:

(2)a. John smiled.   t→SMILE(j')

  b. John buttered the toast .   t→BUTTER(j', the toast')

  c. John gave Mary a book.   t→GIVE(j', m', a book')

句法规则(1)可以计算出(2)的语义表达式。尽管如此,它还是很难表达含有状语的句子的语义。如:

(3)a. John buttered the toast slowly with a knife in the bathroom at midnight.

　　b. John buttered the toast slowly with a knife in the bathroom.

　　c. John buttered the toast slowly with a knife.

　　d. John buttered the toast slowly.

为此,人们从本源上理解论元,即将论元理解为数学中的自变量。据此,可建立以下的句法规则:

(4)t→$Pred_n(x^1, x^2, \cdots, x^n)$, $0 \le n$

x是跟谓词相关的变量的逻辑类。根据规则(4),(3)与(2b)的语义表达式可表示如下:

(5)a. BUTTER(j', the toast', slowly', with a knife', in the bathroom', at midnight')

　　b. BUTTER((j', the toast', slowly', with a knife', in the bathroom')

　　c. BUTTER((j', the toast', slowly', with a knife')

　　d. BUTTER(j', the toast', slowly')

　　e. BUTTER(j', the toast')

以变量为论元,可以解决含状语的句子的语义表达问题,但也会造成新的问题,它使得谓词不再具有固定的论元结构了,即出现"词无定价,依句辨价"的动态性。如"butter"在(5a)中是六元谓词,在(5b)中是五元谓词,在(5c)中是四元谓词,在(5d)中是三元谓词,在(5e)中为二元谓词。朱德熙(2010:170–171)区分了价与向,其"向"相当于这里的变量,只是略窄一点。如:

(6)a. 我给你用录音机录下来

　　b. 我给孩子用录音机录了一段音乐

朱德熙(2010)认为"录"在(6a)中为三向,在(6b)中为四向。

语义表达式(5)也不充分,不能描写出语义蕴含知识。(5)中的语义有蕴含关系,如(5a)蕴含着(5b、c、d、e),(5b)蕴含着(5c、d、e),(5c)蕴含着(5d、e),(5d)蕴含着(5e),但这种蕴含关系不能直接推导。

语言组合具有层级性,而句法规则(1)与(4)反映的却是平板结构

(flat structure)。如：

（7）

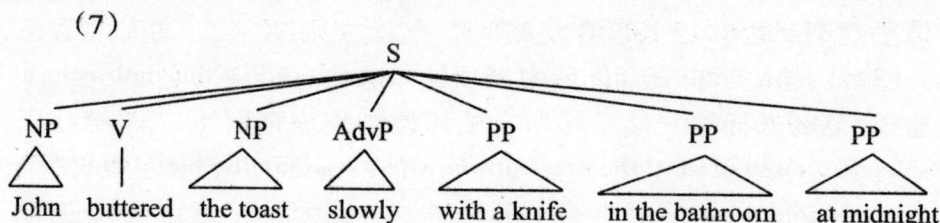

平板的句法结构不能区分主语、补足语与附加语，不能描写人们的成分结构知识；动态的论元结构也不能表达蕴含关系。

1.2　抽象的短语结构规则及其语义表达式

为了反映母语说话者的句法成分知识，生成语法学等语言学理论对指示语、附加语、补足语进行了区分。像 X'—图示，它就可以清晰地描写指示语、附加语、补足语。如：

（8）

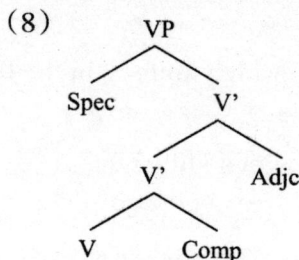

在这个结构中，指示语与补足语是必有的成分，附加语是可有的成分，可随意地附加在 V'上。句法上的合并操作跟语义学上的组合原则也有相应之处。组合原则指句子的整体意义是它的部分意义以及它们组成方式的函数。比如说：

（9）a. 张三喜欢赵颖

　　b. 赵颖喜欢张三

所以语义学家提出语义翻译规则对应于句法规则的假设（规则对规则的假设）。如：

（10）

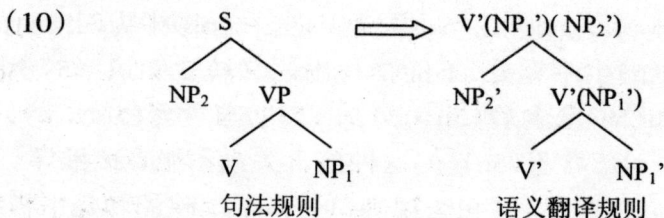

句法规则　　　　　　　语义翻译规则

句法规则多,相应的语义翻译规则也很多。为此,语义学家削减了句法规则,提出"泛函运算规则"[①]。句法规则减少了,词库的信息就会增多。句法学扩充了词库中词项的句法信息(范畴、论元结构、语义选择、范畴选择等),然后将所有的短语结构规则用 X'—图示进行描写。语义学也可以扩充词库,如一元谓词 $Pred_1$ 可以登录上逻辑类 $<e, t>$,二元谓词 $Pred_2$ 可以登录上逻辑类 $<e, <e, t>>$,三元谓词 $Pred_3$ 可以登录上逻辑类 $<e, <e, <e, t>>>$。"e"是个体的语义类,"t"是真值的语义类。$<e, t>$ 是说输入一个个体常元 e 就会输出公式 t;$<e, <e, t>>$ 是说输入一个个体常元 e 会输出一元谓词 $<e, t>$,再输入一个个体常元 e 就会输出公式 t;$<e, <e, <e, t>>>$ 是说输入一个个体常元 e,输出二元谓词 $<e, <e, t>>$,再输入一个个体常元 e 则输出一元谓词 $<e, t>$,再输入一个个体常元 e 就会输出公式 t。比如说,一个含有三元谓词的公式,其生成过程可以表示成:

(11)a. $<e, <e, <e, t>>>$　　$e = <e, <e, t>>$

b. $<e, <e, t>>$　　$e = <e, t>$

c. $<e, t>$　　$e = t$

(11a)是说在三元谓词中输入一个论元 e 生成二元谓词;(11b)是说在新生成的二元谓词中输入一个论元 e 生成一元谓词;(11c)是说在新生成的一元谓词中输入一个论元 e 生成公式 t。从(11)可以看出公式的生成过程是一种二元的运算,这里运用的计算规则叫"泛函运算规则"。

这种计算过程,用句法学的术语来说,就是三元谓词这个句法体先跟一个句法体合并生成一个二元谓词的句法体,然后这个新的句法体又跟一个句法体合并生成一个一元谓词的句法体,最后这个最新的句法体又跟一个论元合并生成称作公式的句法体,这个叫公式的句法体对应于句子。(11)虽然表示的是含三元谓词的公式的生成过程,但可以看出,实际上含二元谓词、一元谓词的公式也已经有所表达。一元谓词的公式可由(11c)表示,二元谓词的公式可由(11b-c)表示。顺便介绍一下,在逻辑语义学中,不仅"送"是谓词,而且"送李四"、"送一本书"、"送李四一本书"也是谓词。"送"是三元谓词,"送李四"或"送一

---

① 如果 f 是逻辑类 $<a, b>$ 的表达式,并且 a 是逻辑类 a 的表达式,则 f(a)是逻辑类 b 的表达式。

本书"是二元谓词,"送李四一本书"是一元谓词。自然语言跟公式毕竟不同,它的构造方式要经得起检验。为了满足双分枝要求,并能经得起测试,我们引进功能范畴。比如说:

(12) a. 张三送李四一本书

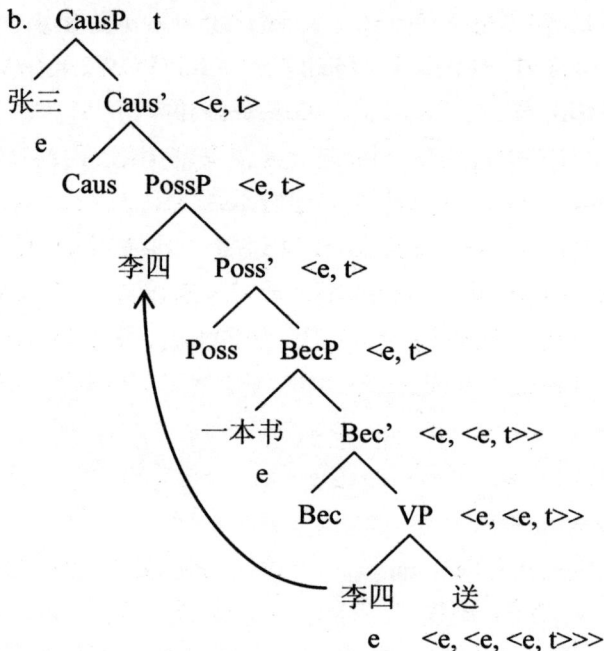

b.
```
            CausP   t
           /    \
        张三    Caus'   <e, t>
          e    /    \
            Caus   PossP   <e, t>
                  /    \
               李四    Poss'   <e, t>
                      /    \
                   Poss    BecP   <e, t>
                          /    \
                       一本书   Bec'   <e, <e, t>>
                         e     /    \
                            Bec    VP   <e, <e, t>>
                                  /    \
                               李四    送
                                 e    <e, <e, <e, t>>>
```

功能范畴可能有逻辑类也可能没有,为简单起见,这里就不为它们指派逻辑类了。"送"是三元谓词,或者说功能范畴 Bec 与 Caus 将为其选择三个事件参与者,所以它的逻辑类为<e, e, <e, t>>>。首先输入逻辑类为 e 的"李四",生成<e, <e, t>>。由于假定功能范畴不改变逻辑类,所以扩展到 Bec',逻辑类仍为<e, <e, t>>。当输入逻辑类为 e 的"一本书"时,生成<e, t>。由于移位的"李四"是"内部输入",所以 PossP 的逻辑类还是 <e, t>。最后输入逻辑类为 e 的"张三",生成逻辑类为 t 的公式。

句法上的必有成分,在语义表达式中也是必有的语义成分。人们通常认为"butter"是二元谓词,就是因为它有两个必有的成分,"John buttered the toast"的语义表达式可表示成:

(13) BUTTER(j', the toast')

附加语,在句法上是可选成分,其引进方式可能很多,跟我们研究主旨相关的就是表达成事件的外围参与者。相应地,必有成分被处理成事件的必有参与者。引进事件变量"e",(3)中各句与(2b)的语义表达式可以分别表示成(14):

(14) a. $\exists e$ (BUTTER(j', the toast', e) & SLOWLY(e) & WITH (e, a knife') & IN(e, the bathroom') & AT(e, midnight'))

b. $\exists e$ (BUTTER(j', the toast', e) & SLOWLY(e) & WITH (e, a knife') & IN(e, the bathroom'))

c. $\exists e$ (BUTTER(j', the toast', e) & SLOWLY(e) & WITH(e, a knife'))

d. $\exists e$ (BUTTER(j', the toast', e) & SLOWLY(e))

e. $\exists e$ (BUTTER(j', the toast', e))

根据P&Q→P,(3)中各句与(2b)的语义蕴含关系在(14)中得到了清晰的描写。但是上面的语义表达式还是不太充分,比如说:

(15) a. John buttered the toast.

b. $\exists e$ BUTTER(j', the toast', e)

这个命题也暗含这两个独立的命题:

(16) a. John did some buttering.

b. The toast got buttered.

而(15b)不能推导出(16a)或(16b)。如何反映母语说话者的语感呢? 看来还有必要发展我们的语义表达式。后来的学者(Parsons1990)建议采用以下语义表达式描述(15)与(16):

(17) a. $\exists e$(BUTTER(e) & Agent(e, John') & Theme(e, the toast'))

b. $\exists e$(BUTTER(e) & Agent(e, John'))

c. $\exists e$(BUTTER(e) & Theme(e, the toast'))

根据P&Q→P很容易推导(15)与(16)之间的蕴涵关系。如:

(18) a. $\exists e$ [butter(e) & Theme (the toast', e) & Agent(John', e) & past (e)]

  →$\exists e$ [butter(e) & Agent(John', e) & past (e)]

b. $\exists e$ [butter(e) & Theme (the toast', e) & Agent(John', e) & past (e)]

  →$\exists e$ [butter(e) & Theme (the toast', e) & past (e)]

2 语义表达式与功能范畴

2.1 语义表达式的计算方式

现在的问题是新戴维森事件语义学是如何计算的。最简单的方式仍然是假定动词的价是动态的，逐个登录"BUTTER"的各个词条，如：

(19)a. $\lambda e\lambda x\lambda y$ [butter(e) & Theme (x, e) & Agent(y, e)]

b. $\lambda e\lambda x\lambda y\lambda P$ [butter(e) & Theme (x, e) & Agent(y, e) & P(e)]

c. $\lambda e\lambda x\lambda y\lambda P\lambda z$ [butter(e) & Theme (x, e) & Agent(y, e) & P(e) & WITH(e, z)]

(19a) "butter" 看作二元动词{x, y}，(19b)将"butter"看作三元谓词{x, y, P}，(19c)将"butter"看作四元谓词{x, y, P, z}。

有了谓词的词库信息，我们就可以通过λ-还原计算出所在句子的语义。λ-还原其实就是一种替换运算，即将常量替换变量，或变量替换变量，如：

(20) a. $\lambda e\lambda x\lambda y$ [butter (e) & Theme (x, e) & Agent (y, e)] (the toast') (John')

=$\lambda e\lambda y$ [butter(e) & Theme (the toast', e) & Agent (y, e)] (John')

=λe [butter(e) & Theme (the toast', e) & Agent(John', e)]

b. $\lambda e\lambda x\lambda y\lambda P$ [butter(e) & Theme (x, e) & Agent(y, e) & P(e)] (the toast') (John') (SLOWLY)

=$\lambda e\lambda P$ [butter(e) & Theme (the toast', e) & Agent(John', e) & P(e)] (SLOWLY)

=λe [butter(e) & Theme (the toast', e) & Agent(John', e) & SLOWLY (e)]

c. $\lambda e\lambda x\lambda y\lambda P\lambda z$ [butter(e) & Theme (x, e) & Agent(y, e) & P(e) & WITH(e, z)] (the toast') (John') (SLOWLY) (a knife')

=$\lambda e\lambda z$ [butter(e) & Theme (the toast', e) & Agent(John',

e) & SLOWLY (e) & WITH(e, z)](a knife')

$=\lambda e$ [butter(e)& Theme (the toast', e) & Agent(John', e)

& SLOWLY (e) & WITH(e, a knife')]

(20a)首先用"the toast'"替换变量x,接着用"John'"替换变量y。(20b)是在(20a)的基础上用"SLOWLY"替换变量P。(20c)是在(20b)的基础上用"a knife'"替换变量z。这些计算之后还有算子λ与变量e。λ算子可通过进一步的计算消除,比如说(20a),它只计算到VP,在句法上它可以继续受T扩展。过去时制的语义值可表示如下:

(21)$\lambda P\exists e$ [P(e) & Past (e)]

(21)跟(20a)的计算过程可表示如下:

(22)$\lambda P\exists e$ [P(e) & Past (e)](λe [butter(e)& Theme (the toast', e) & Agent(John', e)])

$=\exists e$ [λe [butter'(e)& Theme (the toast', e) & Agent(John', e)] (e) & Past (e)]

$=\exists e$ [[butter'(e)& Theme (the toast', e) & Agent(John', e)] & Past (e)]

$=\exists e$ [butter'(e)& Theme (the toast', e) & Agent(John', e) & Past (e)]

首先用变量"λe [butter (e) & Theme (the toast', e) & Agent (John', e)"替换变量P,然后用e替换变量e,最后脱括号。(20)中的(b)与(c)可仿此计算。(22)的语义可解读为:

(23)a. 存在一个事件e,这个事件为butter';

b. 在这个事件中,John'为agent;

c. 在这个事件中,the toast'为theme;

d. 这个事件发生在过去。

第二种计算方式是假定动词只有一个价成分,那就是事件论元。这种计算必须假定句法位置也有语义。说句法位置有语义,大概也是不言自明的,比如说"butter",其主语位置的语义是施事,宾语的位置是受事,可表示为:

(24)a. Subj* = $\lambda x\lambda e$ [Agent(x, e)]

b. Obj* = $\lambda x\lambda e$[Theme(x, e)]

根据该假设,我们可按以下方式计算"John buttered the toast"的语义：

（25）[John buttered the toast]*

a. Pre* = λPreλe [Pre(e)]

b. butter* = λe[butter(e)]

c. [$_{Pre}$butter]* = λPreλe [Pre(e)](λe[butter(e)])=λe[λe butter(e)](e)= λe butter(e)

d. Obj* =λxλe[Theme(x，e)]

e. the toast* = the toast'

f. [$_{Obj}$the toast]* =λxλe[Theme (x，e)](the toast') =λe[Theme (the toast'，e)]

g. [$_{V'}$ [$_{Pre}$ butter]$^∩$ [$_{Obj}$the toast]]* = λe[butter(e) & Theme (the toast'，e)]

h. Subj* =λxλe [Agent(x，e)]

i. John* = John'

j. [$_{Subj}$John]* =λxλe[Agent(x，e)](John') =λe [Agent(John'，e)]

k. [$_{VP}$[$_{Subj}$John]$^∩$[$_{V'}$[$_{Pre}$ butter]$^∩$ [$_{Obj}$the toast]]]*

=λe[butter(e) & Theme (the toast'，e) & Agent(John'，e)]

l. Tense* =λP∃e λTense[P(e) & Tense (e)]

m. −ed*=past

n. [$_{T}$−ed]* = λP∃e λTense[P(e) & Tense (e)](past) =λP∃e [P(e) & past (e)]

o. [$_{TP}$[$_{T}$−ed]$^∩$ [$_{VP}$[$_{Subj}$John]$^∩$[$_{V'}$[$_{Pre}$ butter]$^∩$ [$_{Obj}$the toast]]]]*

=λP∃e [P(e) & past (e)](λe[butter(e) & Theme (the toast'，e) & Agent(John'，e)])

=∃e [(λe[butter(e) & Theme (the toast'，e) & Agent (John'，e)]) (e) & past (e)]

=∃e [[butter(e) & Theme (the toast'，e) & Agent(John'，e)] & past (e)]

=∃e [butter(e) & Theme (the toast'，e) & Agent(John'，e) & past (e)]

这里假定每个句法位置都有相应的语义，每个词项及其组合也都有语义。（25a–c）计算的是动词位置的"butter"的语义，（25d–f）计算的是宾语位置的"the toast"的语义,采用的是λ–还原。(25g)计算的是"butter the toast"的语义,采用的是事件等同。(25h–j)计算的是主语位置的"John"的语义。(25k)计算的是"John butter the toast"的语义。(25l–n)计算的是过去时制的语义。(25o)计算的是"John buttered the toast"的语义。

事件等同操作是由 Kratzer(1996)根据 Higginbotham(1985)的题元等同操作提出的。事件等同是将两个函数作为输入项,最后输出一个函数的运算,其中事件类型要等同操作。如:

(26)　　　　　f　　　　g　　　→　　　h

　　　　<e, <s, t>>　　<s, t>　　　<e, <s, t>>

　　　　　　　　　　　　　　　　$\lambda x.\lambda e_s[f(x)(e) \& g(e)]$

f、g、h 是三个函数,e 是个体类型,s 是事件类型,t 是真值类型。<s, t>是表示由事件 s 映射到真值 t 的函数,<e, <s, t>>是由个体 e 映射到函数<s, t>的函数。输入函数 f 与 g 都有"<s, t>",实施等同操作,所以输出函数包含"<s,t>"。事件等同实际上也是一种合取操作。

第三种计算方式是由 Kratzer(1996)提出的,他假定动词有两个价成分,即直接内部论元与事件论元,如:

(27)$\lambda e \lambda x[butter(e) \& Theme(x, e)]$

另一论元由 Voice 引进,其值为:

(28)$\lambda e \lambda x[Agent(x, e)]$

根据该假设,我们可按以下方式计算"John buttered the toast"的语义:

(29)[John buttered the toast]*

　　a. butter* = $\lambda e \lambda x[butter(e) \& Theme(x, e)]$

　　b. the toast* = the toast'

　　c. [$_{VP}$ butter $^{\cap}$ the toast]*

　　　=$\lambda e \lambda x[butter(e) \& Theme(x, e)]($ the toast' $)$

　　　=$\lambda e[butter(e) \& Theme($ the toast', e $)]$

　　d. Voice*=$\lambda e \lambda x[Agent(x, e)]$

　　e. [$_{Voice}$·Voice $^{\cap}$[$_{VP}$ butter $^{\cap}$ the toast]]

　　　=$\lambda e \lambda x[butter(e) \& Theme($ the toast', e $) \& [Agent(x, e)]]$

f. John* = John'

g. $[_{VoiceP}$ John $^{\cap}[_{Voice'}$ Voice $^{\cap}[_{VP}$ butter $^{\cap}$ the toast$]]]^*$

=λeλx [butter(e) & Theme (the toast', e) & [Agent(x, e)]] (John')

=λe [butter(e) & Theme (the toast', e) & [Agent(John', e)]]

h. Tense* = λP∃e [P(e) & past(e)]

i. $[_{TP}$Tense$^{\cap}$ $[_{VoiceP}$ John$^{\cap}$ $[_{Voice'}$ Voice$^{\cap}[_{VP}$ butter $^{\cap}$ the toast$]]]]^*$

=λP∃e [P(e) & past(e)](λe[butter(e) & Theme (the toast', e) & Agent(John', e)])

=∃e [(λe[butter(e) & Theme (the toast', e) & Agent(John', e)])(e) & past(e)]

=∃e [[butter(e) & Theme (the toast', e) & Agent(John', e)] & past(e)]

=∃e [butter(e) & Theme (the toast', e) & Agent(John', e) & past(e)]

第一种计算方式很简单,但动词没有固定的语义,即多个词条;第二种计算方式与第三种计算方式虽然复杂,但动词的语义是固定的,或为"λe butter(e)"或为"λeλx[butter(e) & Theme (x, e)]"。第三种计算方式将语义直接归为词项,每个词项在词库中都标注有相应的语义;第二种同时将语义赋予词项与句法位置。

2.2 功能范畴

句法位置当然有意义,问题是句法位置为什么有意义。在生成语法中是用词汇标记来解决该问题的,即 V 向补足语指派题元角色,VP 向主语指派题元角色。这种指派的前提是动词有题元可指派。Chomsky(1981)让动词指派的题元以及由动词短语所指派的题元全部归结为动词的选择性,就是登录于词库之中,也就是"直接或间接题元标记是由词库决定的词项属性"。如:

(30)butter:{Agent, theme}

动词有了题元,也就可以向题元位置指派题元,题元位置获得了题元,位置也就获得了意义。Kratzer(1996)的理论是秉持这一传统

的,唯一不同是他改变了动词的论元结构。如:

(31)butter:{ theme}　或 :butter{theme,e}　或 butter: <Theme, e>

也就是动词间接标记的题元位置现在不由动词进行题元标记,相对于传统的论元结构来说,动词只有一个题元角色 theme 需要指派。原来由动词间接题元标记的位置改由另一成分即 Voice 直接题元标记。如:

(32)

$$T' < Agent^*, Theme^*, e^* >$$

```
T' < Agent*, Theme*, e* >
       /            \
      T          VoiceP < Agent*, Theme*, e>
    <e>          /            \
               DP          Voice' < Agent, Theme*, e>
          < Agent* >        /           \
                        Voice          VP <Theme*, e>
                      <Agent, e>        /        \
                                      DP          V'
                                  <theme*>        |
                                                  V
                                             <Theme, e>
```

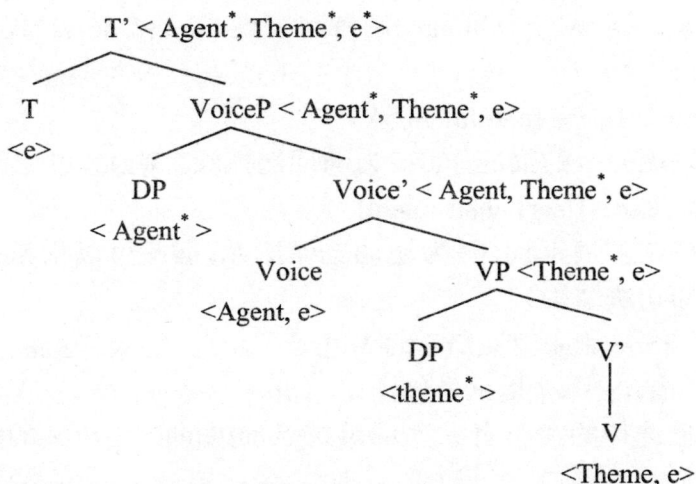

(32)是说动词有两个论元,一是 theme,一是事件论元 e,记作"<Theme, e>"。它向直接内部论元指派 theme 之后,其论元结构就兑现(discharge)了一个 theme 论元,记作"<Theme*, e>"。Voice 也有两个论元<Agent, e>,它跟 VP 合并之后,论元增容为"< Agent, Theme*, e>",兑现 Agent 后,获得"< Agent*, Theme*, e>"。最后跟 T 合并后兑现为"< Agent*, Theme*, e*>"。有些兑现是跟短语兑现,有些兑现是跟核心兑现,如跟 T 兑现 e。后种兑现为题元约束(θ-binding),前种兑现为题元标记(θ-marking)。

Kratzer 的词汇信息在汉语中会碰上问题,因为汉语的直接内部论元可以不实现,如"张三吃大碗"中的受事不能获得定值。如:

(33)λx∃e [吃'(e) & Theme (x, e) & Agent(张三', e) & Instrument(大碗', e)& past (e)]

受事在句法上可根据 Lin(2001)的形式准允给删除掉,但在语义上不能被删除。所以最合适的方式是在语义上规定动词只有事件论

元e,而没有受事论元。如:

(34)λe [吃'(e)]

这似乎又回到了第二种计算方式,即需要假定词项与句法位置都有意义。其实不然,因为句法发展到现在,我们完全可以像kratzer一样规定功能范畴也有语义。如:

(35)Use:$\lambda x\lambda y\lambda f\lambda e$ [f(e) & User(x, e) & Instrument(y, e)]

(35)描述的是功能范畴Use的语义,它的意思是说功能范畴Use有三个论元,其中两个分别是使用者与工具,第三个是动词,可以简单的描述作:

(36)Use:{User, Instrument, V}

还可以更简单的描述作Use为动词选择两个论元,可记作:

(37)V–Use:{User, Instrument}

功能范畴扩展动词,并为动词选择论元,据此可以指派以下的具有一般性的句法结构:

(38)[$_{vP}$[Spec][$_{v'}$[v][$_{VP}$[Comp][V]]]]

在这个结构中,V指示事件图景e,Spec与Comp是v在V所指示的事件图景里选择的参与者。动词及扩展动词的功能范畴的语义可表示为:

(39)a. V:$\lambda e\lambda P$ [P (e)]

　　b. v:$\lambda x\lambda y\lambda f\lambda e$ [f(e) & q_1(x, e) & q_2 (y, e)]

动词与轻动词融合以后,其语义值为:

(40)V–v*

$=\lambda x\lambda y\lambda f\lambda e$ [f(e) & q_1(x, e) & q_2 (y, e)]($\lambda e\lambda P$ [P (e)])

$=\lambda x\lambda y\lambda e$ [$\lambda e\lambda P$ [P (e)] (e) & q_1(x, e) & q_2 (y, e)]

$=\lambda x\lambda y\lambda e$ [λP [P (e)] & q_1(x, e) & q_2 (y, e)]

$=\lambda x\lambda y\lambda e\lambda P$ [P (e) & q_1(x, e) & q_2 (y, e)]

动词"吃"受功能范畴Use扩展,其语义表达式是(无关细节忽略):

(41)吃–Use*

$=\lambda x\lambda y\lambda f\lambda e$[f (e) & User (x, e) &Instrument (y, e)](λe[吃'(e)])

$=\lambda x\lambda y\lambda e$ [λe[吃'(e)] (e) & User (x, e) & Instrument (y, e)]

$=\lambda x\lambda y\lambda e$ [吃'(e) & User (x, e) & Instrument (y, e)]

忽略看不见的事件论元与功能范畴Use,可表示为:

(42)a. 吃* $=\lambda x\lambda y[$吃'$(x, y)]$

　　b. 吃: {User, Instrument}

再比如说动词"butter",它受功能范畴Do扩展,其结果是(无关细节忽略):

(43)a. Do:$\lambda x\lambda y\lambda f\lambda e [f(e) \& Agent(x, e) \& Theme(y, e)]$

　　b. butter:$\lambda e[butter'(e)]$

　　c. butter–Do*

　　　$=\lambda x\lambda y\lambda f\lambda e [f(e) \& Agent(x, e) \& Theme(y, e)](\lambda e[butter'(e)])$

　　　$=\lambda x\lambda y\lambda e [\lambda e[butter'(e)](e) \& Agent(x, e) \& Theme(y, e)]$

　　　$=\lambda x\lambda y\lambda e [butter'(e) \& Agent(x, e) \& Theme(y, e)]$

这就回到了我们的直觉,即"butter"是二元动词,其论元分别是施事、受事。这里忽略的是事件论元。忽略看不见的事件论元与功能范畴Do,可表示为:

(44)a. butter* $=\lambda x\lambda y [butter'(x, y)]$

　　b. butter: {agent, theme}

按照目前的结构设置,句法上的双分枝性容易满足,而语义上的双分枝性却很难满足。如:

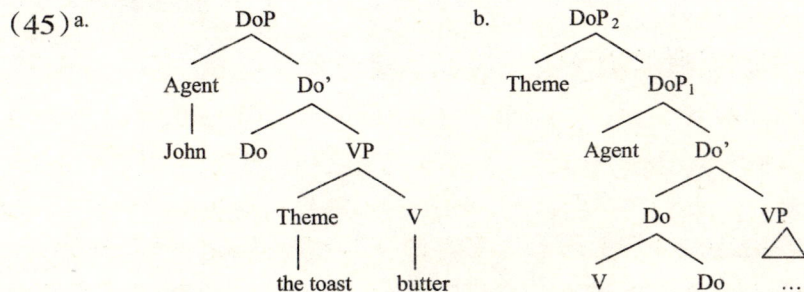

(45)a.

```
              DoP
           /       \
      Agent         Do'
        |         /      \
      John      Do        VP
                        /    \
                   Theme       V
                     |         |
                 the toast   butter
```

b.

```
              DoP₂
           /        \
      Theme          DoP₁
                  /        \
            Agent           Do'
                         /      \
                       Do        VP
                     /    \       △
                    V      Do     ...
```

(45)中的Do要求跟动词或受事或施事先合并,而(45a)的句法结构则显示动词先跟受事合并。对此,我们的解决办法是借助协约理论或核查理论。我们知道动词要跟轻动词核查,宾语也要跟轻动词核查,可表示成(45b),这种核查可能是显性移位也可能是特征移位。(45b)这样的图示使语义计算成为可能。如:

(46)a. [V–DO]*

$$=\lambda x\lambda y\lambda f\lambda e\ [\ f(e)\ \&\ Agent(x,\ e)\ \&\ Theme(y,\ e)](\lambda e[butter'(e)])$$

$$=\lambda x\lambda y\lambda e\ [\lambda e[butter'(e)]\ (e)\ \&\ Agent(x,\ e)\ \&\ Theme(y,\ e)]$$

$$=\lambda x\lambda y\lambda e\ [butter'(e)\ \&\ Agent(x,\ e)\ \&\ Theme(y,\ e)]$$

b. $[DoP_1]^*$

$$=\lambda x\lambda y\lambda e\ [butter'(e)\ \&\ Agent(x,\ e)\ \&\ Theme(y,\ e)]\ (John')$$

$$=\lambda y\lambda e\ [butter'(e)\ \&\ Agent(John',\ e)\ \&\ Theme(y,\ e)]$$

c. $[DoP_2]^*$

$$=\lambda y\lambda e\ [butter'(e)\ \&\ Agent(John',\ e)\ \&\ Theme(y,\ e)]\ (the\ toast')$$

$$=\lambda e\ [butter'(e)\ \&\ Agent(John',\ e)\ \&\ Theme(the\ toast',\ e)]$$

继续跟 T 合并,可以达成"∃—封合"。

Lin(2001)在引进论元上,是一个功能范畴引进一个论元,一个论元由一个功能范畴引进;Pylkkänen(2008)虽然对高位涉用范畴与 Voice 采用——对应的观点,但对于低位涉用范畴,还是会让它引进包括动词在内的三个论元。在我们看来,现在的功能范畴就起着原来谓词的作用,即用来说明个体的性质或两个及两个以上个体之间的关系的。换句话说,功能范畴可以引进一个论元,也可以引进两个论元或三个论元。

3 功能范畴的语义

3.1 事件义

在句法树上的每个范畴都有语义,功能范畴当然也是如此。如:C 有[force]义,T 有[tense]义,D 有[definite]义。v、n 等也应该有相应的意义。Dowty(1979:123–124)借助语义原子刻画事件图景,事件图景的类型大致有四类:状态、活动、达成与完成。如:

(47)a. 状态(state): $\pi_n(a_1,\cdots,a_n)$

b. 活动(activity): $DO(a_1,[\pi_n(a_1,\cdots,a_n)])$

c. 达成(achievement): $BECOME[\pi_n(a_1,\cdots,a_n)]$

d. 完成(accomplishment): $[[\ DO(a_1,[\pi_n(a_1,\cdots,a_n)])]]\ CAUSE$

$$[BECOME[\pi_n(a_1, \cdots, a_n)]]]$$

Rappaport Hovav & Levin（1998：108）也采用类似的方式定义事件图景,她们称之为事件结构模板。如:

(48) a. 活动:[x ACT*<MANNER>*]

　　b. 状态:[x *<STATE>*]

　　c. 达成:[BECOME [x *<STATE>*]]

　　d. 完成:[x CAUSE [BECOME [y *<STATE>*]]]

　　e. 完成:[[x ACT*<MANNER>*] CAUSE [BECOME [y *<STATE>*]]]

差别在于完成事件的语义表达式,Dowty 将 CAUSE 的第一个论元表达为活动,Rappaport Hovav & Levin 则认为个体与活动都可以作 CAUSE 的第一个论元。"< >"中的斜体部分为词根常量,作下标的词根常量为谓词的修饰语,非下标的词根常量为论元。常量具有开放性,如下面箭头左侧的为常量,右侧是其在事件模板中的位置。如:

(49) a. manner → [x ACT*<MANNER>*]

　　　（e.g., jog, run, creak, whistle, etc.）

　　b. instrument →[x ACT*<INSTRUMENT>*]

　　　（e.g., brush, hammer, saw, shovel, etc.）

　　c. placeable object → [x CAUSE [BECOME [x WITH *<THING>*]]]

　　　（e.g., butter, oil, paper, tile, wax, etc.）

　　d. place →[x CAUSE [BECOME [x *<PLACE>*]]]

　　　（e.g., bag, box, cage, crate, garage, pocket, etc.）

　　e. internally caused state → [x *<STATE>*] (state)

　　　（e.g., bloom, blossom, decay, dower, rot, rust, sprout, etc.）

　　f. externally caused state →[[x ACT] CAUSE [BECOME [y *<STATE>*]]]

　　　（e.g., break, dry, harden, melt, open, etc.）

DO、CAUSE、BECOME 等为语义原子,也称作谓词,最初由生成语义学家提出。McCawley (1970)将 "kill" 分解为 "CAUSE、BECOME、NOT、ALIVE",每个谓词都有自己的论元,其句法投射为(50a)。经过谓词提升与主语提升达成结构,插入词汇 kill,见(50b)。

（50）a.

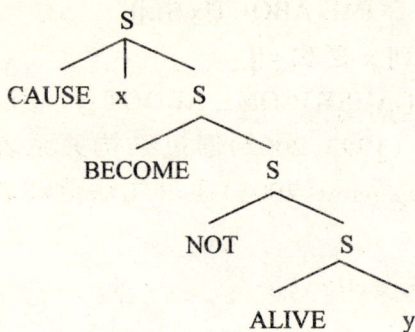

b.

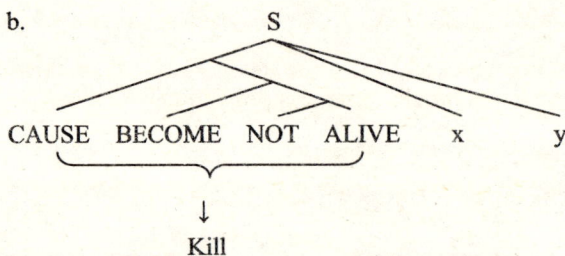

↓

Kill

　　Hale & Keyser（1993,2002）用句法关系表达这些语义关系,如 V 与它的补足语 VP 表达致使关系（cause）,V 与它的补足语 AP、PP 表达达成关系（change）。如（51b）：

（51）a. The cook thinned the gravy.

　　　b. [$_{VP}$[$_{NP}$ the cook][$_{V'}$[$_{V}$][$_{VP}$[$_{NP}$ the gravy][$_{V'}$[$_{V}$][$_{AP}$ thin]]]]]

所表达的语义关系正好对应于事件结构的表达。如：

（52）[[（the cook）ACT] CAUSE [BECOME [（the gravy）

　　　<THIN>]]]

　　致使关系,Hale & Keyser（1993,2002）表达为"$e_1 \rightarrow e_2$",表示一个事件"e_1"导致另一事件"e_2"。"e_1"为"[（the cook）ACT]","e_2"为"[BECOME [（the gravy）*<THIN>*]]"。达成关系,Hale & Keyser（1993, 2002）表达为"$e \rightarrow s$",表示一个事件导致一种状态,这里的状态自然是"thin"。Huang（1997）直接将上层的 V 诠释为致使义的动词,并作了扩展。他说所有活动动词都是类似于 DO 的谓词的补足语,肇始谓词（inchoative predicate）内嵌于 BECOME 或 OCCUR,状态谓词内嵌于 BE 或 HOLD,致使内嵌于 Do 与 CAUSE。如：

（53）a. 哭： [x DO [x 哭]]

　　　b. 看书:[x DO [x 看书]]

c. 胖： [OCCUR/ COME ABOUT[x 胖]]

d. 喜欢：[BE/HOLD[x 喜欢 y]]

e. 气死：[x DO [x CAUSE [COME ABOUT [y 气死]]]]

如果说 Hale & Keyser（1993,2002）通过结构关系表达语义关系是间接的,那么可以说 Ramchand（2008）通过句法范畴表达语义关系是直接的。如：

（54）initP （causing projection）

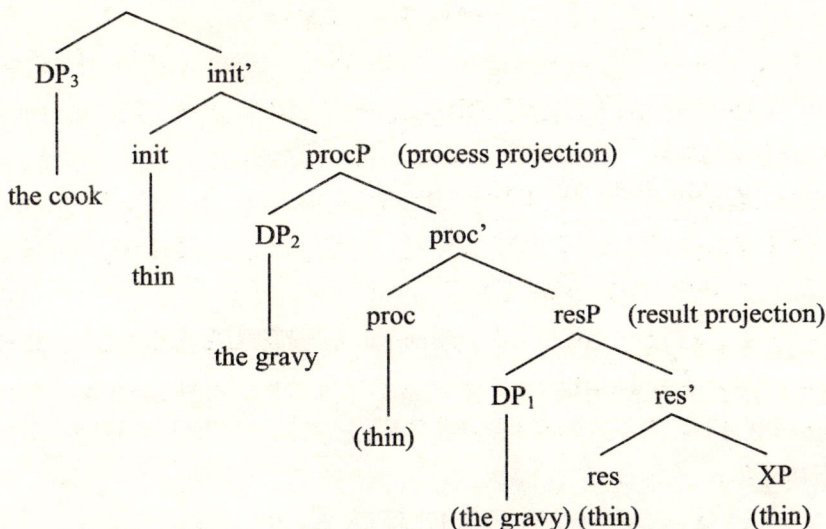

Lin（2004）也用功能范畴表征语义。 如：v_{Do} 表示活动,v_{Be} 表示状态,v_δ 表示达成,v_{Do} 与 v_δ 一起表示完成。 比如说：

（55）a. The cook thinned the gravy.

b. $[_{voiceP}[_{DP}$ the cook$][[$ $_{Voice}][$ $_{vDoP}[_{vDo}][$ $_{v\delta P}[_{DP}$ the gravy$][[$ $_{v\delta}][[_{vBe}]$
　　$[\sqrt{thin}]]]]]]]$

"thin"为词根,也是 Rappaport Hovav & Levin 的状态常量,由 v_{Be} 引进,表示状态。 该状态由 v_δ 引进,表示达成。 接着由 v_{Do} 引进,表示完成。 只有 v_{Do} 不能引进个体论元,其他核心都能引进个体论元。如：

（56）a. $[_{v\delta P}[$ the gravy $][[$ $_{v\delta}][$ $_{vBe}][\sqrt{thin}]]]]$

b. $[_{vBe\,P}[$ the gravy $][$ $[$ $_{vBe}][\sqrt{thin}]]]]$

Lin（2004）认为外部论元由 voice 引进。再如：

（57）a. John ran.

b. $[_{VoiceP}[_{DP}$ John$][[$ $_{Voice}][$ $_{vDo}P$ $[_{vDo}][\sqrt{run}]]]]$

3.2 非事件义

Ramchand 的理论非常优美,她只用了三个事件核心进行论元的选择。但从汉语的角度看,三个可能不够。Lin(2001)发现汉语的主语具有非选择性,如:

(58)a. 老王开了一辆坦克车。(施事性)

　　b. 这辆破车开得我吓死了。(致使性)

　　c. 高速公路开着一排坦克车。(存在性)

在 Ramchand 的系统中,(58a、b)可用 init 允准或选择外部论元;(58c)没有外部论元,其论元可用 proc 选择,但需要进行倒置,所以还需要引进新的范畴。如:

(59)a. [initP[老王][init′[init 开了][procP一辆坦克车][proc′[Proc<开了>][XP]]]]]

　　b. [initP[这辆破车][init′[init 开得][procP[我][proc′[Proc<开得>][resP[<我>][res′[res<开得>][XP Pro 吓死了]]]]]]]]

　　c. [existP[高速公路][exist′[exist 开着][procP[一排坦克车][proc′[proc<开>][pathP[高速公路]]]]]]

Lin(2001)认为这些句子都是基础生成的,由 DO、CAUSE、EXIST 选择主语,如:

(60)[vP[NP][v′[v {DO,CAUSE, EXIST}][vP]]]

如果 EXIST 确实选择论元的话,则 Ramchand 的事件核心系统是不完整的。再如:

(61)a. 写这支笔　切这把刀　垫这本书　喝那个杯子　　　　　[工具]

　　b. 睡火车站　　吃饭馆　　打室内　　读MIT　　　　　　[处所]

　　c. 睡上午　　　飞半夜　　打下午　　做晚上　　　　　　[时间]

　　d. 哭国破家亡 吃头疼　　玩趣味　　气这个荒谬的结局 [原因]

在 Ramchand 的系统中,(61a)是由 proc 选择,作路径(path)放置于补足语位置;如果(61b-d)的宾语也是 path,则虽然处理起来简单,但不够明晰。Lin(2001)用 USE、AT、FOR 为(61b-d)选择宾语,虽不够简单,但较明晰,如(60)。

Pylkkänen(2008)的涉用范畴 Appl 也不对应于事件谓词,并且 Appl 可以分解为各种下位范畴。如:

(62)a. High APPL:

$$\lambda x.\lambda e.\ APPL(e,x)$$

(collapsing $APPL_{BEN}$, $APPL_{INSTR}$. $APPL_{LOC}$ and so forth)

b. Low-APPL-TO（Recipient applicative）：

$$\lambda x.\lambda y.\lambda f<e<s,t>>.\lambda e.\ f(e,x)\ \&\ theme\ (e,x)\ \&\ to\text{-the-}$$
$$possession(x,y)$$

c. Low-APPL-FROM（Source applicative）：

$$\lambda x.\lambda y.\lambda f<e<s,t>>.\lambda e.\ f(e,x)\ \&\ theme\ (e,x)\ \&\ from\text{-the}$$
$$possession(x,y)$$

这里的涉用范畴包括其各种下位范畴都不表示事件义。

我们认同 Lin(2001)与 Pylkkänen(2008)的观点,也不将引进论元的功能范畴局限于事件义。换句话说,事件义与非事件义的功能范畴都可以引进论元。跟 Lin(2001)与 Pylkkänen(2008)不同的是,我们让动词不再选择任何论元。试对比:

(63)a. $[_{UseP}[_{DP}$我$][_{Use'}[_{Use}][_{VP}[_{DP}$大碗$][_{v}$吃$]]]]$

  b. $[_{DoP}[_{DP}$我$][_{Do'}[_{Do}][_{UseP}[_{DP}$大碗$][_{Use'}[_{Use}][_{VP}[_{DP}][_{v'}[_{v}$吃$]]]]]]]$

我们指派的结构是(63a),"大碗"和"我"由 Use 选择,"吃"不选择论元;Lin(2001)指派的是(63b),在这个结构中只有"大碗"由 Use 选择,"吃"选择直接宾语论元如受事。

4 结 语

语义计算与句法计算一样,可以建立丰富的规则系统,也可以建立简约的原则系统。语义学在词库中为表达式指派逻辑类,在计算上采用泛函运算规则。泛函运算规则使得结构具有了双分枝性。为了用"合取消去律"推导语义间的蕴涵关系,新戴维森事件语义学为动词引进事件论元,并采用合取方式关联各种语义成分。新戴维森事件语义学是 Kratzer 引进 Voice 的理论基础,也是本研究的语义学基础。我们根据新戴维森事件语义学认为动词只是指示事件图景,即以事件为论元,其词库中并不包含直接内部论元。为计算语义,我们扩充了功能范畴的语义信息。为语义计算的顺利进行,动词与功能范畴的协约操作及功能范畴与论元间的协约操作(agree)或核查(check)操作成为必需的操作方式。在 Chomsky(1995,2001)中,核查操作或协约操作只是为了核查形态特征，现在看来，也是为了语义计算。选择论元的功能范畴除了表示事件义之外，还可以表示非事件义。

主要参考文献：

[1] CHOMSKY N. 1981. Lectures on government and binding[M]. Foris, Dordrecht.

[2] CHOMSKY N. 1995. The minimalist program[M]. Cambridge :MIT Press.

[3] CHOMSKY N. 2001. Derivation by phase[M]//KENSTOWICZ M. Ken Hale: a life in language.Cambridge, Mass.: MIT Press.

[4] DOWTY R. 1979. Word Meaning and Montague Grammar[M]. Dordrecht: Reidel.

[5] GRIMSHAW J. 1990. Argument Structure[M]. Cambridge:MIT Press.

[6] HALE K, KEYSER S. 1993. On argument structure and the lexical expression of syntactic relations[M]//KENNETH K, SAMUEL J. The View from Building 20: essays in linguistics in honor of Sylvain Bromberger. Cambridge, MA: MIT Press.

[7] HALE K, KEYSER S. 2002. Prolegomenon to a theory of argument structure[M]. Cambridge, MA: MIT Press.

[8] HIGGINBOTHAM J.1985. On semantics[J]. Linguistic inquiry, 16: 547 - 593.

[9] HUANG C-T. 1997. On lexical structure and syntactic projection[J]. Chinese language and linguistics, 3:45-89.

[10] KRATZER A. 1996. Severing the external argument from its verb [M]//ROORYCH J, ZARING L. Phrase structure and the lexicon. Dordrecht: Kluwer Academic Publishers.

[11] LIN J. 2004. Event structure and the encoding of arguments: the syntax of the Mandarin and English verb phrase [D].MIT.

[12] LIN T-H.2001. Light verb syntax and the theory of phrase structure [D]. University of California.

[13] PARSONS T. 1990. Events in the semantics of English: a study in

subatomic semantics[M]. Cambridge，MA: MIT Press.

[14] PYLKKANEN L. 2008. Introducing arguments[M]. Cambridge：MIT Press.

[15] RAMCHAND G. 2008. Verb meaning and the lexicon: a first-phase syntax[M]. Cambridge: Cambridge University Press.

[16] RAPPAPORT H，MALKA，LEVIN B. 1998. Building verb meanings[M]//BUTT M，GEUDER W.The projection of arguments: lexical and compositional factors. Stanford，CA: CSLI Publications.

[17] 熊仲儒. 2004. 现代汉语中的致使句式[M]. 合肥：安徽大学出版社.

[18] 朱德熙. 2010. 语法分析讲稿[M]. 北京：商务印书馆.

（原载《数理逻辑之美——方立教授纪念文集》，北京语言大学出版社2012年）

论元的句法实现①

论元的句法实现,是句法语义接口的重要问题,它直接影响到随后的移位及 LF 中的解释。目前生成句法界基本上接受 Baker(1988)的"题元指派一致性假设"(UTAH),根据题元等级考虑论元的合并,该假设要求题元在句法结构上的相对位置与题元在题元等级上的相对位置保持一致。在研究中,不同的学者根据不同的句法现象设置了不同的题元等级,常见的有 Larson(1988)的题元等级与 Grimshaw(1990)的题元等级。利用题元等级研究论元的句法实现,不仅会遇上各家对题元等级的设置不一(理论问题),还会遇上论元的数目增减与题元的倒置(实际问题)。我们准备接受生成句法学界关于"语言具有共性,变异只在功能范畴"的基本假设,让功能范畴在论元的实现上扮演重要的角色。

1 题元等级

1.1 Larson 的题元等级

为了解释双宾句式及其相应的与格句式,Larson(1988)提出了较为具体的映射原则和题元等级。

映射原则:如果动词 α 决定论元角色 θ_1, θ_2,…, θ_n,那么题元等级中最低的题元角色被分派给成分结构中最低的论元,次低的题元角色给次低的论元,如此一直进行下去。

题元等级:施事(agent)<客体(theme)<目标(goal)<旁体(obliques)。

---

① 基金项目:安徽省教育厅项目"普遍语法与汉语致使句式研究"(2004sk046)与安徽师范大学博士科研基金"普遍语法与汉语句式研究"。

Larson 的立论基础是双宾句及其相应的与格句内部的不对称性。早期学者将动词与其内部论元处理为平头结构（flat structure）：

（1）a. John gave Bill a book.

　　b. [[$_s$ John [$_{VP}$ gave Bill a book]]　（其中 VP=V NP$_1$ NP$_2$）

Chomsky（1981）建议将双宾句分析成[$_{VP}$[$_{v'}$ V NP$_1$] NP$_2$]，如此一来，（1a）应该有这样的句法表达式：

（2）[$_s$ John [$_{VP}$ [$_{v'}$ gave Bill] a book]

Barss & Lasnik（1986）发现，无论是平头结构（1b）还是双分枝结构（2）都不能解释（3）中的宾语与宾语之间的不对称性：

（3）i . Anaphor Binding

　　a. I showed Mary herself.

　　b.*I showed herself Mary.

　　ii . Weak Crossover

　　a. [Which man]$_i$ did you send [his]$_i$ check?

　　b.*[whose]$_i$ pay did you send [his]$_i$ mother?

　　iii . Superiority

　　a. Who did you give which check?

　　b.*Which check did you give who?

　　iv . Negative Polarity

　　a. I showed no one anything.

　　b.*I showed anyone nothing.

这些句子都要求 NP$_1$（Goal）不对称地成分统制 NP$_2$（Theme），但这种要求在平头结构（1b）与双分枝结构（2）中都无法得到满足。Larson（1988）进一步观察到在与格句中也有这种不对称的要求，即要求 NP$_2$（Theme）不对称地成分统制 NP$_1$（Goal）：

（4）i . Anaphor Binding

　　a. I showed Mary to herself.

　　b.*I showed herself to Mary.

　　ii . Weak Crossover

　　a. [Which check]$_i$ did you send to its$_i$ owner?

　　b.*[Which worker]$_i$ did you send his$_i$ check to?

　　iii . Superiority

a. Which check did you send to whom?

b.*Whom did you send which check to?

ⅳ. Negative Polarity

a. I send no present to any of the children.

b.*I send any of the packages to none of the children.

如果 Barss & Lasnik（1986）与 Larson（1988）的观察准确的话，双宾句和与格句可表示如下：

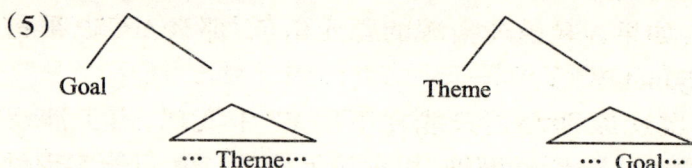

（5）

Goal   Theme

··· Theme···   ··· Goal···

双宾句和与格句可以有两种处理，一种认为它们之间没有推导关系，分别合并；一种认为它们之间有推导关系。如果采用第一种看法，则可以认为双宾句是动词（这里忽略小句分析法）首先与 Theme 题元合并生成新的句法体，然后新的句法体与 Goal 合并，依次合并下去（暂忽略核查与移位）；同样，与格句是动词首先与 Goal 合并生成新的句法体，然后新的句法体与 Theme 合并，依次进行。这样未尝不可。如果采用第二种看法，就要判定谁更基础。对此，Larson 认为与格句是基础，双宾句式是由与格句式推导而来的。当然也完全有理由假设双宾句式是基础，然后推导出与格句式。Theme 与 Goal 的等级关系可表示成：

（6）a. Theme ＜ Goal

b. Goal ＜ Theme

单纯从不对称性来看两种选择都是可能的，Larson 选择了（6a）。为了让 Theme 从平头结构中分离出来且不对称地成分统制 Goal，他提出了单个补足语假设（Single Complement Hypothesis）：

（7）单个补足语假设 SCH：

XP = Spec X' X'

X' = X YP

现在看来，单个补足语假设是冗余的，它是合并操作的必然结果，但在那个时候提出来是难能可贵的，这种技术手段在很大程度上推动了语法的研究。这样一来，与格句的 VP 可以表示成：

（8）$[_{vp}$ NP$_0$ ev $[_{vp}$ NP$_2[_{v'}$ V $[_{pp}$ to NP$_1]]]]$

这里，NP$_2$不对称地成分统制 NP$_1$，根据 Larson 的看法，这可以解释 Barss & Lasnik 的观察。如何让本来在下的 Goal 移到上面使得它能够不对称地成分统制 Theme 呢？Larson 提出论元实现原则（Principle of Argument Realization）及论元贬抑（Argument Demotion）。

论元实现原则：如果 A 是谓词且 B 是它的论元，则 B 必须在以 A 为核心的投射中获得实现。

论元贬抑：如果 A 是由 X^i 指派的题元角色，那么 A 可以被指派给 X^i 的附加语（adjunct）。

根据论元实现原则，NP$_2$只能在下层 VP 中实现；由于涉及被动化[1]，下层 VP 的 Spec 位置受贬抑，根据论元贬抑，NP$_2$只能实现做附加语，对照（8），可以表示成：

（9）$[_{vp}$ NP$_0$ $[_{v'}$ $[_v$ e $][_{vp}$ e$_{NP}[_{v'}$ $[_{v'}$ V NP$_1]$ NP$_2]]]]$

由于涉及被动化，主动词失去指派格位的能力，NP$_1$不能获得动词指派的格，只有移到[Spec，VP]位置，即 e$_{NP}$位置，于是得到：

（10）$[_{vp}$ NP$_0$ $[_{v'}[_v$ V$_i][_{vp}$ NP$_1[_{v'}$ $[_{v'}$ t$_i$ t$_1]$ NP$_2]]]]$

这样一来，NP$_1$能够不对称地成分统制 NP$_2$，正好解释了 Larson（1988）的观察。

1.2　Grimshaw 的题元等级

Larson（1988）让与格句式推导出双宾句式，有的学者认为不一定非得由与格句式推导双宾句式，完全可以由双宾句式推导出与格句式。这就需要让 Goal 在题元等级上高于 Theme。上文说了，针对双宾语及其相应的与格句式，这是完全可能的，只要维持那种不对称性即可（参考（6））。学界由双宾句式推导与格句式的理论依据是 Grimshaw（1990）的题元等级：

（11）（Agent（Experiencer（Goal /Source /Location（Theme）））)

Grimshaw 的理论依据是对日本语的轻动词研究与英语复合词的研究。这里举复合词的例子来说明。如：

（12）a. gift-giving to children　　　　*child-giving of gifts

---

[1] Larson 对双宾句式的推导是根据被动句式的生成原理。被动句的生成要求：(a)外部论元受贬抑；(b)动词失去赋格能力。(a)让底层 VP 中的 Spec 论元受到贬抑，(b)让主动词失去指派格位能力。

        b. flower–arranging in vases   *vase–arranging of flower

        c. cookie–baking for children   *child–baking of cookies

  她根据上面的语料得出下面的规则:对于较一般的谓词(非致使谓词——笔者注)组成的复合词来说,当核心有一个以上的内部论元时,不太显著的论元一定在复合词内部,较显著的论元在外部。(12a)中 to children(目标)在复合词的外部,gift(客体)在复合词的内部,所以目标较客体显著;(12b)中 in vases(处所)在复合词的外部,flower(客体)在复合词的内部,故处所较客体显著;(12c)中 for children(目标)在复合词的外部,cookie(客体)在复合词的内部,故目标较客体显著。

1.3 问 题

  利用 Larson 的题元等级,很容易生成一些"把"字句,使得"把"字句的生成可以不必借助于移位,这正好也符合朱德熙(1982)的语感。如:

	施事	v	客体	V	旁体/处所/目标
我把饭吃完了	我	把	饭	吃	完
我把书放在书架上	我	把	书	放	书架上
我把书送给了张三	我	把	书	送	给张三

  Huang(1991)、Ding(1994)等曾将"把"处理为表示致使的轻动词 v,但 Gao(1997)对此提出批评,他说:(i)如何证明"把"确为动词而非介词? 他有两点理由暗含这是不可能的:其一,"把"没有屈折变化;其二,"把"不允许其后补足语悬空。(ii)在下句中如何禁止"把"的插入:

  (13)a. 张三吃饱了饭。

      b. *张三把饭吃饱了。   (Gao: ex. 54b)

  Gao(1997)的批评值得思考,对于"把"的词类问题暂不考虑,先看看实际问题。对于 Gao 的第二个问题,大概只能说 Larson 的题元等级本身有问题,但鉴于其能解决一些语言问题,我们相信它还是有一些合理因素的,所以不轻言放弃。Larson 的题元等级能解决大多数把字句的生成问题,使它们能基础生成,但下面的句子还得靠移位生成:

  (14)这顿饭把张三吃饱了。

  按 Larson 的题元等级,如果"张三"是施事(Agent),"这顿饭"是客体(Theme)，"饱"是旁体(Obliques)，则只能得到以下的句法表达式①：

（15）*[$_{VP}$[张三][$_{V'}$[$_V$把][$_{VP}$[这顿饭][$_{V'}$[$_V$吃][饱了]]]]]

也就是说 Larson 的题元等级在生成上一方面太弱，不能生成汉语中的致使句式；另一方面又太强，生成了汉语中所没有的句子。如果采用 Grimshaw 的题元等级也会碰上一些问题，它也不能生成汉语中的致使句式，如"那瓶酒喝醉了张三"，按照等级，其结果应该是：

（16）[$_{VP}$[张三][$_{V'}$[$_V$][$_{VP}$[PRO 醉][$_{V'}$[$_V$喝 [[那瓶酒]]]]]]]

1.4 补救手段

王玲玲(2000)在研究汉语的动结式时曾采用 Grimshaw 的题元等级，为了生成"那瓶酒喝醉了张三"这样的句子，她假定"张三"不是"喝"的施事主语，而是"醉"的当事主语，所以其句法结构是(为节省篇幅，用括号标记)：

（17）[$_{VP}$[$_{DP_i}$(致事)那瓶酒][$_{V'}$[$_V$喝$_j$-v][$_{VP}$[$_{XP}$ PRO$_i$醉了张三][$_{V'}$[$_V$ [t$_j$ t$_i$(客体)]]]]]]

这样的假设，如果有问题的话，那问题就出在"了"上。把"张三"处理成"当事"的还有 Gu(1992)，她所采用的题元等级跟 Grimshaw 的不完全相同，现摘录如下：

（18）(Action Initiator (Experiencer (Goal/Source/Location

(Theme))))(活动的激发者(当事 (目标/来源/处所(客体))))

在 Grimshaw 用 Agent 的地方，Gu 用了 Action Initiator。在 Gu 看来，活动的激发者有两类，一类是施事(Agent)，一类是致事(Cause)。如：

（19）a. He hit Bill.

b. The movie frightened Bill.

施事是活动的直接激发者，致事是活动的间接激发者。Gu 的处理较一般直接用某一种题元等级来说是一种进步。另外，Gu 还探讨了施事与致事和其他题元角色的搭配关系：

（20）(Agent (Theme)) / (Cause (Experiencer))

---

① 这里的题元确认是按 Gao(1997)的结构，请参照(16)。当然，我们也可以认为这种确认是错误的，这里就出现了一个问题，如何确认题元角色，这应该是题元等级理论的核心问题。我们下文所提出的功能范畴假设可以避免这一问题。

这样一来,"那瓶酒喝醉了张三"在 Gu 的理论中很容易生成,由于"那瓶酒"是"致事","张三"是"当事",其结构可以表示成:

(21) [vp[NP那瓶酒][v·[v][vp[NP张三][v· 喝醉]]]]

Gu 的研究很有价值,它有助于打破一些传统的观念。比如说,王玲玲虽然将"张三"当作"当事",但对于"那瓶酒"她还是处理成"客体",Gu 却将之处理成"致事":

	那瓶酒	张三
王玲玲	客体	当事
Gu	致事	当事

我们也应注意,借助一些语义概念,有时会陷入某种困境,比如说:

(22)a. 那本书看花了李四的眼睛。

　　　b. 那瓶酒喝昏了李四的头。

在这些句中,很难说"那本书、那瓶酒"是活动的激发者,Gu 也意识到这点,她说:"正确的判断是:'看'与'喝'的活动激发者仍就是'李四',而不是'这本书、那瓶酒'。"Gu 也指出"那本书、那瓶酒是致事"。在某种意义上,Gu 的题元等级也失去了统一性,因为"活动的激发者"不能包含某种致事(一般认为的主动词的受事)。所以,在一致性的驱使下,这个问题还需要做下去。另外,"李四的眼睛"是不是一般的"当事",这也使人表示怀疑。Saeed(1997)对当事的定义是:

(23)当事:意识到谓词所描述的活动或状态但又不能控制它的个体。

"李四的眼睛"大概是不能意识到"花"这种状态的,要谈意识的话,可能是"李四"。当然,这是细枝末节,可以不必讨论。如果要深究的话,将"李四的眼睛"处理成"客体"可能要稍微妥当些。Saeed 对"客体的定义是:

(24)客体:被活动移动的个体或被描述处所的个体。

　　　Roberto passed the ball wide.

　　　The book is in the liberary.

Speas(1990)对"客体"的定义更简单:

(25)THEME:/＿＿＿come to be at z.

在"那本书看花了李四眼睛"中,达成"花"这一状态的是"李四的眼睛"，所以只能是"李四的眼睛"为客体；在"那瓶酒喝醉了张三"中，达成"醉"这一状态的是"张三"，所以"张三"为"客体"。这样一来，"致事"就会与"客体"共现了。Gu 的理论无法突破这一点。

2　重新处理

2.1　时体等级

按照题元等级进行句法合并是有局限性的，它无法保证理论的一致性。从汉语的角度已经作了观察，现在我们再转到英语：

（26）Politics amuses me.

如果按照 Larson 或 Grimshaw 的题元等级，那么"Politics"要先于"me"参加合并。按照左分枝结构（由底向上观察），其结果只能是：

（27）[me [amuses politics]]

要得到最后的词序，politics 必须越过 me 移位到[Spec，T]，在 MP 中，这样的生成方式不经济；在 GB 中，几乎是没办法生成，所以 Bellitti 和 Rizzi（1988）采用右分枝结构：

（28）[vp [v' amuses politics] me]

假定 amuse 不能给 politics 指派格位，则必然会逼迫着 politics 移到[Spec，T]接受主格。在我们看来，要么选择右分枝结构，要么选择左分枝结构，不能忽左忽右，尽量地保持统一性。Grimshaw（1990）对 Bellitti 和 Rizzi（1988）的批评是：在词库中标注格（词汇宾格）特征不好。所以她提出论元结构分层假设，一个是大家熟知的题元层，另外一个就是时体层：

（29）题元层：(Agent (Experiencer (Goal/source/Location
　　　(Theme))))）

　　　时体层：(Cause (other (…)))

她由两个层次的显著性定外部论元与主语。在她看来，如果某一论元在两个层面上都显著则为外部论元；如果两个层面发生冲突，则主语是时体等级上最显著的论元。如：

（30）A. The girl broke the window.

```
break    (   x              (y))
             Agent          Patient
             |              |
             Cause          …
```

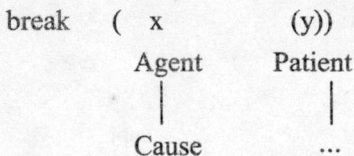

B. The building frightened the tourists.

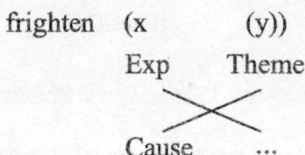

```
frighten  (x              (y))
           Exp            Theme
           Cause      ×   …
```

如果单纯地考虑题元等级,作为 Exp 的 the tourists 在句法等级上应该高于作 Theme 的 the building,但实际上正好相反。原因就在于 the building 在时体等级上作 Cause,高于 the tourists。

在论元实现上,Grimshaw 的做法是,一般让题元等级决定论元的实现,在题元等级与时体等级发生冲突的时候,让时体等级决定论元的实现。在这里可以看出,Grimshaw 本人是不准备让题元等级单独决定论元的实现的。用两个等级相互作用决定论元的实现,当然有极大的方便,能不能只用一种呢?

2.2 功能范畴假设

目前生成句法界基本接受"语言具有共性,变异只在功能范畴"的看法,一般让功能范畴的特征激发移位,但也有让功能范畴选择外部论元及向其指派题元角色的。为生成"这件事哭累了张三的眼睛",Sybesma(1999)设置了以下的句法结构:

(31)[CausP[这件事] [CausP[[Caus 哭累了][VP[张三的眼睛][VP…

他的解释是:"'这件事'在语义上依赖于抽象谓词 Caus(从它那儿获得题元角色)。" Gu(1992)也让致使性动结式在词库中通过非受格动结式附加 Caus 生成(附加规则)。这说明有一部分题元角色能够让"抽象谓词"指派,但是如果往深层想想,又出现了不一致性。因为有的论元由抽象谓词指派题元角色,有的论元则由具体谓词指派题元角色。现在的问题是能不能统一处理呢? 假定可以的话,则只能假定所有论元都由抽象谓词指派题元角色。Caus 这样的抽象谓词,我们叫它功能范畴。它在最简方案中有自己的位置,比如说 Chomsky

（1995）为VP设置了这样的构型（32a、b）：

（32）a.

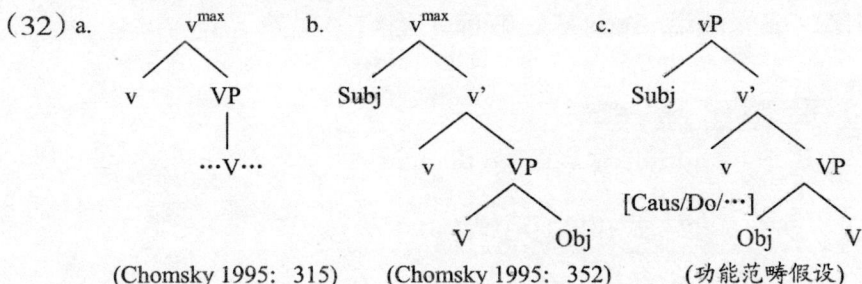

$$\text{a.} \quad v^{max} \to v, VP; \quad VP \to \cdots V \cdots$$

     (Chomsky 1995：315)   (Chomsky 1995：352)   （功能范畴假设）

他指出外部论元要占据[Spec，v]，可以假定v–VP构型能用来表达外部论元的施事性角色或致使性角色。他放弃Agr的时候指出引进的功能范畴应该有意义，照此可以认为v是有意义的，它大概就可以是Sybesma的Caus，也可以是Do，还可以是其他的功能范畴（功能范畴的数量与性质从理论上说可以不必探讨，用v表达即可，有时为解释方便，标上Caus或Do，需记住这种标注无实质性含义，仅为记忆与方便）。根据嫁接与移位同向假设（熊仲儒：2002），可以将（32b）表示成（32c），使得词汇核心都是核心在后（head-final），而所有对它进行扩展的功能范畴都是核心在前（head-initial）。为了使指派题元角色的成分统一，我们提出功能范畴假设：

（33）功能范畴假设：功能范畴不仅可以激发移位还可以决定合并，包括论元的选择与题元的指派。

在我们看来，论元的句法实现是由功能范畴所决定的，可以不必借助于题元等级或者时体等级。说到底，题元等级也好，时体等级也好，都是由功能范畴所决定的。比如说，在致使句式中，一般会有Caus（致使）、Bec（达成）等功能范畴，Bec会选择两个论元，Caus也会选择两个论元，可分别表示如下：

（34）V–Bec：（Y，Z）

    V–Bec–Caus：（X，V–Bec（Y，Z））或（X，（Y，Z））

如果用结构图可以表示成：

（35）[$_{CausP}$[$_{Spec}$ X][$_{Caus'}$[Caus][$_{BecP}$[$_{Spec}$ Y][$_{Bec'}$[Bec][$_{VP}$[$_{Spec}$ Z][V]]]]]]

从上不难看出致事充当主语的原因，这正好与Grimshaw的时体等级相一致。其实在时体等级与题元等级不发生冲突时，表面看来，所选的是施事，其实并非如此，实际上所选的仍是致事。功能范畴

Caus决定了我们只能选择致事，但可包括施事性与非施事性两种。如果这成立的话，我们就好解释一些句法现象了。

3　理论蕴涵

3.1　关于动结式的论元结构

汉语动结式V–R的论元结构，李亚非（Li）作了系列研究。Li将V–R处理成复合词，其中V为形态核心。他认为V与R在复合词中都会兑现其题元角色，另外由于V是形态核心，故复合词要保留其各题元角色之间题元等级关系。比如说"小姑娘睡花了眼睛"，论元"小姑娘"负载了"睡"的题元$<\theta_1{}^{①}>$，"眼睛"负载了"花"的题元$<\theta_\alpha>$，在"睡花"复合词中，"睡"与"花"的题元都要兑现，由于其中的"睡"是核心，所以"睡花"的题元信息应该是$<\theta_1<\theta_\alpha>>$，而不能是$<\theta_\alpha<\theta_1>>$。在兑现的时候常常牵涉"等同"（identify）操作。如：

（36）祥子走累了。

走$<\theta_1>$；累$<\theta_\alpha>$　→　走累$<\theta_1–\theta_\alpha>$

简单地说，"祥子"既是"走"的题元又是"累"的题元，所以在兑现的时候，进行等同操作，使"祥子"成为"走累"的题元。

Li的假设前提是"核心的某些关键信息一定在复合词中保留"，这或许没错。但关键信息是什么呢？他假定是核心的题元信息。这种假设会遭遇一定的困难：

（37）A. 主动词V的题元角色在复合词中不一定实现：

张三吃坏了肚子。　　　　苹果吃坏了肚子。

B. 主动词V的内部题元等级在复合词中不一定保持：

这首歌唱烦了张三。　　　那瓶酒喝醉了张三。

C. 复合词的题元信息不一定与主动词V跟结果谓词R等同：

<u>这件事</u>乐坏了大家伙。　　<u>长期无雨</u>干死了所有的庄稼。

Li的理论之所以遭遇一些困难，可能与他的假设有关，首先V–R是不是复合词，其次在复合词中保留的重要信息是不是核心的题元信

---

① θ_1、θ_2等为主动词的题元，前者在题元等级上高于后者；θ_a、θ_b为补语动词的题元等级，前者也高于后者；θ为独立的题元，跟主动词与补语动词都没有关系。

息。假定 V-R 不是复合词,假定保留的信息不是核心的题元信息,Li 的理论都必然会遭遇一些困难。

在我们看来,动结式的题元信息是由功能范畴所决定的,是由功能范畴 Caus(致使)与 Bec(达成)来选择论元和指派题元的,如果看法站得住的话,上面的现象是好解释的:

		Caus		Bec		V
张三吃坏了肚子	张三	吃坏	肚子	吃坏	坏	吃
这首歌唱烦了张三	这首歌	唱烦	张三	唱烦	烦	唱
长期无雨干死了所有的庄稼	长期无雨	干死	所有的庄稼	干死	死	干

像"张三吃坏了肚子"之所以没有出现"吃"的宾语论元(如"苹果"),道理很简单,由于 Bec 不能选择"苹果",因为 Bec 要选择两个论元,一个是"结果",一个是达到某种结果的"对象"(为方便称为"役事"),"坏"的是"肚子"而不是"苹果",所以"苹果"不会兑现。Li 说可以兑现,如采用重动句形式:

(38)张三吃苹果吃坏了肚子。

为此,石定栩(Shi 1998)举了一个难以采用重动句的例子:

(39)仆人参加殴斗打丢了一只鞋。

道理很简单,致使句式能够投放论元的位置是有限的,只有[Spec,CausP]、[Spec,BecP]、[Spec,VP],分别是"致事"、"役事"、"结果",多了就不好安排了。像"仆人参加殴斗打丢了一只鞋"中"仆人参加殴斗"都只好放进[Spec,CausP]位置,像"张三吃苹果吃坏了肚子"中的"苹果"不能放在[Spec,BecP]位置。如果将"苹果"放到[Spec,CausP]位置,就只能生成"苹果吃坏了肚子",这时"张三"又不能兑现了。可以表示成:

(40)a. [$_{CausP}$张三吃苹果[[$_{Caus}$][$_{VP}$[肚子][吃坏了]]]]

　　b. [$_{CausP}$　　苹果[[$_{Caus}$][$_{VP}$[肚子][吃坏了]]]]

同样,"这首歌唱烦了张三",其中"张三"放在[Spec,BecP],"这首歌"就只能放到[Spec,CausP]位置。道理是"张三烦"而非"这首歌烦",生成的方式是由底向上,一个一个往上推。当往上推时,动 V 与结 R 的题元信息都用完了,就只有从别的地方弄了,如"长期无雨干死了所有的庄稼"。

由功能范畴选择论元,有助于突破传统的论元结构的概念,将不再需要假定一个动词会有多少个论元。在功能范畴假设看来,决定合并的是功能范畴,主动词只是指示事件图景,功能范畴选择事件图景中的参与者。比如说,"服务",有的认为是一价动词,有的认为是二价动词。在"服务"所指示的事件图景中有"服务者"与"服务对象",可能还有其他的参与者,这里不讨论,假定我们在生成句子的时候选择了"为"这样的功能范畴,它必然要选择两个论元:

(41)a. [vP[我们][v'[v为] [vP[人民][v服务]]]]

　　b. [vP[We][v'[v servei] [vP[the people][v ti]]]]

以下是鲁川、缑瑞隆、董丽萍(2000)以"服务"为例所建立的句模:

(42)英语句模:[AGENT]+[V]+[COMITATIVE]

　　汉语句模:[施事]+[〈为〉涉事]+[V]

在功能范畴假设中就不必分别建立句模了,两种语言的分别仅在于功能范畴的实现形式不同。汉语的功能范畴有语音实现,英语的没有语音实现。

3.2　关于题元等级

各家在题元等级的设置上并不相同,他们或者为这种目的,或者为那种目的,其核心都是为了解释某种句法行为。这里以 Larson 与 Grimshaw 的题元等级为例,说说它们的可推导性。在上文中我们反复强调论元的选择是由功能范畴决定的,根据自然语言的词序(熊仲儒 2002),可以为与格句式与双宾句式建立以下的基本结构:

(43)a. 与格句式:[CausP Spec[Caus'[Caus][BecP Spec [Bec'[Bec][VP Spec V]]]]]

　　b. 双宾句式: [CausP Spec[Caus'[Caus][PossP Spec[Poss'[Poss][VP Spec V]]]]]

在与格句式中对主动词进行扩展的功能范畴有 Bec 与 Caus,而在双宾句式中对主动词进行扩展的功能范畴有 Poss 与 Caus。说功能范畴不同是有证据的。Larson(1988:fn. 44)的例子是:

(44)a. John taught the students French.

　　b. John taught French to the students.

Larson 引用 Oehrle(1976)的这个例子,指出它们有不同的隐含(implicature)。(44a)有一种强烈的隐含表明学生确实已经学会了一些法语 ,而(44b)就没有这种隐含。这可能暗含着"学生"是领有者(possessor)。在同一个注脚里,他还提到 Kayne(1975)的两个句子:

(45)a. I knitted this sweater for our baby.

b. I knitted our baby this sweater.

Kayne 注意到(45a)句女性说话者目前可能还没有小孩,比如说在怀孕或计划着有小孩;但(45b)句则强烈地隐含着小孩的存在。这大概也能暗含着(45b)中的"小孩"是"领有者"。

Langacker(1987)明确地指出与格句式中的to凸显一种转移的路径,双宾句式中凸现的是一种领有关系(possessive relationship)。他认为这种微妙的区别可以解释下面的句子:

(46)a. I sent a walrus to Antarctica.

b. ? I sent Antarctica a walrus.

(47)a. Your cousin gave the fence a new coat of paint.

b. ? Your cousin gave a new coat of paint to the fence.

他说在英语中可以给部分—整体关系赋予领有关系,所以可以把"篱笆"解释成"新的油漆大衣"的领有者,但很难想象"油漆大衣"转移给"篱笆"的路径。如果这些证据正确的话,则说明两种相关句式确实由不同的功能范畴进行扩展。英语如此,汉语也如此,沈家煊(1999)也认为汉语中的双宾句式中IO与DO之间有领属关系:

(48)a. 他写了一封信给我,让我转交给你。

b.*他写给我一封信,让我转交给你。

(49)a. 我曾经送一件毛衣给她,她不收。

b.*我曾经送给她一件毛衣,她不收。

他说,(49a)"一件毛衣"和"她"之间隔开,所以语义上"她"和"一件毛衣"之间不一定有<u>领有关系</u>,(49b)"一件毛衣"和"她"紧挨着,语义上有<u>领有关系</u>。(48)可作类似解释。认知与形式有时只是一墙之隔,如果用功能范畴假设来解释的话,区别在于一个选择了Poss这样的功能范畴,而另一个没有。

如果功能范畴假设正确的话,Larson设计的题元等级反映的是与格句式中的扩展情况,而Grimshaw设计的题元等级反映的是双宾句式中的扩展情况。可能正因为一个动词可以有两种或几种扩展情况,所以Grimshaw(1990)在描写双及物动词时,采用了以下形式:

（50）双及物性

（施事（目标（客体）））

    1   x   x

她的说明是，没有特别的证据说明目标与客体在时体上的地位，所以采用了 x 进行标注。也就是说在时体层可能的情况是：

（51）a. 施事　　目标　客体

      b. 施事　　客体　目标

若是（51a），则与 Grimshaw 的题元层一致；若是（51b），则与 Larson 的题元层一致。

根据最简方案，我们甚至可以不必分立词条。由词库到词汇集（Numeration），先选择主动词，然后选择扩展主动词的功能范畴，最后由功能范畴选择论元。比如说，对 give 而言，如果选择了功能范畴 Poss，则必然会选取"领有者"（possessor）与"领有物"（possessee）；如果选择了功能范畴 Bec，则必然会选取"传递之物"（becomer）与"传递之对象"（becomee）。如果正确的话，题元等级其实就是不同推导式中的题元的排列次序。上面的结构是假定与格句式和双宾句式是独立生成的，完全也有可能让与格句式推导出双宾句式，不同于 Larson（1988）的是，我们假定双宾句式中有 Poss 功能范畴，可以表示成：

（52）a. $[_{CausP}[$施事$][$ $[_{Caus}][_{BecP}[$客体$][$ $[_{Bec}][_{vP}[$目标$][V]]]]]]$

      b. $[_{CausP}[$施事$]][_{Caus}][_{PossP}[$目标$]][_{Poss}][_{BecP}[$客体$][[_{Bec}][_{vP}[$目标$][V]]]]]]$

这样一来，题元等级其实就是推导的某个阶段上的题元的排列次序。我们倾向于用（52b）生成双宾句式，即用功能范畴 Poss 激发目标论元的移位，关于这一点，将另文讨论。

在功能范畴假设中，没有必要根据题元等级进行合并。因为按照上文的分析，题元等级是对生成过程中题元的线性位置的反映。论元合并的次序由结构原则（如"嫁接与移位同向假设"，熊仲儒 2002）和经济原则（Chomsky 1995）决定。根据熊仲儒（2002），目标等旁体成分要首先同动词进行合并，这是由嫁接与移位同向假设所要求的。介词短语的核心 P，结果谓词等在汉语中都要跟主动词融合的，它们只有先同动词合并才能通过右向移位嫁接到动词的右侧。再如：

(53)John broke the window.

    a. [$_{TP}$[John][$_{T'}$[T   ][$_{vP}$[John][$_{v'}$[$_v$ broke][$_{VP}$[the window][broke]]]]]]

    b. [$_{TP}$[John][$_{T'}$[T broke][$_{vP}$[the window][$_{v'}$[$_v$ broke][$_{VP}$[John]

    [broke]]]]]]

假定(53a、b)都可以，但由于(53b)中动词移进了T，而(53a)中的
T没有，相较而言，(53b)不符合经济原则(拖延原则)，所以(53b)被排
除。另外，根据Chomsky(1995)，英语中的动词不能移进T，因为英语
的T的形式特征较弱。如果确信的话，我们也没有任何必要事先安排
合并的次序。

4　结　语

对于论元的句法实现，一般的做法是根据题元等级与题元指派一
致性假设(UTAH)进行，但对于题元应该按照什么样的等级排列，学
界的看法并不一致。受Grimshaw时体等级与Chomsky、Gu、Sybesma
等的启发，我们根据"语言具有共性，变异只在功能范畴"的一般假设
提出"功能范畴假设"，即让功能范畴决定移位与合并，包括论元的选
择与题元的指派。该假设能融合题元等级理论，使得各家的题元等级
反映出句法推导过程的不同阶段的题元的线性次序。在功能范畴假
设中，动词只是指示事件图景，功能范畴为动词选择论元，这样一来，
论元数目的增减与题元的倒置就迎刃而解了。

主要参考文献:

[1] BAKER M. 1988. Incorporation: a theory of grammatical function changing [M]. Chicago: University of Chicago Press.

[2] BARSS A, LASNIK H.1986. A note on anaphora and double objects [J]. Linguistic inquiry, 17: 347-354 .

[3] CHOMSKY N. 1981. Lectures on government and binding[M]. Foris, Dordrecht.

[4] CHOMSKY N.1995. The minimalist program [M]. Cambridge, Mass: MIT Press.

[5] GAO Q. 1997. Resultative verb compounds and ba-constructions in

Chinese[J]. Journal of Chinese linguistics，25: 84-130.

[6] GRIMSHAW J.1990. Argument structure [M]. Cambridge:MIT Press.

[7] GU Y.1992. The syntax of resultative and causative compounds in Chinese[D]. Cornell University.

[8] LANGACKER R.1987. Foundations of cognitive grammar，Vol. 1 [M]. Stanford: Stanford University Press.

[9] LARSON R. 1988. On the double object construction [J]. Linguistic inquiry，19: 335-391.

[10] LI Y- F.1993. Structural head and aspectuality[J]. Language，69 : 480-504.

[11] SAEED J. 1997. Semantics [M]. Oxford: Blackwell Publishers.

[12] SHI D-X. 1998. The complex nature of V-C constructions[M]//GU Y. Studies of Chinese linguistics.LSHK.

[13] SPEAS M. 1990. Phrase structure in natural language [M]. Dordrecht: Kluwer Academic Publishers.

[14] SYBESMA R. 1999. The Mandarin VP[M]. Dordrecht: Kluwer Academic Publishers.

[15] 鲁川,缑瑞隆,董丽萍. 2000.现代汉语基本句模[J].世界汉语教学，（4）：11—24.

[16] 沈家煊. 1999. "在"字句与"给"字句[J]. 中国语文，（2）: 94—102.

[17] 王玲玲. 2000. 汉语动结结构句法与语义研究[D]. 香港理工大学博士学位论文.

[18] 熊仲儒. 2002. 自然语言的词序[J]. 现代外语，（4）: 372—386.

[19] 袁毓林. 1999. 汉语动词的配价研究[M]. 南昌: 江西教育出版社.

[20] 朱德熙. 1982. 语法讲义[M]. 北京:商务印书馆.

（原载《外国语》2005 年第 2 期）

论元与谓词的语义关系①

汉语学界对"王冕死了父亲"有很多的讨论,主要集中在"王冕"是不是"死"的论元上(徐杰 1999;潘海华、韩景泉 2005;沈家煊 2006;胡建华 2008)。对于论元的判断,潘海华、韩景泉(2005)明确指出:"如果可以把一个与动词无直接语义关系的成分视为动词的论元,这意味着用以界定论元的客观标准将不复存在,其结果也就无所谓动词论元以及论元结构了。"其他学者或隐晦或明晰地认同这种观点,即将"王冕"当作"死"的非论元成分。本文将从语义与句法的角度介绍西方一些学者的看法,指出无论是逻辑语义学还是生成语法学,都不要求论元跟谓词有直接的语义关系,最后讨论论元的引进机制。文章认为论元只是谓词所指示的事件图景中的参与者,由扩展谓词的功能语类将之引进句法结构,这个参与者跟谓词的关系可密切可疏松,引进的参与者构成谓词的论元结构。这种看法跟Chomsky(2007)关于"合并决定论元结构"的思想大致相近。

1 逻辑语义学上的论元

论元(argument)是函数中的一个概念,数学界管它叫自变量。方立(1997)指出,函数是数学与逻辑学的基本概念,也是语言学的基本概念。函数可简单地表示为 $y=f(x)$,其中 y 是因变量(value),x 是自变量,f 是函子(functor)。在逻辑学与语言学中,函子常常被称作谓词(predicate),自变量被称作论元,因变量被称作开放句(open sentence)。逻辑学上的"一元谓词"、"二元谓词"、"三元谓词"就是从谓词所系联的论元的数目来讲的。方立(2000)指出:"谓词是说明个体

① 致谢:文章的修改得到《外国语》及其审稿人的赐教,谨致谢忱! 文责自负。基金项目:国家社科项目"英汉论元结构的对比研究"(08BYY002)。

的性质或两个及两个以上个体之间的关系。这也就是说,还应有三元谓词、四元谓词等等。事实就是如此,不过一般的逻辑书都把讨论的范围局限在一元谓词和二元谓词。"比如说:

(1)a. Jones buttered the toast with a knife in the bathroom at midnight.

　　b. Jones buttered the toast with a knife in the bathroom.

　　c. Jones buttered the toast with a knife.

　　d. Jones buttered the toast.

在(1)中由于谓词"butter"所系联的论元的数目并不相同,所以"butter"到底是几元谓词也就因句而定了。Davidson(1967)指出,20世纪60年代就有许多逻辑学家将(1a)中的"butter"分析为五元谓词,将(1b)中的"butter"分析为四元谓词,将(1c)中的"butter"分析为三元谓词,等:

(2)a. $BUTTER_5$(Jones, the toast, with a knife, in the bathroom, at midnight)

　　b. $BUTTER_4$ (Jones, the toast, with a knife, in the bathroom)

　　c. $BUTTER_3$ (Jones, the toast, with a knife)

　　d. $BUTTER_2$(Jones, the toast)

从这种语义表达式来看,论元跟谓词的关系并不要求有直接的语义关系,像"with a knife、in the bathroom、at midnight"这样的修饰性成分都可以成为论元成分。按照这种语义学,"王冕死了父亲"与"王冕的父亲死了"可分别指派以下的语义表达式:

(3)a. 死$_2$(王冕,父亲)

　　b. 死$_1$(王冕的父亲)

该表达式,表明"死"有两个词条,分别是二元谓词与一元谓词。

从语义蕴含上说,(1a)蕴含着(1b-d),(1b)蕴含着(1c-d),(1c)蕴含着(1d)。Davidson(1967)为了用"合取消去律"(P & Q → P)推导出这些蕴含关系,提出让事件成为论元的思想,其结果是"butter"在这些句子中都是包含事件论元的三元谓词。(1)可指派以下语义表达式:

(4)a. ∃e (BUTTER(Jones, the toast ,e) & WITH(e, a knife) & IN (e, the bathroom) & AT(e, midnight))

　　b. ∃e (BUTTER(Jones, the toast ,e) & WITH(e, a knife) & IN

(e, the bathroom))

　c. ∃e（BUTTER(Jones, the toast ,e) & WITH(e, a knife)）

　d. ∃e（BUTTER(Jones, the toast ,e)）

这个语义表达式区分了修饰语与非修饰语,像"with a knife、in the bathroom、at midnight"这样的修饰性成分成了事件论元的谓词。在这里,好像区分了直接语义关系与间接语义关系。实际上并没有,一则"Jones"与"the toast"跟"butter"的关系并非一样亲疏;二则该语义表达式也并不充分。因为表达式还不能推导出(1d)跟(1e-f)之间的蕴涵关系,如:

（1）e. Jones did some buttering.

　　f. The toast got buttered.

后来的学者(Parsons:1990)建议对(1d-f)采用以下语义表达式描述:

（5）a. ∃e（（BUTTER (e) & Agent (e, Jones) & Theme (e, the toast)）

　　b. ∃e（（BUTTER(e) & Agent (e, Jones)）

　　c. ∃e（（BUTTER(e) & Theme (e, the toast)）

用"合取消去律"很容易推导(5a)/(1d)与(5b-c)/(1e-f)之间的蕴涵关系。(5)中的表达式表明,动词不再表达参与者之间的关系了,而是描述事件的一元谓词,即以事件e作其论元,其他的事件参与者通过合取进入语义表达式。在新戴维森事件语义学中,所有参与者的处理都是相同的,都是以合取方式进入表达式,如(1a)可指派以下的表达式:

（6）∃e（（BUTTER (e) & Agent (e, Jones) & Theme (e, the toast) & Instrument(e, a knife) & Location (e, the bathroom) & Time (e, midnight)）

在这个表达式中,传统的论元跟谓词的关系并非如我们想象的那么密切、那么直接,谓词BUTTER 只有一个事件论元e。根据新戴维森事件语义学,我们可以为"王冕死了父亲"与"王冕的父亲死了"分别指派以下的语义表达式:

（7）a. ∃e（死(e) & Experiencer(e, 王冕) & Theme (e, 父亲)）

　　b. ∃e（死(e) & Theme (e, 王冕的父亲)）

在两个表达式中,"死"的论元都是事件,而不是事件的参与者。(7a)显示,"王冕"与"父亲"类似,都不是谓词"死"的论元,而是"死"所描述事件e的不同参与者——Experiencer 与 Theme;(7b)显示,"王冕的父亲"也不是"死"的论元,而是"死"所描述事件e的参与者——Theme。

现在还有一种做法,就是假定论元由谓词的语义表达式所决定,即根据谓词分解来处理。谓词分解也是为了解决句子之间的蕴涵关系的,比如说:

(8)a. The window is broken.

b. The window broke.

c. John broke the window.

(8a)描述的是窗子的状态,即破的状态;(8b)描述的是窗子达成的状态,即由没破到破的状态;(8c)描述的是 John 致使窗子达成破的状态。(8c)蕴含着(8b-a),(8b)蕴含着(8a)。为了表达这种蕴含关系,学者们采用了谓词分解,如:

(9)a. [the window <BE BROKEN>]

b. [BECOME [the window <BE BROKEN>]]

c. [John CAUSE [BECOME [the window <BE BROKEN>]]]

然后通过语义公设(meaning postulate)表达蕴含关系。语义分解并不能凸显论元与谓词的语义关系,因为在表达式中并没有谓词的位置,只有原子谓词"BE、BECOME、CAUSE"、语义内容"BROKEN"及相关论元"the window、John"。同样,"王冕死了父亲"也可以指派以下的语义表达式:

(10)[王冕 EXPERIENCE [BECOME [父亲 <BE DEAD>]]]

所以,从谓词分解的角度看,也不能排除"王冕"充当论元的可能性。

2　生成语法学中的论元

Chomsky(1981)将"论元"理解为有指称功能的名词短语,包括名称、变量、接应词、代词等。当然,也包括小句,如 seem 就选择小句做论元。论元在 LF 中都会被指派上题元,指派题元的位置为题元位置。生成语法对论元限制得比较紧,实际上只包括标准理论中词库所限制的那部分句法信息,如子语类化特征(subcategorization feature)与选择性特征(selection feature)的信息。子语类化特征只考虑动词短语内部的必要成分的语类信息,这些成分在管约论(GB)中都实现为补足语,所以 Chomsky 指出满足子语类化特征的位置都是题元位置,即补足语位置都是题元位置。选择性特征则是对主语和补足语的语义特征的限制,GB 继承了相关理论,所以除了补足语位置为题元位置之外,主语往往也是题元位置,即被论元占据。说往往是题元位置,是因为有时为满足扩展的投射原则,即句子的主语要求,会插上没有指称功能的虚主语,如"it、there"等,而这些虚主语并非论元。所以,在生成语法中,论元跟句法位置相关,用 X'——理论来说,只有补足语与指示语位置的成分才有可能成为论元,其他位置的成分都不是论元,所以像附加语(修饰语)就不算论元了。所以(1)中的"butter",在生成语法中就被处理作二元谓词,对于其间的蕴涵关系也不是不能处理。蒙太古语法就是将(1)中的"butter"处理为二元谓词,所指派的语义表达式如下:

(11) a. (AT(midnight)(IN(the bathroom)(WITH(knife)(BUT-TER))))(Jones, the toast)

b. ((IN(the bathroom)(WITH(knife)(BUTTER)))(Jones, the toast)

c. ((WITH(knife)(BUTTER))(Jones, the toast)

d. (BUTTER)(Jones, the toast)

在这些表达式中,附加语都被处理作由谓词产生谓词的函子,附加语跟谓词"butter"构成复杂的二元谓词。(1)中的蕴涵关系则通过语义公设处理。

论元像数学中的自变量一样需要定义域。语言学是从语类与语义的两个方面对论元进行限制,现在称之为语类选择与语义选择。语类选择继承的是子语类化特征,规定论元所属的语类,如名词短语、小句、介词短语等;语义选择继承的是选择性特征,规定论元所担任的题元,如施事、受事、命题、处所等。所以,论元是被指派题元的成分。论元在句法投射时遵照 X'——理论,有些成为核心的补足语,有一到零个成为指示语。指示语最多只有一个,在 GB 的早期理论中投射于 VP 之外的主语位置。所以,以VP为界,VP内的论元为内部论元,VP外的论元为外部论元。内部论元与V呈姊妹关系,由V直接指派题元,即V直接题元标记为补足语;外部论元在VP之外,V不能直接向之指派题元角色,而由VP指派,即V间接题元标记为主语。换成动词短语内部主语假设可简单地表示为(12):

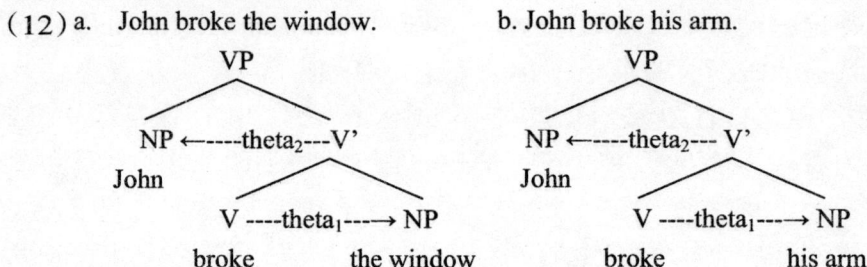

(12) a. John broke the window.　　b. John broke his arm.

```
            VP                            VP
          /    \                        /    \
   NP ←----theta₂----V'          NP ←-----theta₂--- V'
   John          /    \          John         /    \
          V ----theta₁----→ NP          V ----theta₁----→ NP
        broke      the window         broke        his arm
```

(12)中树形图表达了补足语与主语在题元指派上的不对称性,也表达了题元指派的组合性。因为主语由VP指派而不是由V指派题元,所以主语也就不要求跟动词有直接的语义关系。如(12b),"断"(break)的是"手臂"(arm)而非"John",但这不影响"John"成为"break"的论元。据此,"王冕死了父亲"表达的虽然是"父亲的死"而非"王冕的死",但"王冕"仍旧可以是"死"的论元。Chomsky(1981)指出不管是直接题元标记还是间接题元标记,都是动词的论元。Chomsky还以名词短语为证据支持以上看法,如:

(13) a. the barbarian's destruction of Rome

　　 b. Rome's destruction (by the barbarian)

　　 c. the destruction of Rome (by the barbarian)

　　 d. *the barbarian's destruction

(14) a. The barbarian destroyed Rome.

　　 b. Rome was destroyed (by the barbarian).

　　 c. *the barbarian destroyed.

参照(14),可知"destroy"是个二元谓词,从名词短语与句子的平行性来说,(13)中的"destruction"也是个二元谓词。这两个谓词首先投射的是其补足语,然后由其合成短语跟主语投射出最大投射。所以(13a)与(14a)合法,(13d)与(14c)则因没有实现补足语而不合法。虽然主语可以实现,但谓词本身并不需要主语,从理论上来讲,主语的实现是为了满足投射原则,所以(13c)合法,其中"of"起向"Rome"指派格的作用。(13b)是(13c)的变体,即在没有插入"of"时,补足语发生移位,(14b)也是类似情况。

从 Chomsky 的理论来看,因句法结构的层次性以及题元指派的组合性,内部论元与外部论元出现不对称性。内部论元跟谓词有关,而外部论元跟谓词短语有关。Marantz(1984)则明确提出内部(宾语)论元是动词的真正论元,外部论元不是动词的论元,而是动词短语的论元。他为"三元谓词 give"给出了以下的论元结构:

(15)give(theme, goal)

在这个论元结构中,没有外部论元。Marantz 的事实根据是,宾语可以激发动词的不同解读,而主语不会激发动词的不同解读。比如说:

(16)a. kill a cockroach　　　　　　(杀死了蟑螂)

　　　b. kill an evening watching TV　(看电视消耗了一个晚上)

　　　c. kill a bottle (i.e., empty it)　(把瓶子喝干了)

(17)a. Harry killed NP.

　　　b. Everyone is always killing NP.

　　　c. The drunk refused to kill NP.

(16)动词随着宾语的不同而有不同解读,如(16a)解读为"杀死",(16b)解读为"消耗",(16c)解读为"喝干";而(17)则不会因主语的不同而必然使动词产生不同解读,如(17a)既可以解读作"杀死",也可以解读为"消耗"或别的什么。

3　论元的引进

无论是在逻辑语义学中还是在生成语法中都允许论元跟谓词没有直接的语义关系。在20世纪60年代,所有的名词短语不管它是必有成分还是可选成分都一律处理作论元,而可选成分则一般认为跟谓词无直接语义关系。戴维森(Davidson)虽然区别了可选成分与必有成分,但根据生成语法,必有成分中的外部论元跟谓词没有直接的语义关系,这是由组合的层级性决定的。新戴维森事件语义学则将所有的参与者都处理作谓词的非论元成分,谓词只有事件论元,这表明所有的参与者包括通常理解的论元都跟谓词没有直接的语义关系。在生成语法中,Chomsky虽将外部论元看作谓词论元结构的一部分,但指出它只是由谓词间接题元标记,而Marantz则直接将外部论元排除在动词论元结构之外。

现在的问题是:如果外部论元不是动词的真正论元,那它是如何引进句法结构的呢? Kratzer(1996)在Marantz的基础上认为它是由独立的谓词引进的,他将这种独立谓词称为语态语类Voice。该语类是功能语类,指示外部论元与动词所描述事件间的题元关系。如:

(18)a. Jones buttered the toast.

　　b. IP···[$_{VoiceP}$[Jones][$_{Voice'}$[$_{Voice}$][$_{VP}$[the toast][$_{v'}$[$_v$buttered]]]]]

(18b)显示theme由动词"butter"选择,agent由功能语类Voice选择。这融合了句法界的看法,即Chomsky(1981)的内部论元由动词直接题元标记的观点及Marantz(1984)的外部论元不是动词真正论元的观点。所以他给动词词条登录的信息跟Marantz相类似,如:

(19)λxλe [buttering (e) & Theme (x)(e)]

从生成语法学看,该词条只有内部论元theme的信息;从新戴维森事件语义学看,该词条所标注的信息表明动词的唯一论元是事件e。至于将Theme标注在"butter"的词条中的原因,我们猜想可能跟当时的句法理论有关,因为不管是Chomsky还是Marantz,他们都认为内部论元是动词的论元,所以Kratzer强调新戴维森事件语义学是逻辑或概念结构,跟句法无关。设置Voice的证据是它的语音实现,如马尔加什语(Malagasy)中Voice可以实现为"an":

(20)a. M+an+sasa ny lamba (amin ny savony) Rasoa.

　　 wash+active the clothes with the soup Rasoa.

　　 'Rasoa washes the clothes (with the soap) .'

　　b. [$_{IP}$[$_{I'}$[$_I$ M][$_{VoiceP}$[Rasoa][$_{Voice'}$[$_{Voice}$ an][$_{VP}$[ny lamba][$_{v'}$[$_v$ sasa] ([$_{PP}$ amin ny savony])]]]]][$_{Spec}$ Rasoa]]

仔细观察的话,会发现(20b)中的VoiceP跟Larson-shell非常相似,差异在Voice上,它不仅有语音而且有意义,并负责引进施事。Kratzer还指出主动态的Voice引进外部论元并负责核查宾格,非主动态的Voice不能引进外部论元且不能核查宾格。Kratzer的这些看法目前已成为生成语法的共识,如Chomsky(1995)用轻动词v取代了Voice,并提出以下构型:

（21）[v^{max}[Subj][v'[v][VP[V][Obj]]]]

Chomsky指出外部论元要占据[Spec，v]位置，并且假定v–VP构型能用来表达外部论元的施事性角色或致使性角色。此外，Chomsky（2001）用phi—特征集对v进行分类，一类相当于主动态的Voice，一类相当于非主动态的Voice。

仔细观察Kratzer所指派的结构，不难发现：Voice与动词V各自投射一个X'结构，并将其引进的论元实现在各自的指示语位置。这是Kratzer根据Bowers（1993）的研究做出的假设，即在D—结构中核心将其论元实现于指示语位置。他还指出，间接宾语由另一核心引进。如果扩展一下，则是所有论元都由各自的谓词核心引进。Lin（2001）在研究汉语时进一步提出："汉语中所有论元都是VP的指示语，由主谓关系允准。"如：

（22）a. 你切这把刀。

　　 b. …[vp[你][v'[v DO][vp[这把刀][v'[v USE][vp[ ][v'[v切]]]]]]]

（22b）表明外部论元"你"由"DO"义的轻动词引进，附加论元"这把刀"由"USE"义的轻动词引进。"切"在这里没有引进论元，因为引进论元会造成不合法，如（23c）：

（23）a. 你切这把刀。

　　 b. 你切肉。

　　 c. *你切这把刀肉。

Lin提出一系列限制，以阻止（22b）与（23c）中动词论元的出现。

无论是Kratzer的做法还是Lin的做法，都假定了动词的内部论元是动词的真正论元，也都假定了动词论元必须出现在动词的指示语位置。这种做法不符合Chomsky（1995）的简明短语结构理论（bare phrase theory），该理论不允许空投射，如"切"和"肉"组合时直接合并为{切，{切，肉}}，没有V'这一层。此外，也没有证据表明内部论元一定在动词的词条中：

（24）a. 茅台酒喝醉了他。　　　　一千米跑得我直喘气。

　　 b. 青草吃肥了羊儿。　　　　这顿饭吃得我倒了胃口。

　　 c. 黄花鱼吃馋了小花猫。　　这篇文章写得我头昏脑胀。

（沈家煊 1999）

按 Kratzer 与 Lin 的理论,"茅台酒、青草、黄花鱼"等都是各自动词的论元,但实际上它们是由别的轻动词引进的,如:

(25)[CauseP[茅台酒][Cause'[Cause][DoP[他][Do'[Do][VP[][v'[v 喝][Result Clause Pro 醉]]]]]]]

(25)表明,所谓的动词论元"茅台酒",它是由另一谓词 Cause 引进的。

从新戴维森事件语义学来看,没有任何理由认为 Theme 跟别的参与者有什么不同,它们都是由合取联词引进语义表达式的。根据新戴维森事件语义学,我们认为动词只有一个事件论元,其他论元是由功能语类引进的,所以我们可以仿照 Kratzer 为动词设置如(26a)那样的词条而非(26b)那样的词条:

(26)a. λe [喝(e)]

　　b. λxλe [喝(e) & 受事(x)(e)]

最近,Chomsky(2007)也认为论元结构由(外部)合并决定(argument structure is determined by EM)。这是个非常重要的想法,早先认为先有词库中的论元结构,然后通过投射原则、题元准则和 X'—理论决定 D—结构,即 D—结构是纯粹的题元结构的表征;现在则相反,即先有句法结构,后有论元结构,论元结构是句法结构的解释。现在的做法比较接近于逻辑语义学的做法,即将论元结构看作逻辑式的一部分。据此,也可以放弃早先的论元结构理论,而假设所有的所谓论元成分都是由功能语类引进,所以可以为(25)重新指派以下结构:

(27)[CauseP[茅台酒][Cause'[Cause][BecomeP[他 i][Become'[Become][[v 喝][Result Clause Proi 醉]]]]]]

不难发现,(27)中,"他"不是由 Do 选择而是由 Become 选择,"喝"无须也不能选择任何论元。"他"由 Become 选择的证据是,在句法中"他"是个役事,即达成某种变化者,有相应的"把"字句,如"茅台酒把他喝醉了";在"喝"所指示的事件图景中,"他"是"喝者"。事件图景中的参与者角色与句法中的语义角色不同,这在一些研究中已表现出来,如 Grimshaw(1990)在论元结构理论中分题元层与时体层,实际上就是意识到这一点。如:

(28)The building frightened the tourists.

"the building"在题元层中是个 Theme,"the tourists"是个 Experiencer。从题元等级上看,后者应该实现在主语位置,前者应该实现在宾语位置,而实际情况正好相反。为此,Grimshaw 提出时体层,认为"the building"是个 Cause,位于时体等级的最高位置。在题元等级与时体等级发生冲突的时候,Grimshaw 让时体等级决定论元的实现,所以"the building"实现为主语。这两个层次实际上就是反映了事件图景中参与者角色与句中成分的语义角色的不同。如果假定功能语类 Cause 选择论元的话,则可指派以下的结构:

(29)[_{CauseP}[the building][_{Cause'}[_{Cause}][_{VP}[the tourists][_v frightened]]]]

动词描述事件,"the building"与"the tourists"是事件的参与者,可能是 Theme 与 Experiencer,在句中则可能是 Causer 与 Causee。因为按 Chomsky 的看法,v−VP 构型能够用来表达外部论元的施事性角色或致使性角色。在这里实际上就是 Cause 向"the building"指派了 Causer。

为方便起见,我们采用 Dowty(1989)的个体题元角色和题元角色概念,像"喝",可用"喝的人"、"喝的东西"、"喝的结果"等称谓或标记其个体题元角色,这些个体题元角色在句子中的题元角色则因被选择的功能语类不同而不同。如"张三喝茅台酒"中"张三"是"施事",在"茅台酒喝醉了张三"中"张三"是"役事"(Causee)。如果这种以新戴维森事件语义学为基础的词库信息可接受的话,则不管是施事还是受事,或是别的什么角色,都可以因功能语类的引进而成为论元,而不会因为语义关系的直接或间接而有区别。所以汉语中不仅主语表现出非选择性,宾语也表现出非选择性(Lin 2001)。如:

(30)a. 写这支笔　　切这把刀　　垫这本书　喝那个杯子

　　b. 睡火车站　　吃饭馆　　　打室内　　读 MIT

　　c. 睡上午　　　飞半夜　　　打下午　　做晚上

　　d. 哭国破家亡　吃头疼　　　玩趣味　　气这个荒谬的结局

这些宾语或为工具、或为处所、或为时间、或为原因,它们都不是动词的常规论元,邢福义(1993)称之为代体宾语。这些实例表明宾语跟谓词的语义关系也不一定直接。Lin 用功能语类对其进行选择,我们认为确实如此。不仅代体宾语如此,其他论元也是如此,所以不仅"王冕死了父亲"中的"父亲"可以成为论元,"王冕"也可以成为论元。如:

(31)[_{vP}[王冕][_{v'}[_v][_{VP}[父亲][死了]]]]

如果不计细节的话,可以认为"王冕"与"父亲"都由功能语类 v 引进。经验证据是 v 可以语音实现为"把"。赵元任(1979)为证明"他从小儿就死了父亲"中的"父亲"为宾语,曾引用了 Mullie 的例句"他把个娘们儿死了"。朱德熙(1982)也有相似的例句,如"把老伴儿死了"。桥本(1982)也举过"张三把个爸爸死了"的例句,并指出"[张三死了爸爸]是[张三把个爸爸死了]的补语句"。这些语料可重排如下:

(32)a. 他<u>把</u>个娘们儿死了。

　　b. <u>把</u>老伴儿死了。

　　c. 张三<u>把</u>个爸爸死了。

我们也检索到类似语句:

(33)她不是不能多给方先生几块,而是不肯,一来为怕自己落个冤大头的名儿,二来怕给方先生惹祸。连这么着,刚教了几个月的书,<u>还把太太死了呢</u>。不过,方先生到底是可怜的。

这说明,"王冕"确实是实现为"把"的功能语类选择的结果。

4 结　语

对于论元与谓词的关系,国内的一些学者认为必须要有直接的语义关系。无论是从逻辑语义学还是从生成语法学来看,这种要求都可能存在问题。因为在逻辑语义学中,谓词是说明个体的性质或两个及两个以上个体之间的关系,至于这两个以上的个体具有什么关系是可以不考虑的,所以理论上可以存在 n 元谓词,而且事实上就有学者把各种参与者都处理作论元。后来的学者为了用"合取消去律"推导命题间的蕴涵关系发展出新戴维森事件语义学,按照这种理论谓词只有唯一的论元,那就是事件,事件参与者通过合取引进语义表达式,它们在语义表达式中并不区分跟谓词的亲疏关系。在生成语法学的 GB 理论中,论元是词汇的句法信息,通过 X'—结构进行投射。由于句法结构具有层次性,题元指派具有组合性,动词只向其补足语指派题元,主语需通过谓语(动词短语)指派题元。主语只是由动词间接题元标记,所以与动词语义关系不直接的成分也能成为论元。Marantz 的研究进一步认为外部论元不是动词的真正论元,Kratzer 在此基础上接受新戴维森事件语义学的观点,提出外部论元由独立的功能语类 Voice 引进。根据这些理论,跟谓词没有直接语义关系的成分是可以成为动词的"论元结构"的一部分。本文在 Kratzer、Lin 的基础上进一步认为,功能语类不仅引进外部论元、附加论元,也引进内部直接论元,动词只有新戴维森事件语义学中的事件论元,通俗的说法就是动词指示事件图景。如果所有论元的引进都由功能语类引进的话,则不仅主语有非选择性,宾语也是如此,汉语中的代体宾语就是这方面的证据。

主要参考文献:

[1] BOWERS J. 1993. Predication [J]. Linguistic inquiry, 24: 591-656.

[2] CHOMSKY N. 1981. Lectures on government and binding [M]. Dordrecht: Foris.

[3] CHOMSKY N. 1995. Minimalist program [M]. Cambridge, Mass: MIT Press.

[4] CHOMSKY N. 2001. Derivation by phase[M]// KENSTOWICZ M. Ken Hale: A life in language. Cambridge, MA: MIT Press.

[5] CHOMSKY N. 2007. Approaching UG from below [M]//SAUERLAND U, GARTNER H M. Interfaces + recursion = language?——Chomsky's Minimalism and the view from syntax-semantics. Berlin, New York: mouton de Gruyter.

[6] DAVIDSON D. 1967. The logical form of action sentences[M]// RESHER N.The logic of decision and action. Pittsburgh: University of Pittsburgh Press.

[7] DOWTY D.1989. On the semantic content of the notion of "thematic role" [M]//CHIERCHIA G, PARTEE B H, TURNE R.Properties, types and meaning II. Dordrecht: Kluwer.

[8] GRIMSHAW J. 1990. Argument structure[M]. Cambridge, MA: MIT Press.

[9] KRATZER A. 1996. Severing the external argument from its verb [M]//ROORYCK J, ZARING L. Phrase structure and the lexicon. Dordrecht: Kluwer.

[10] LIN T-H. 2001. Light verb syntax and the theory of phrase structure [D]. University of California.

[11] MARANTZ A.1981. On the nature of grammatical relations[M]. Cambridge, MA: MIT Press.

[12] PARSONS T. 1990. Events in the semantics of English: a study in subatomic semantics[M]. Cambridge, MA: MIT Press.

[13] 方立. 2000. 逻辑语义学[M]. 北京: 北京语言文化大学出版社.

[14] 方立.1997. 数理语言学[M]. 北京: 北京语言文化大学出版社.

[15] 胡建华. 2008.现代汉语不及物动词的论元和宾语[J]. 中国语文, (5): 396–409.

[16] 潘海华. 韩景泉. 2005. 显性非受格动词结构的句法研究[J]. 语言研究, (3): 1–13.

[17] 桥本. 1982. 现代汉语句法结构[M]. 哈尔滨: 黑龙江人民出版社.

[18] 沈家煊. 1999. 不对称和标记论[M]. 南昌: 江西教育出版社.

[19] 沈家煊. 2006. "王冕死了父亲"的生成方式[J]. 中国语文, (4): 291–300.

[20] 邢福义. 1993. 邢福义自选集[M]. 郑州: 河南教育出版社.

[21] 徐杰. 1999. 两种保留宾语句式及相关句法理论问题[J]. 当代语言学, (1): 16–29.

[22] 赵元任. 1979. 汉语口语语法[M]. 吕叔湘,译.北京:商务印书馆.

[23] 朱德熙. 1982. 语法讲义[M]. 北京: 商务印书馆.

（原载《外国语》2009 年第 5 期）

外围格的论元地位①

袁毓林(1995)将名词语与动词的语义关系分成三种,如核心格、外围格、环境格。核心格是施事、当事、受事与结果等,外围格是与事、工具等,环境格是时间、处所等。在袁毓林看来,外围格与环境格不是动词的论元成分。"外围格"确实常常作附加语,但也会作为论元引进。本文分四个部分来写:第一部分从生成语法的角度将外围格确认为论元,第二部分谈作论元的外围格与作附加语的外围格在句法行为上的差异,第三部分谈外围格是如何引进为论元的,最后是结语。

1 论 元

Chomsky(1981)将"论元"理解为有指称功能的名词短语,包括名称、变量、接应词、代词等。当然,也包括小句,如"seem"就选择小句做论元。论元在 LF 中都会被指派上题元,指派题元的位置为题元位置。生成语法对论元限制得比较紧,实际上只包括标准理论(standard theory)中词库所限制的那部分句法信息,如子语类化特征(subcategorization feature)与选择性特征(selection feature)的信息。子语类化特征只考虑动词短语内部的必要成分的语类信息,这些成分在管约论(GB theory)中都实现为补足语(Comp),所以 Chomsky 指出满足子语类化特征的位置都是题元位置,即补足语位置都是题元位置。选择性特征则是对主语和补足语的语义特征的限制,GB 继承了标准理论以来的相关理论,所以除了补足语位置为题元位置之外,主语往往也是题元位置,即被论元占据。说主语往往是题元位置,是因为有时为满足扩展的投射原则(Extended Projection Principle),即句子的主语要

———————————
① 基金项目:国家社会科学基金项目(08BYY002)。

求,会插上没有指称功能的虚主语,如"it、there"等,而这些虚主语并非论元。所以,在生成语法中,论元跟句法位置相关,用 X'—图式来说,只有补足语与指示语位置的成分才有可能成为论元,其他位置的成分都不是论元,所以像附加语(修饰语)就不算论元了。

20世纪80年代中后期以后,学界提出动词短语内部主语假设(VP–Internal Subject Hypothesis),该假设实际上是说动词的论元实现在动词短语之内,包括主语。如:

(1)John loves Mary.

  a. [$_{IP}$[John][$_{I'}$[$_I$][$_{VP}$[$_V$ loves][Mary]]]]

  b. [$_{IP}$[ ][$_{I'}$[$_I$][$_{VP}$[John][$_{V'}$[$_V$ loves][Mary]]]]]

(1a)将主语 John 实现在 VP 之外的 IP 的指示语位置,这在 VP 之外的论元常称为外部论元(external argument);(1b)将主语 John 实现在 VP 的指示语位置,它可通过移位回到 IP 的指示语位置。对于三个论元的投射,可采用 VP-shell 的方式(Larson 1988)。如:

(2)a. John gave a present to Mary.

  b. [$_{IP}$[ ][$_{I'}$[$_I$][$_{VP}$[John][$_{V'}$[$_V$][$_{VP}$[a present][$_{V'}$[$_V$ gave][to Mary]]]]]]]

这实际上也是动词短语内部主语假设的变体,John 实现在上层 VP 的指示语位置。这样一来,论元都会实现在动词短语内部的补足语与指示语位置。

在生成语法学中,论元结构属于词项在词库中的句法信息,是不可预测的。研究者可通过句法结构的指派进行回溯推理,也就是看某个成分是不是在动词短语中的指示语或补足语位置。比如说"醉"或"醉得",从直觉上来讲,我们可能认为它是一元谓词,但实际上它可以是三元谓词。如(Huang 1988):

(3)a. 这瓶酒醉得张三站不起来。

  b. [$_{IP}$[这瓶酒][$_I$][$_{VP}$[张三][$_{V'}$[醉得][$_S$ Pro 站不起来]]]]

(4)a. 这瓶酒把张三醉得站不起来。

  b. [$_{IP}$[这瓶酒][$_I$][$_{VP}$[把张三][$_{V'}$[醉得][$_S$ Pro 站不起来]]]]

(3b)显示:"Pro 站不起来"在"醉得"的补足语位置,"张三"在"醉得"的指示语位置,"这瓶酒"在 IP 的指示语位置。按照论元的结构定义,"只有补足语与指示语位置的成分才有可能成为论元",(3)中的"醉得"是三元谓词。同样,(4)中的"醉得"也是三元谓词。按 Huang

（1988），它们分别被指派"结果"（result）、"役事"（causee）与"致事"（causer）等题元角色。（3）中的"张三"为论元，学界接受起来可能很容易；（4）中的"（把）张三"为论元，接受起来可能稍微难一点，因为汉语学界一般将"把张三"看作状语。在 Huang 看来，"把"的作用是给"张三"指派格的，并非介引状语。为了给"张三"指派格，Huang 建议"醉得"移位到 I 位置或在"张三"前面插入"把"。

为了更简单地说明这一点，根据 Larson（1988），我们可以将 Huang 所指派的结构改为 VP-shell 形式。如（5）：

（5）[IP[][I'[I][VP[这瓶酒][V'[V][VP[张三][V'[V醉得][S'Pro 站不起来]]]]]]]

　　a. [IP[][I'[I][VP[这瓶酒][V'[V醉得][VP[张三][V'[V醉得][S'Pro 站不起来]]]]]]]

　　b. [IP[][I'[I][VP[这瓶酒][V'[V][VP[张三][V'[V醉得][S'Pro 站不起来]]]]]]]

在这个结构中，不管是"把"字句还是非"把"字句，"张三"都位于 VP 的指示语位置。在推导时，采用了不同的计算方式。（5a）采用的是核心移位，（5b）采用的是词项插入。不管采用哪种推导，"张三"的论元身份都是不变的。黄正德（2007）也采用 VP-shell 进行结构指派。如（6）：

（6）a. 张三把橘子剥了皮。

　　b. 李四把纸门踢了一个洞。

　　c. 他们简直把下流当有趣。

　　d. 他转眼间把那一篮苹果吃了八个。

（7）[vP[张三][v'[v 把][VP[橘子][V'[V 剥了][皮]]]]]

他也将这些处于指示语或补足语位置的成分处理作论元，并认为"张三"、"橘子"、"皮"被分别指派"施事"、"蒙受者"（间接受事）、"受事"等题元角色。。

根据黄正德（Huang）的一系列研究，我们可以为"那把刀我切了肉"指派以下的结构：

（8）…[vP[我][v'[v][VP[那把刀][V'[V 切了][肉]]]]]

　　a. 那把刀，我切了肉。

　　b. 我把那把刀切了肉。

如果该结构拟测成功，由于"那把刀"位于 VP 的指示语位置，按照论元的结构定义,"只有补足语与指示语位置的成分才有可能成为论元","那把刀"自然也就是一个论元。(8a)中"那把刀"通过话题化,得到"那把刀我切了肉";(8b)通过插入"把",得到"我把那把刀切了肉"。

"把"字句的存在,可以证明"那把刀"确实是VP的指示语,由此也可推知"那把刀"为论元成分。"把"字句相当复杂,此"把"字句是不是Huang的"把"字句,可能会存在争议。碰到这种情况时,我们可以通过句法测试进行断定。如果它在句法行为上跟(6)有一系列的平行,那么把它们处理作相同的"把"字句至少对理论来说是一致的。如:

(9)我把那把刀切了肉。　　　张三把橘子剥了皮。

我把那把刀切了肉。　　　橘子被张三剥了皮。

那把刀,我切了肉。　　　橘子,张三剥了皮。

被动化与关系化时,它们的表现是相同的,所以应作相同处理,即也像"橘子"那样将"那把刀"处理作论元。黄正德(2007)认为"橘子"是"蒙受者"、"间接受事",李临定(1988:174)认为"那把刀"是"受事"、"表工具的受事"。从所用的术语来看,也大致相同。需要特别指出的是,李临定将"把"后的"工具"视为"表工具的受事",这表明它已不是简单的"工具"了,下文我们还将比较"把"和"用"的差异。

2　外围格可作附加语与论元

袁毓林(1998)认为:"'切'最直接、最必需的从属成分有两个:一个是行为的主体,即施事;一个是行为的客体,即受事。至于工具、处所、方式等,都是可有可无的(optional)。因此,我们说'切'是二元动词。"从跨语言的角度来说,这可能存在问题,如:

(10)a. John broke the window with a hammer.

b. The hammer broke the window.

c. the window broke.

这是Fillmore(1968)的著名语例。(10a)中有施事、受事与工具,(10b)中只有工具与受事,(10c)只有受事,由此,Fillmore提出主语化原则,如"如果有施事,则施事作主语;如果没有施事而有工具,则工具作主语;如果没有施事与工具,则受事作主语"。这表明工具这样的外围格不仅可以作附加语,如(10a),而且可以作论元,如(10b)。

　　有人可能会认为 Fillmore 的主语化原则对我们的论证不利,因为施事、受事、工具共现的时候,工具由介词引进,如"with a hammer"。这表明英语中的工具是附加语,不是论元成分。对此,我们可以这样回答,汉语跟英语不同,汉语在工具与施事、受事共现时,工具既可以做附加语,也可以作论元。如:

（11）　　　　　　　A　　　　　　　　　　　　　B

　　　　　我用那把刀切肉。　　　　　　我把那把刀切肉。

　　　　　我用绳子捆了箱子。　　　　　我把绳子捆了箱子。

　　　　　我用纸糊了窗户。　　　　　　我把纸糊了窗户。

　　　　　我用杠子顶了门。　　　　　　我把杠子顶了门。

　　（11A）中外围格由介词"用"引进,是附加语;（11B）中外围格由动词作为论元引进,是论元。一般认为"用"跟"把"一样,都是介词。实际上,前者是介词,后者是轻动词。关于"把"为轻动词,可参见黄正德（2007）的处理,如（7）。（11）中的两组句子可分别指派以下的句法结构:

（12）a. [TopP[ ][…[VP[我][V'[PP 用那把刀][V'[V 切][肉]]]]]]

　　　 b. [TopP[ ][…[VP[我][V'[V][VP[那把刀][V'[V 切][肉]]]]]]]

　　从上往下数,（12a）中的"肉"与（12b）中的"那把刀"都是第二个论元,第一个论元都是"我"。附加语不会改变论元离着陆点的距离,所以话题化时,（12a）中的"肉"离着陆点的距离跟（12b）中的"那把刀"离着陆点的距离相等。在条件相等的情况下,两者的句法行为相同,即都可以话题化。如:

（13）a. 肉,我用那把刀切了。

　　　 b. 那把刀,我切了肉。

　　（12b）中第三个论元"肉"（即内部宾语,inner object）比第二个论元"那把刀"（即外部宾语,outer object）离着陆点远,后者可以话题化,而前者不能话题化;（12a）中的"用那把刀"不能阻止"肉"的话题化,而（12b）中的"（把）那把刀"却阻止了"肉"的话题化。如:

（14）　　　　　　　A　　　　　　　　　　　　　B

　　　　　那把刀,我切了肉。　　　　　*肉,我切了那把刀。

　　　　　肉,我用那把刀切了。　　　　*肉,我把那把刀切了。

　　一部分汉语学者将"外围格"排斥在论元结构之外,可能是将"把"

当作跟"用"一样的介词了。但从两种句式中动词后的名词性成分如"肉"的话题化的差异来看,如(12),两者根本不同。从句法理论来看,外围格不改变论元离着陆点的距离,说明它是作为附加语引进的;外围格改变论元离着陆点的距离,说明它是作为论元引进的。这表明外围格如"那把刀",它的引进方式可以不同,既可作为附加语引进,也可以作为论元引进。

李临定最先注意到(14B)这种现象。他(1988)发现工具与受事可以分别位于句首与动词之后两个位置。如:

(15)水我浇了花儿。　　　　绳子我捆了箱子。

　　纸我糊了窗户。　　　　杠子我顶了门。

他将"水、绳子、纸、杠子"称为"表工具的受事",并指出理由是"在句式变化中可置于'把'的后边和'被'的前边"。如(16):

(16)(我把水浇了花儿了。)　我把绳子捆了箱子了。

　　(我把纸糊了窗户了。)　我把杠子顶了门了。

括号中是笔者补充的例子。李临定还发现这种句式中动词后边的宾语不能提前。如(17):

(17)*花儿,我把水浇了。　　　　(*箱子,我把绳子捆了。)

　　(*窗户,我把纸糊了。)　　　(*门,我把杠子顶了。)

(16)接近我们的"基础结构",如(12b);(15)是在(16)基础上话题化的结果,如(13b);(17)违反了距离原则,如(14B)。在类型学中有个"名词短语可及性等级",按沈家煊(1999a)汉语的截止点是直接宾语,也就是说间接宾语不能被关系化或话题化。用我们的术语,就是截止点为外部宾语,所以(14B)与(17)不合法。如果承认双宾句是在与格句的基础上派生而来的话(熊仲儒　2004),其截止点实际上也是外部宾语。如:

(18)[TopP[　][…[vP[张三][v·[v][VP[礼物][v·[v送][(给)李四]]]]]]]

　　　a.礼物,张三送(给)了李四。

　　　b.*李四,张三送了礼物。

英语的工具格在与施事、受事共现时为什么只能作为附加语引进而不能作为论元引进呢?我们认为跟上层v有关。可以简单地回答为汉语中的v有语音实现,如"把",而英语中的v没有语音实现。如果汉语的v不实现为"把",而外部宾语又留于原位的话,也会遭受不合法的结果。如：

(19)a. 我把那把刀切了肉。

b. *我切了那把刀_肉。

c. *我_那把刀切了肉。

(19b)中"切"移到"把"的位置后,句子不合法;(19c)中"切"不移位,句子也不合法。对于双宾句也是这样,如果不将(18)中的"李四"进行移位的话,同样也不合法:

(20)a.[_TopP[　][…[_vP[张三][_v·[_v][_VP[礼物][_v·[_v送][(给)李四]]]]]]

b. *张三送了礼物_李四。

Chomsky(1995)认为语言的差异只与各种语言的语音选择、索绪尔任意性和功能范畴三个可见的部分有关,而且它们都属于词库而不属于计算系统。本文的个案研究也支持这种看法,所以我们不能根据Fillmore的主语化原则认为汉语的工具格在与施事、受事共现时也不充当论元,因为汉语的功能范畴 v 可以有语音实现。此外,汉语是话题优先型语言,它还会通过话题化、焦点化等策略使句法运算顺利进行。如：

(21)a. 那把刀,我切了肉。

b. 我那把刀切肉(,这把刀切菜)。

看来,汉语的外围格是可以作为附加语或论元引进句法结构的,学者们之所以将外围格排斥在论元之外,可能是因为将"把"等同于"用"了。从事件图景来看,"把"后的成分与"用"后的成分虽然角色相同,但句法行为是不同的。

朱德熙(1978)发现"的"字结构的独立性跟动词的论元有关,如果名词短语的中心语是动词的论元,"的"字结构就可以独立,并能称代中心语;反之不能。如：

(22)　　　　　A　　　　　　　　　　B

开车的(人)　　　　　　　开车的(*技术)

老王开的(那辆车)　　　　走路的(*样子)

他讲的(故事)　　　　　　火车到北京的(*时间)

装书的(箱子)　　　　　　他说话的(*声音)

他给我的(信)　　　　　　爆炸的(*原因)

(22A)中的名词短语的中心语是"的"字结构中动词的论元,

（22B）中的名词短语的中心语不是"的"字结构中动词的论元。所以两者的"的"字结构有不同的句法行为。下面的短语很有趣：

（23）我捆书的绳子　　咱们堆化肥的屋子

表示工具的"绳子"与工具的"屋子"，袁毓林（1995）称之为外围格。周国光（1997）、沈家煊（1999）、陆俭明和沈阳（2003）等认为其中"的"字结构可以称代中心语，而袁毓林（1995）认为不可以。语感差异的存在，从语法的角度看，就是因为不同的研究者对外围格的论元身份的感知不同。我们的研究发现，外围格既可以作附加语又可以作论元，因为存在这两种可能，所以也就存在商榷（周国光，1997：215-218）。现在看来，袁毓林（1995：252）是从附加语角度理解的，从他所举的例子（如"'我用它喝药的（杯子）"——着重号为笔者所注）也可以看出。

3　作论元的外围格的引进

在GB中，将外围格处理作动词引进的论元是可以的，但直觉上总觉得怪怪的，因为外围格给我们的感觉毕竟是与动词的关系比较间接。张斌（2005）表达了这种语义直觉，如"'那把刀我切肉'中的'切'仍旧是双向动词。'切'在语义上既与'肉'联系，又与'我'联系，但不与'刀'直接联系"。所以有必要交待这种间接的成分是如何作为论元引进来的，目前的研究成果可以帮助我们回答这个问题。

GB中的间接成分是外部论元。这个外部论元，Chomsky（1981）认为它由动词间接题元标记，Marantz（1984）认为它不是动词的真正论元，Kratzer（1996）在此基础上进一步认为它实际上是由功能范畴Voice引进。目前一般用轻动词v取代Voice，细心的读者也许已经发现上文也用v取代了Larson的空动词V。Chomsky（1995）认为及物动词也由v扩展。如：

（24）[vP[　Subj　][v'[　v　][vP[　V　][　Obj　]]]]

他指出外部论元要占据[Spec，v]，可以假定v-VP构型能用来表达外部论元的施事性角色或致使性角色。这实际上是对v引进外部论元的认同。Pylkkänen（2002）则认为不仅外部论元，而且其他的非核心论元（non-core argument）也由功能范畴引进，Lin（2001）、熊仲儒

（2004）在汉语处理中也有类似的想法。比如说：

　　（25）a. I baked a cake.

　　　　b. I baked him a cake.

对"bake"而言，"cake"是核心论元，"I"是外部论元，它与"him"都是非核心论元。为引进"him"，Marantz（1993）、Pylkkäncn（2002）建议引进类似于Voice的另一功能范畴APPL。如：

　　（26）a. [$_{VoiceP}$[I][$_{Voice'}$[Voice][$_{APPLP}$[him][$_{APPL'}$[APPL][$_{VP}$[baked][a cake]]]]]]

　　　　b. [$_{VoiceP}$[I][$_{Voice'}$[Voice][$_{VP}$ [baked] [$_{APPLP}$[him][$_{APPL'}$[APPL] [a cake]]]]]]

两种结构的差异在于APPL的句法位置。Marantz建议用APPL引进非核心论元"him"，如（26a）；Pylkkänen建议①将APPL处理成高阶谓词，引进三个论元，分别是"him"、"a cake"与动词"bake"，如（26b）。这种研究也表明"非核心论元"可以通过APPL这样的功能范畴引进，由此看来，上文中"那把刀"在理论上也可以被当作论元引进。

我们准备在上文研究的基础上采纳Marantz的看法，认为"那把刀"这样的"非核心论元"或"外围格"是由诸如APPL这样的功能范畴引进，也仿照Chomsky（1995）用轻动词v取代具体的标记。所以（8a）可以进一步修正为（27）：

　　（27）a. …[$_{VoiceP}$[我][$_{Voice'}$[Voice][$_{APPLP}$[那把刀][$_{APPL'}$[APPL][[$_{VP}$[v切了][肉]]]]]]

　　　　b. …[$_{vP}$ [我][$_{v'}$ [$_v$][$_{VP}$ [那把刀][$_{v'}$ [$_v$][[$_{VP}$[v切了][肉]]]]]]

上层v / Voice引进外部论元"我"，下层v/ APPL引进非核心论元"那把刀"。Voice在汉语中可以语音实现为"把"，APPL没有语音实现。轻动词不是非得有语音实现的，像（24）中的Voice与APPL在英语中都没有语音实现，但它也可以有语音实现，如汉语中相应的Voice可以实现为"把"。APPL的引进可以从理论上回答非核心论元或外围格是如何成为论元的，以前没有这方面的理论，所以学者们将所谓的外围格当作非论元成分，对汉语而言，其理论后果是不能很好地解释"的"字结构的独立性，"的"字结构的独立性要求将一些所谓的"外围格"解释为论元性成分。

---

① Pylkkänen将APPL分为两个：一个是低的APPL（Low APPL），一个是高的APPL（High APPL）。前者是（26b）中的APPL，其作用在于关联某一个体与动词的内部论元；后者相当于Marantz的APPL，如（26a），其作用在于向动词描述的事件引进参与者。关于事件语义学，可参见吴平、靳惠玲（2009）及所引文献。

APPL 是一类功能范畴的总称,包含工具(Instrumental)、受益者(Benefactive)、处所(Location)等,Pylkkänen对该词条作了以下描写:

(28)λx. λe. APPL(e, x)

(collapsing APPL$_{BEN}$, APPL$_{INSTR}$. APPL$_{LOC}$ and so forth)

所以像工具、受益者、处所等都可以成为非核心论元。如:

(29)a. John melted <u>me</u> some ice.

b. Mavuto a –na –umb –ir –a <u>mpeni</u> mtsuko

Mavuto SP–PAST–mold–APPL–ASP <u>knife</u> waterpot

'Mavuto molded the waterpot with a knife.'

(Baker 1988: 354)

(29a)中受益者成为论元,(29b)中工具成为论元。

汉语"把"字句中"把"后成分在动词所描述的事件图景中可以充当各种角色,这也可从 APPL 引进论元上得到解释。陆俭明、马真(1999)指出:"早期语法著作中,都认为'把'的宾语是后面动词的受事(或称目的语),后来逐渐注意到,'把'的宾语也可以是后面动词的施事、系事(或称当事者)或处所。"他们发现,"其实,'把'的宾语也还可以是后面动词的工具"。如:

(30)a. 公社把这间屋子堆了化肥。

b. 小王把那把刀切了肉。

(30a)中处所成为论元,(30b)中工具成为论元。

4 结　语

外围格,常常作附加语,但也可以作论元。学界关注的可能是它的典型身份,而将它的非典型身份排除在外。排除"外围格"的论元身份之后,就有很多句法行为与语感差异不好解释,比如说"用"字句中动词宾语可以话题化,而"把"字句中动词宾语不可以话题化;"用"后的外围格名词短语是工具,而"把"后的外围格名词短语是受事;有的认为"的"字结构不能称代外围格,有的则认为可以。"外围格"之所以可以成为论元,从目前的理论来看,是因为功能范畴。动词只是指示事件图景,而决定论元引进的是功能范畴,也就是说,如果功能范畴选择了"外围格","外围格"就成了论元。

主要参考文献：

[1] PYLKKANEN L. 2002. Introducing arguments [D]. Ph.D. Diss., MIT.

[2] BAKER M.1988. Incorporation: a theory of grammatical function changing[M]. Chicago: University of Chicago Press.

[3] CHOMSKY N.1981. Lectures on Government and Binding[M]. Foris，Dordrecht.

[4] CHOMSKY N.1995. The minimalist program[M]. Cambridge，Mass: MIT Press.

[5] FILLMORE C.1968. The case for case [M]//BACH M，HAMS R. Universals in linguistic theory. New York: Holt，Rinehart and Winston.

[6] HUANG C-T. 1988. Wo pao de kuai and Chinese phrase structure[J]. Language，(64): 274-311.

[7] KRATZER A.1996. Severing the external argument from its verb [M]//ROORYCK J，ZARING L. Phrase structure and the lexicon. Dordrecht: Kluwer.

[8] LARSON R.1988. On the double object construction[J]. Linguistic Inquiry，(19): 335 - 391.

[9] LIN T-H. 2001. Light verb syntax and the theory of phrase structure [D]. Ph.D.Diss.,University of California.

[10] MARANTZ A. 1993. Implications of asymmetries in double object construction[M] //MCHOMBO S. Theoretical aspect of Bantu grammar. Stanford,California:CSLI Publications.

[11] MARANTZ A.1984. On the nature of grammatical relations[M]. Cambridge，MA:MIT Press.

[12] 黄正德. 2007. 汉语动词的题元结构与其句法表现[J]. 语言科学，(4).

[13] 李临定. 1988. 现代汉语变换语法[M]. 北京:中国社会科学出版社.

[14] 陆俭明,马真. 1999. 现代汉语虚词散论[M]. 北京:语文出版社.

[15] 陆俭明,沈阳. 2003. 汉语和汉语研究十五讲[M]. 北京:北京大学出版社.

[16] 沈家煊. 1999. 不对称和标记论[M]. 南昌:江西教育出版社.

[17] 沈家煊. 1999. 转指与转喻[J]. 当代语言学,(1).

[18] 吴平,靳惠玲. 2009. 评 Parsons 的亚原子语义学[J]. 河北大学学报:
哲学社会科学版,(4).

[19] 熊仲儒. 2004. 现代汉语中的致使句式[M]. 合肥:安徽大学出版社.

[20] 袁毓林. 1988. 汉语动词的配价研究[M]. 南昌:江西教育出版.

[21] 袁毓林. 1995. 谓词隐含及其句法后果[J]. 中国语文,(4).

[22] 张斌. 2005. 现代汉语语法十讲[M]. 上海:复旦大学出版社.

[23] 周国光. 1997. 工具格在汉语句法结构中的地位[J]. 中国语文,(3).

[24] 朱德熙. 1978. "的"字结构和判断句[J]. 中国语文,(1,2).

（原载《安徽师范大学学报（人文社会科学版）》2009 年第 5 期）

第二部分
汉语中的致使构式

致使的语音实现及其句法蕴含^①

1 引 言

1.1 "把"字句的意义

"把"字句的意义,历来有两种说法:一种是处置说,一种是致使说。到底应该持哪种看法,多少有点见仁见智的意味,因为语义跟句法不太一样,前者可通过神会去体味,没有的东西体味多了,慢慢地就会感觉到有了。我们感兴趣的是句法行为及为什么有这种句法行为。蒋绍愚(1997)认为"把"字句的"致使"义不是它所固有的,而是通过动结式产生的或通过功能扩展得来的,他将"把"字句分成三类:

(1)P_把: F1(表处置)

　　P_把: F2(表致使) / 把 + A + Vc 或 把+A+V+RC

　　P_把: F3(表致使) / 把 + A + V ——功能扩展

蒋绍愚认为"把"字句的F2(表致使)是由动结式产生的,这样一来很显然难以解释F3(表致使),因为其中没有动结式(如:偏又把凤丫头病了),所以他提出功能扩展说。功能扩展说是难以评说的,暂且存而不议。我们先来看看F2。

蒋绍愚说:"有致使意义只是把字句的一部分,而且就是这种把字句,其表致使的功能也不是由'把'字产生的,而是由句中的动结式而产生的。这一点很容易证明,将这一类把字句转成动宾句,'把'字消失了,但表示致使的意义还存在。"

蒋绍愚的例子是"把花姑娘急疯了",转成"急疯了花姑娘","致

---

① 基金项目:安徽省高校青年项目(2004jqw23)。

使"义确实还存在,但凭此能否认为"把"字句的"致使"义就是由动结式产生的呢? 假如说动结式的意义也是由别的什么看不见的东西产生的呢? 暂存疑。再比如说,如果"花姑娘急疯了"没有"致使"义的话,我们还能否说是动结式有"致使"义呢?

1.2 汉语词序的演变

"把"字句的研究在历史语法中也占有重要的地位。据孙朝奋(Sun)与Givon(1993/1985)报道,Li & Thompson(1974,1975)认为,普通话的词序正在经历从SVO(主动宾)到SOV(主宾动)的演变过程,其立论的基础是连动式的语法化。Li & Thompson为了构拟由SVO向SOV的过渡,他们提出一种把动词重新分析为格标记的理论。如,在古汉语SV_1OV_2公式的复合句中,V_1可通过重新解释逐步变成格标记,结果形成S particle O V_2。Sun & Givon对现代汉语进行了大量调查,其结果是书面语VO占94%,口语VO占92%,这些定量分析证明了Light(1979)关于普通话的OV词序是一种不常用的、特殊的词序的看法,汉语的词序仍然是SVO。定量分析在很大程度上是正确的,但有时也难以排除其或然性,比如说看见了所有欧洲的天鹅都是白色的,难道就可以下结论说所有的天鹅都是白色的吗? 我们关心的是能不能从理论上证明这一点。

2 "把"字句的句法结构

2.1 朱德熙的直觉

对于"把"字句,过去有的语法著作认为"把"字的作用在于把动词后头的宾语提前,也就是说"把"字句其实就是"主—动—宾"句的变式:

(2)猫逮着了耗子。　　猫把耗子逮着了。

我打破了杯子。　　我把杯子打破了。

朱德熙(1982)一反众论,提出"把"字句不涉及动词后名词短语的提前(宾语提前)。如:

(3)把壁炉生了火。　　把一个南京城走了大半个。

他进一步的结论是:跟"把"字句关系最紧密的不是"主—动—宾"句式,而是受事主语句。其证据是:绝大部分"把"字句去掉"把"字以后剩下的部分仍旧站得住,而这剩下的部分正是受事主语句,如:

(4)把衣服都洗干净了。　　　衣服都洗干净了。

　　把嗓子都喊哑了。　　　　嗓子都喊哑了。

朱德熙的结论如何我们不作评价。我们能感知的是朱德熙的直觉,结论是由理论体系所决定的,语感可不受理论的约束。朱德熙的语感是"把"后名词短语本来就在动词之前,而非由动后位置经"把"移位到动词之前的。他的脚注更能说明问题。他说:"'把犯人跑了''把老伴儿死了'一类句子去掉'把'字以后剩下的是施事主语句。"也就是说,他明白"把"字句并非简单地对应于受事主语句,也有一些例外。

2.2　"把"字句的句法结构

如果朱德熙的直觉是正确的话,则"把"字句具有下述句法结构:

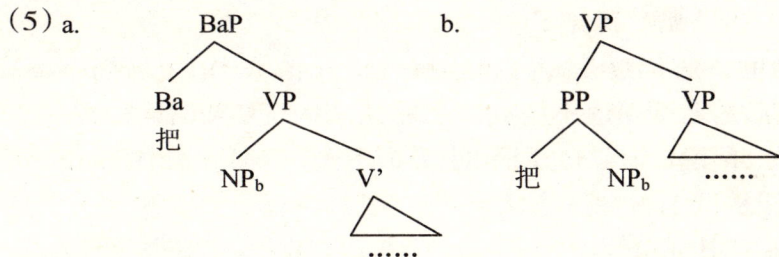

(5) a.

```
              BaP
             /    \
           Ba      VP
           把     /    \
               NPb      V'
                        /\
                      ……
```

b.

```
              VP
             /    \
           PP      VP
          /  \     /\
        把   NPb  ……
```

对(5a)而言,"把"与"把"后 NPb 不能构成一个成分,其中 NPb 是 VP 的主语[NPb, VP];对(5b)而言,"把"与"把"后 NPb 构成一个成分,做 VP 的附加语(adjunction),其中 NPb 只能算是"把"的宾语,而非 VP 的主语。对(5a)而言,去掉"把"之后,剩下的部分还是一个成分(VP);而对于(5b)而言,去掉"把"之后,剩下的部分在理论上不能算一个成分。所以我想(5a)最能表达朱德熙的语感,虽然这里的"把"不再能处理做介词。经验上的证据是:

(6)a. 并列测试:

　　　他们把[门修好,窗户擦干净]了。

　　　你把[这块肉切切,那些菜洗洗]吧。

　　　急得我把[帽子也摘了,马褂也脱了]。

　　　这一趟把[往日没见过的世面也见着了,没吃过的东西也吃着了]。

b. "把"后容许悬空

我告送他别把玩意弄坏了,他偏把(他)弄坏了。

这是小娃娃头,放在这个口袋里边,把塞到叔叔领子里去。

(被试玩弄取样人的指甲剪,取样人要拿回来,被试说)我把搞好。

(被试摆弄取样人的圆珠笔后,要求取样人缩回笔芯)把关掉。(取样人未动作)把这个关掉。

赵元任(1979)在谈到"第一个动词之后省略宾语"时曾举了上面第一个例子。他的解释是:"没有'他'字,'把'字突出一种猛劲。"可能正因为"突出一种猛劲",所以这种句式很少在成人语言中使用;也正因为如此,周国光(2000)认为"'把'字句的宾语脱漏是一种不自觉的言语错误"。再如:

(7)a. 杯子呢? 我把(它)摔了。

b. 杯子呢? 我摔了。

在这里,"把"字在语言交际中有表"失意"的作用。测试(6a)证明"把"与其后的名词短语不构成一个成分,NP$_b$与复杂谓词构成一个成分VP。测试(6b)说,"把"与介词不同,介词不允许宾语悬空(Huang 1982)。

(8)我从网上得知这个消息。　　*网上,我从___得知这个消息。

我把杯子摔了。　　　　　　杯子,我把___摔了

2.3 "把"字句的语义结构

关于"把"字句的语义,有处置说与致使说两种,暂不讨论。我们先来看看最简单的情况。比如说"这件事急疯了花姑娘",大概可以粗略地描述成"这件事致使花姑娘急疯了",或者说"x 致使 y VR",在结构上可以表示成:

(9)　a.　[x Cause [y V-R]]　　　b.

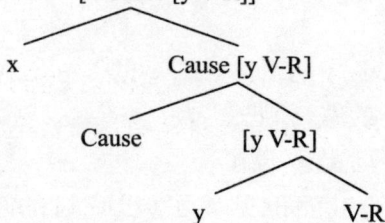 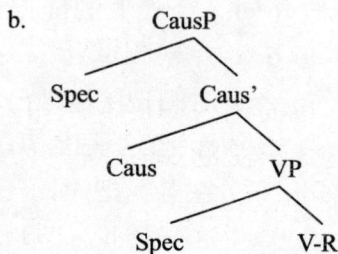

如果认为句法结构与语义结构之间有某种对应的关系的话,我们不妨说"把"表示"致使"(cause),或者说"把"是"致使"的语音实现。实现"致使"的不一定非得是"把"。比如说,还可以将"V-R"移到Caus的位置去实现语音,所以我们可以说"这件事急疯了花姑娘"。如果"急疯"不移到Caus的位置,可能就没有"致使"义了,如"花姑娘急疯了"。所以吕叔湘(1948)说:"取消动词的致动(注:吕译'causative')义,把宾语改成主语(等于在原句里取消把字),那是每一句都能办到的:'邓九公乐的拍手打掌','老婆子心疼的只念佛'。"也就是说"邓九公乐的拍手打掌"没有"致使"义了,如果确实这样的话,"花姑娘急疯了"也就应该没有"致使"义了。这非常重要,它说明动结式本身是没有"致使"义的,而是结构中一个看不见的成分赋予的,这个看不见的成分可以由"把"实现,也可以由动词性成分去实现。换句话说,"致使"是这种句式本身所拥有的,"把"和动词性的成分只是去实现它。如果我们的看法是正确的话,则"把"字句表示"致使"义,是由看不见的Caus赋予的。那处置义又怎么解释呢?这很简单,只需要在"致使"义的基础上再进行扩展即可:

[$_{DoP}$ Spec Do   [$_{CausP}$ Spec Caus [……

这样一来,王力的"处置"就可以重新解释成"有意愿的致使","处置式的活用"就可以解释成"无意愿的致使"。如果我们的解释可行的话,则"把"字句的 F_2(表致使)也并不是由动结式产生的,F_3(表致使)也不是由功能扩展得来的。如"偏又把凤丫头病了",它的结构是"[偏[又[Caus 把[VP 凤丫头 病了]]]]",都是由"致使"这个看不见的构件所赋予的,至于 F_1 的"处置"义则是由Do这个构件所赋予的。

3 理论蕴含

3.1 构式语法的拓展

目前国内学界有用构式语法观念处理汉语事实的。我们如果借用构式语法的观念,可以认为"致使"是句式本身所拥有的,这样就很简单了。

　　Goldberg(1995)描写了大量的句式及其论元系联关系,其中基本上都含有"致使"二字,如:致使位移句式(caused-motion construction)、转移—致使—位移句式(transfer- caused- motion construction)、双及物句式(ditransitive construction)及结果句式(resultative construction)。就是后两种在语义标注上也带有"致使"二字。与这些句式相对应的汉语例句可以有:

　　(10)张三踢了一个球在操场上。　　　张三送了一本书给李四。

　　　　张三送了李四一本书。　　　　　张三哭湿了手帕。

它们对应的"把"字句可以表示成:

　　(11)张三把球踢在操场上。　　　　　张三把书送给了李四。

　　　　张三把书送了李四。　　　　　　张三把手帕哭湿了。

　　看到这些例句,难怪有人说"把"字句的"致使"义是由别的什么东西产生的,但不能说由"动结式"产生,因为"动结式"的"致使"义也是由别的看不见的东西产生的,否则不好解释"邓九公乐的拍手打掌"何以能取消"致动"(吕译)义。简单地说,"把"字句的"致使"义也好,"动结式"的"致使"义也好,都是由句式(construction)所带来的,所以Goldberg(1995)做如下描写:

　　(12)致使—位移句式

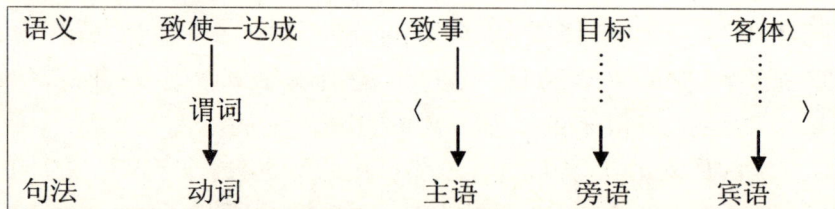

语义	致使—达成	〈致事	目标	客体〉
	↓	｜	⋮	⋮
	谓词	〈		〉
		↓	↓	↓
句法	动词	主语	旁语	宾语

　　将"致使"处理成语义会有打不完的笔墨官司,为方便起见,我们将"致使"处理成句法概念,为什么这样处理,我们将另文撰述。这里简单说个理由,因为它拥有独立的句法位置,而且可能有语音实现,如"把"。说"把"有致使义大概也不奇怪,吕叔湘(1948)说:"'把邓九公乐的拍手打掌'即可等于'邓九公乐的拍手打掌',用一种不正规的说法,这个把字只有'使'或'叫'的意义,倘若不是完全没有意义。"从生成句法学来看,确实如此,因为"把"处于Caus位置,可简单地表示成(13a):

　　(13)a. … [$_{CausP}$ [$_{Caus}$ 把][$_{VP}$ 邓九公 乐的拍手打掌]]

b. … [_VP_ 邓九公 乐的拍手打掌]

"邓九公乐的拍手打掌"是没有致使义(吕叔湘的"致动"义)的,参见上文引述,原因在于它的结构是(13b),没有"致使(Caus)"这一构件。

"达成"有没有相应的句法位置呢? 也有,如:

(14)[_CausP_ [_Caus_ 把][_BecP_ 邓九公 _i_ [_Bec_ 的(得)][_VP_ [_CP_ Pro_i_ 拍手打掌] [_V_ 乐]]

其中"得"就是"达成"的语音形式。关于这一点,王力(1980)指出:"这三种性质的动词词尾'得'字是同一来源的,就是由原来的'获得'意义转化为'达成',由'达成'的意义更进一步的虚化,而成为动词的词尾。"虚化成了什么呢?"表示造成某种情况"。"达成""得"是不是由"获得""得"虚化而来的,对我们的探讨关系不大,但有一点很重要,即"得"有"达成"(become)义。如果这点确信的话,我们把"得"定为表示"达成"的功能范畴大概没有多少问题。

这样一来,Goldberg所说的"致使"与"达成"都有了相应的句法位置,可以表示成:

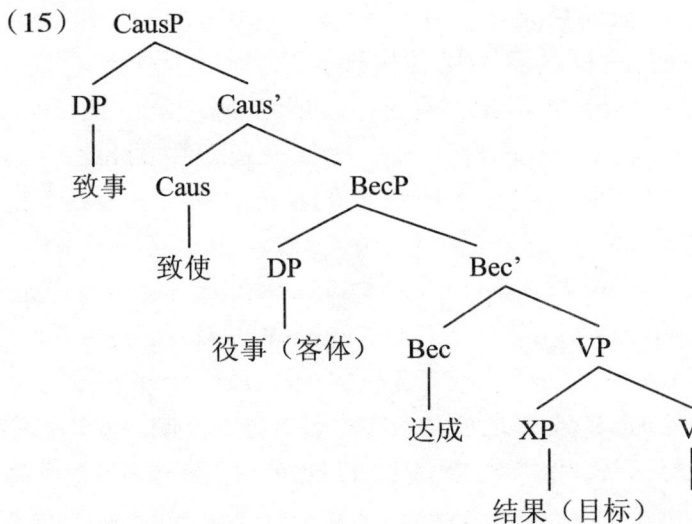

(15)

```
                    CausP
                   /    \
                  DP    Caus'
                  |     /    \
                 致事  Caus   BecP
                       |     /    \
                      致使  DP    Bec'
                            |     /    \
                         役事(客体) Bec    VP
                                  |     /  \
                                 达成   XP   V
                                       |    |
                                    结果(目标)
```

"把"字句就是"致使"由"把"语音实现的句子,如果这正确的话,"把"字句当然有"致使"义。所以"把"字句的语义可以粗略地描述成"致事'致使'客体'达成'某种结果状态"。之所以为粗略,是说大多情况下这样直译是没有问题的,但有时候会有问题,比如说"他把书看了两遍"就不大好直接解释为"他致使书达成两遍",道理很简单,"达成"在句法上选择的是VP与"客体"(为称谓方便)。所以碰上指向主动词的结果状态时,不妨跟动词一道表述,比如说成"他致使书达成读了两遍这种结果状态"。或者简单地说结果状态可以描述名词短语也可以描述动词。有的时候,结果状态是隐含的,比如说"他把汤喝了"就隐含着"汤被喝完了",测试可用转折句,如"*他把汤喝了,可是没有喝完"。关于这种纯语义的东西,我们在这里就不多说了。

3.2 致   事

"把"字句中有"致使"这样看不见的构件(隐性构件),使"把"字句具有了"致使"义。"致使"这样的构件还可以向其指示语位置的成分指派"致事"(Causer)这样的语义角色,或者说"致使"要选择"致事"这样的参与者。"致事",它可以是主动词的施事性成分("张三把手帕哭湿了"),也可以是主动词的受事性成分("苹果把胃吃坏了"),也可以选跟主动词没有直接关系的成分("这件事把花姑娘急疯了")。为什么受事性成分或者跟动词没有直接关系的成分都可以做致事呢? 按照我们的说法是,主动词只是指示事件图景,它并不参与选取论元。选取论元的是"致使"这样的看不见的构件,我们称之为功能范畴。我们说功能范畴选择论元并指派语义角色。如果不好理解的话,可以认为是功能范畴与主动词一道选择论元。比如说英语中的break,为什么选取的论元不同,其原因就在于所选取的功能范畴不同,关于这点可另文探讨:

(16)break-Become-Cause-Do   Floyd broke the glass with a hammer.

   break-Beome-Cause   The hammer broke the glass.

   break-become   The glass broke.

回到"把"字句,其致事之所以多样,就在于"致使"这个功能范畴在起作用。致事不仅可以是个体性的论元,甚至还可以是命题性论元:

(17)巧克力把我的牙吃坏了。

   吃巧克力把我的牙吃坏了。

   那篇文章把孩子写累死了。

   写那篇文章把孩子写累死了。

那些脏衣服把小姑娘洗怕了。

洗那些脏衣服把小姑娘洗怕了。

这些无聊的会议把我们开烦了。

开这些无聊的会议把我们开烦了。

书把她的眼睛读近视了。

读书把她的眼睛读近视了。

熟悉事件结构的人都知道,像完成事件(accomplishment),它是由两个子事件所组成,两个子事件之间有一种"致使"关系。比如说"吃巧克力把我的牙吃坏了",它的第一个子事件是"吃巧克力",第二个子事件是"我的牙吃坏了"。所以我们可以选第一个子事件做致事,我们也可以用事件的参与者来转喻事件,按前者可以选"Pro$_i$吃巧克力",按后者可选"巧克力",也可以选"我$_i$",所以有"我把牙吃坏了"。如何操作是很有趣的一件事,我们就不多谈了。在命题性致事句中,如果动词不移到 Caus 位置,"役事"就有可能被逼移位,这时候重动句就产生了:

(18)吃巧克力[Caus 把]我的牙吃坏了。

　　→我的牙吃巧克力吃坏了。

写那篇文章[Caus 把]孩子写累死了。

　　→孩子写那篇文章写累死了。

洗那些脏衣服[Caus 把]小姑娘洗怕了。

　　→小姑娘洗那些脏衣服洗怕了。

开这些无聊的会议[Caus 把]我们开烦了。

　　→我们开这些无聊的会议开烦了。

读书[Caus 把]她的眼睛读近视了。

　　→他的眼睛读书读近视了。

由"致使"选择论元,造成论元的语义特征并不一致,可以是命题,可以是个体。个体可以是施事性的成分,也可以不是,所以张伯江(2001)可以用"致秋大概第一次把照片放得这样大"来说明"把字句对施事的依赖并不那么强"。有人说这时候的"致秋"还是"致事"吗?当然还是,因为它是由"致使"选择的论元,致使当然会向它指派"致事"这样的语义角色,"致事"可以是施事性的,也可以是非施事性的。

3.3　词序演变

将"致使"这样的隐性构件处理成句法概念,就意味着它占有一定的句法位置,所以我们将"把"字句的句法结构处理成:

(19)[CausP [Spec] [[Caus 致使][VP[Spec][v]]]]

功能范畴有一些音韵上的需求,它可以通过插入相关的语音形式(如"把"等),也可以通过动词移位来满足。如果没有满足音韵上的要求,其后的名词短语就可能做出反应,要么移出该位置,要么在语音上重读,拿个具体而简单的例子来说吧:

(20)a. 张三卖了书。

　　b.张三把书卖了。

　　c.书张三卖了。

　　d.张三书卖了。

			张三		书	卖了
A	动词移位		张三	卖了	书	卖子
B	插入"把"		张三	把	书	卖了
C	"书"移出	书	张三		书	卖了
D	"书"重读		张三		书	卖了

我们做句法研究有个基本的信念,即语言都是相同的,其变异由词库所决定,具体地说是由功能范畴所决定的。比如说要是现代汉语中没有"把"的话,当然也就不存在"把"字句了。值得注意的是:表面上看"张三把书卖了"是由"张三卖了书"通过"书"前移得到的,如果同意"致使"是语法构件的话,则"张三卖了书"是通过"卖了"前移得到的(如20a)。换句话说,自然语言的基本词序是[S v [O V]],这样一来,"把"字句反倒成了基本词序的表现(如20b)。早期汉语中并没有"把"(功能范畴),所以动词一般移到O前面,后来有了语音形式"把",动词移位就成了可选的了。针对这种情况,有些学者认为汉语的词序发生了变化。Sun & Givon(1985)的定量研究证明这种说法站不住脚。如果我们的看法是正确的话,我们可以从理论上证明词序的统一性,假定基本词序是(21a),如果v没有自身的语音形式,而自身的特征又特别强的话,V就要移到v处,如(21b);如果v有语音形式,比如说"把",其结果是(21c):

（21）a. [S v [O V]]

　　b. [S V_i–v [O t_i]] →S V O

　　c. [S [v 把] [O V]] →S 把 O V

据此看来,词序演变不是一种较好的叫法,确切的说法是有语音形式的功能范畴的产生与否。在汉语中,v 的特征是相当强的,如果 V 不移进来,O 就非重读不可。因为 O 的重读,所以沈家煊（1999）认为 AOV 中的一定有对比性;所以孙朝奋 & Givon 指出,普通话是典型的 SVO 语言,OV 是语篇分布很受限制的一种表示对比或强调的手段。定量分析是否确切,我们不敢肯定。但从理论上,我们可以推断 SOV 是一种极受限制的格式,除非这个语言中的 v 的特征不强,像日语。

现代汉语中的很多"把"字句是不能复原成 SVO 形式的,蒋绍愚（1997）推测这可能是"把"字句发展的结果,早期的"把"字句应该都能还原成一般的陈述句。但石毓智（2003）的考察结果是:"早期的'把'字句更多是不能作这样的转换的。"如果石毓智的考察可信的话,则无论是现代汉语还是古代汉语,"把"字句都不能完全的复原,也就进一步表明"把"字句不是由宾语提前生成的。石毓智（2003）发现"'把'字语法化前后的使用范围和句法特点都有很大的变化"。这不难理解,语法化前的"把"与语法化后的"把"在范畴上并不相同,前者是词汇范畴（实义动词）,后者是功能范畴,所以在句法位置上也不相同,当然在句法行为上有很大不同。

4　结　语

如果"致使"是句法构件的话,它就应该有一定的句法位置（虽然可能没有语音形式）,在语义结构的引导下,我们构拟了"把"字句的句法结构,或者说致使句式的句法结构,使"把"字句成了基本词序的表现。这样处理一方面可以解释"把"字句的语义及"致事"的语义复杂性,另一方面还可以解释某些句法行为,比如说词序的演变问题、AOV 中 O 的对比的意义及各种推导式产生的动因。表面上看,"把"字句的语义跟词序的演变是不相关的两个话题,实际上它们是彼此相连的。"把"字句的语义是因为它有个"看不见"的"致使"构件,词序的演变实际上就是"致使"这个构件的语音实现过程。

主要参考文献:

[1] GPLDBERG A. 1995. Constructions[M]. Chicago: The University of Chicago Press.

[2] HUANG C-T. 1982. Logical relations in Chinese and the theory of grammar[D]. Mass: MIT.

[3] LIGHT T. 1979. Word order and word change in Mandarin Chinese [J]. JCL, (7): 149-180.

[4] SUN C-F, GIVON T. 1995.On the so-called SOV word order in Mandarin Chinese: a quantified text study and its implications[J]. Language, 61: 329-51.

[5] 蒋绍愚. 1997. 把字句略论[J]. 中国语文,(4): 298-304.

[6] 吕叔湘. 1984. 把字用法的研究[M]//吕叔湘. 汉语语法论文集. 增订本.北京:商务印书馆.

[7] 沈家煊. 1999. 不对称与标记论[M]. 南昌:江西教育出版社.

[8] 石毓智. 2003. 现代汉语语法系统的建立[M]. 北京:北京语言大学出版社.

[9] 王力. 1958. 汉语史稿[M].北京: 中华书局.

[10] 张伯江. 2001. 被字句与把字句的对称与不对称[J]. 中国语文, (6): 519-524.

[11] 赵元任. 1979. 汉语口语语法[M]. 吕叔湘,译. 北京:商务印书馆.

[12] 周国光,王葆华. 2001. 儿童句式发展研究和语言习得理论[M]. 北京:北京语言文化大学出版社.

[13] 朱德熙. 1982. 语法讲义[M]. 北京:商务印书馆.

(原载《安徽师范大学学报(人文社会科学版)》2005 年第 6 期)

致使范畴"以"与"以"字处置句^①

梅祖麟（1990）将唐宋时的处置式分成三类，其中双宾语结构的处置（给）、处置（作）、处置（到）可追溯到先秦西汉的"以"字句。太田辰夫（2003）、陈初生（1983）等在更早的时候也提出类似的看法，目前学界基本接受该看法（曹广顺、遇笑容 2000；吴福祥 2003；曹广顺、龙国富 2005），但刘子瑜（2002）却认为"以"字结构与"将/把"处置式不是一种结构，其根据是二者无论是语法意义还是句法结构，都有相当大的差异。"以"字句是不是处置句，涉及的是句式识别问题。本文将根据Goldberg（1995）的致使句式分类以及王力（1944）的"处置"说与Moreno（1993）的"致使"解释，从句法结构的角度将处置式定义为"致使范畴 Caus 有专门语音形式的致使句式"；在此基础上，我们将探讨汉语中致使范畴实现为"以"的动因，初步结论是"以"起着协助作用。

1 致使句式

1.1 致使—转移句

致使—转移句是说致事致使某物发生所有权的转移，这种转移最终可能会导致该物为另一人所领有。如：

（1）a. 张三送了一件礼物给李四。

  b. 张三送了李四一件礼物。

（1a）仅仅发生所有权的转移，（1b）则隐含着领有关系。前者人们常常称之为与格句，后者人们常常称之为双宾句。从语义上看，我们也可以简单地称之为致使—转移句，如果要强调两者的区别，还可以

① 本文得到国家社科基金项目"英汉论元结构的对比研究"（项目编号为08 B YY002）的资助。感谢《语言科学》编辑部及匿名审稿专家为本文提出的修改意见。

在(1b)后边加个领有标签,如致使—转移—领有句。致使—转移句可以有"把"字句,如:

(2)a. 张三把礼物送了李四。

　　b. 张三把礼物送给了李四。

在致使—转移的事件图景中,"张三"为施事,"礼物"为受事,"李四"为目标。

只要发生了物的转移、传递、交换,并有意愿表达,就需要借助致使—转移句。在先秦西汉汉语中,致使—转移句有五种形式,其中(3a)是"以"字句。

(3)a. C +受事+V+目标

　　天子不能以天下与人。(《孟子·万章上》)

　　赵惠文王以相国印授乐毅。(《史记·乐毅列传》)

　b. V +受事+P +目标

　　予造天役,遗大投艰于朕身。(《尚书·大诰》)

　　妾之幸君未久,诚以君之重而进妾于楚王,王必幸妾。(《战国策·楚策四》)

　c. V +目标+受事

　　周公易(赐)小臣单贝十朋。(《小臣单觯》)

　　魏王遗楚王美人。(《战国策·楚策》)

　d. V +受事+目标

　　王锡命西伯。(《竹年纪年疏证》)

　　今王信爱子之,将传国子之。(《韩非子·外储说右下》)

　e. V +目标+P+受事

　　投我以木瓜,报之以琼琚,匪报也。(《诗·卫风·木瓜》)

　　亦赏士伯以瓜衍之县。(《左传·宣公十五年》)

普通话中致使—转移句只有(3a-c)三种形式,在汉语方言中,仍有(3d)形式(黄伯荣1996),如:

(4)a. 佢畀三部书我。　　我送枝笔佢。　　我问句话你。

　　b. 我畀书其。　　你送个笔记本其也!　　我教昵本事你。

　　c. 给一本书他。　　给一个馍我。

(4a)是广州话,(4b)是阳江话,(4c)是罗山话。

1.2　致使—等同句

致使—等同句是说致事致使某人或某物被等同为某人或某物或该人或该物所拥有的属性。如：

(5)a. 我当他傻瓜。

　　b. 我当他为傻瓜。

　　c. 我把他当为傻瓜。

　　d. 我当他很傻。

在致使—等同事件中，"我"是施事，"他"是受事，"傻瓜"是属性，"傻"也是属性。"当"是动词，"为"是等同范畴，"把"是致使范畴。当动词、等同范畴、致使范畴没有语音实现时，表示属性的形容词或名词会移位到致使范畴，如"孔子登东山而小鲁，登泰山而小天下"(《孟子·尽心上》)中的"小"与"孟尝君客我！"(《战国策·齐策》)中的"客"。

只要能够识别属性，并有意愿表达所识别的属性，就需要借助致使—等同句。我们在这里只举两种致使—等同句，其中(6a)是"以"字句。

(6)a. C +受事+I+属性

　　吾必以仲子为巨擘焉。(《孟子·滕文公上》)

　　尧以不得舜为己忧。(《孟子·滕文公上》)

　　b. V +受事+I+属性

　　命公子申为王。(《左传·哀公六年》)

　　因封苏秦为武贞君。(《战国策·齐策三》)

1.3　致使—位移句

致使—位移句是说致事致使某物发生位置上的变化，这种转移最终可能会导致该物为某一位置所领有。如：

(7)a.我放了一件衣服在大衣柜里。

　　b.我把衣服放(在)大衣柜里。

　　c.我放(在)了大衣柜里一件衣服。

在致使—位移事件中，"我"是施事，"衣服"是受事，"大衣柜"是处所。

凡致使某物发生位置上变化，并有意愿表达该信息，都会选择致使一位移句。我们在这里只谈五种致使—位移句,其中(8a)是"以"字句。

（8）a. C+受事+V+处所

复以弟子一人投河中。(《史记·滑稽列传》)

高渐离乃以铅置筑中……(《史记·刺客列传》)

b. V+受事+P+处所

武王克商,迁九鼎于洛邑。(《左传·桓公二年》)

越王句践反国,乃苦身焦思,置胆于坐。(《史记·越王句践世家》)

c. V+处所+受事

树吾墓槚,槚可材也。(《左传·哀公十一年》)

场人掌国之场圃,而树之果蓏珍异之物,以时敛而藏之。

(《周礼·地官》)

d. V+受事+处所

坎坎伐檀兮,置之河之干兮。(《诗经·魏风·伐檀》)

项王则受璧,置之坐上。(《史记·项羽本纪》)

e. V +处所+P+受事

五亩之宅,树墙下以桑。(《孟子·尽心上》)

必树吾墓上以梓,令可以为器。(《史记》)

（8d)中"树之果蓏珍异之物"与"树之林"中的"之"示处所,分别代表"场圃"与"五沟五涂"。杨伯峻、何乐士(1992)指出:"这类双宾式在理解时可添加语义介词'以'使变为动补式。"如"树吾墓以槚"、"树之以果蓏珍异之物"等。

1.4 小 结

不同的句式,如果其中论元的参与者角色相同,即可认为相关,像双宾句跟与格句就属于相关句式。跟"以"字句相关的句式在先秦西汉的时候大致有以下几种配位方式:

	致使—转移句	致使—位移句	致使—等同句
a	C + 受事 +V + 目标	C + 受事 +V +处所	*C + 受事+I + 属性
b	V + 受事 + P + 目标	V + 受事 + P + 处所	V + 受事+I + 属性
c	V + 目标 + 受事	V+处所+受事	
d	*V + 受事 +目标	*V + 受事 +处所	
e	*V + 目标 + P + 受事	*V + 处所 + P + 受事	

注：V表示动词，P表示介词，C表示致使，I表示等同，"*"表示它在现代汉语中不合法。

2 "以"为致使范畴

2.1 处置式

处置式最初由王力提出。王力(1944)指出说，处置式是把人怎样安排(如9a)，怎样支使(如9b)，怎样对付(如9c)；或把物怎样处理(如9d)，或把物怎样进行(如9e)。如：

(9)a. 你把林姑娘暂安置在碧纱橱里。

　　b. 把云儿叫了来。

　　c. 只见一人进来，将他二人按住。

　　d. 把钱倒了出来。

　　e. 把宝钗黛玉的衣襟一拉。

"处置"，大致包含三个方面的内容：一是处置的主体当为有意愿的人；二是当有处置客体，或者说处置客体当存在于处置行为之前；三是动词必须有处置义。如果这些要求得不到满足，人们就有理由提出质疑。如：

(10)a. 墙上的那枚钉子把我的衣服撕破了。

　　b. 这次病把我折磨得苦了。

　　c. 他在吃饭的时候，把一块没有嚼烂的牛肉卡在食道里，咽不下去。

(11)a. 我把房子拆了。　*我把房子盖了。　我把房子盖好了。

　　b. 我把字儿擦了。　*我把字儿写了。　我把字儿写在黑板上。

(12)把日子误了。　　　把机会错过了。　　把姑娘的东西丢了。

(10)中处置的主体可以不是人，如(10a)中的"墙上的那枚钉子"与(10b)中的"这次病"，即使是人，也不一定是有意愿的人，如(10c)中的"他"。因此胡附、文炼(1955)认为"把字句不一定表示处置意义，许多没有处置意义的意思，在我们的语言里也常常用把字句表示出来"，梁东汉(1958)也有类似的看法。(11)表明处置的客体也可以存在于处置行为之后。说动词具有处置义，当为自主动词，但有时候非自主动词也能出现于"把"字句,如(12),所以吕叔湘(1948)说:"意外的遭遇,即非有意为之的行为,也很有些有把字的例子。"

　　如果"处置"表示处置的主体对早于处置行为就存在的处置客体实施一种有意识的处置的话,"处置说"则确实难以概括把字句的语义特征。为了用"处置"解释所有的把字句,宋玉柱(1981)指出:"所谓'处置'作用,不能简单的就字面理解为人对某种事物的处理,而应理解为:句中谓语动词所代表的动作对'把'字所介绍的受动成分施加某种积极的影响,以至使得该受动成分发生某种变化,产生某种结果,或处于某种状态。"在我们看来,宋玉柱道出了"把"字句的语义本质。关于这一点,其实,王力(1944)也有指出,不过他是作为"活用"来谈的(也就是说,王力自己也认为不是所有的把字句都表示处置)。他说:"有时候处置式并不真的表示一种处置,它只表示此事是受另一事影响而生的结果。"如:

　　(13)谁知接接连连许多事情,就把你忘了。

　　　　偏又把凤丫头病了。

　　　　小红不觉把脸一红。

　　这跟(12)差不多,其中的动词都是非自主的,不属于"处置",所以王力称这些句例为"处置式的活用",它蕴含着"致使",正好与宋玉柱对"处置"的解释一致。关于"致使"解释的还有薛凤生(1987),他认为把字句(A+把+B+V+C)表示"由于A的关系,B变成C所指出的状态"。对于致使,Moreno(1993)有个很好的诠释,他认为致使过程包括目的(purpose)、转移(transition)、动力(force)。"动力"义由Talmy(1985)提出,"目的"义由Song(1990)提出,Moreno(1993)在此基础上提出了"转移"义。"转移"讲的是在致使事件中,有某种特性的东西获得一种新的相关特性,即"状态的改变",相当于Pustejovsky(1991)的T。如一个玻璃杯它有"没破"的特性,但在"打"的事件中,结果"破"了,由"没破"到"破"即为"转移"。在"张三打破了玻璃杯"这样一个事件中,为达成这种"转移","张三"就得实施某种"动力"。"张三"实施这种"动力"的时候,有可能具有某种"目的",也可能没有"目的",所以"张三打破了玻璃杯"可以表示成:

　　(14)张三打破了玻璃杯。

　　　　a. 张三故意把玻璃杯打破了。([＋目的])

b. 张三不小心打破了玻璃杯。([－目的])

所以 Moreno(1993)很有见地地将"目的"处理成"致使活动"的外部语义成分。"目的"是可选的,而非强制的,这点很重要。王力的"处置"是"有目的的致使",而王力的"处置的活用"实际上是无目的的致使。

处置也好,致使也好,都是语义内容,理论上所有的语言都可以表达该项内容,从汉语来讲,也可以采用不同的句式来表达该项内容。"John broke the window"之所以表示致使或处置,就是这个道理;"我把他打了一顿"与"我打了他一顿"之所以都有处置义,也是这个道理;"把花姑娘急疯了"与"急疯了花姑娘"之所以都表示致使义,还是这个道理。根据熊仲儒(2004),致使句式可以表达如下:

（15）a. 我把他打了一顿。　　b. 我打了他一顿。

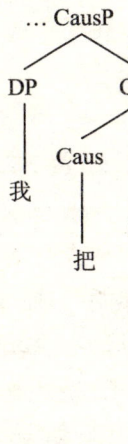

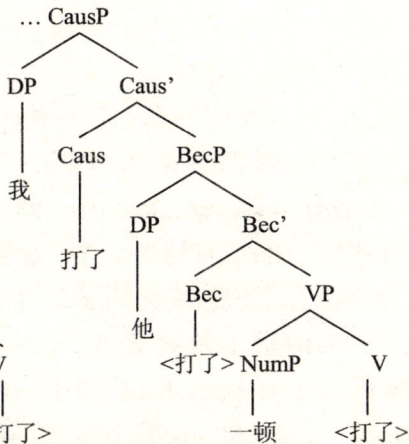

```
a.          ... CausP                         b.          ... CausP
           /        \                                    /        \
         DP          Caus'                             DP          Caus'
          |         /     \                             |         /     \
          我      Caus     BecP                         我      Caus     BecP
                   |      /    \                                 |      /    \
                   把   DP      Bec'                            打了  DP      Bec'
                        |      /    \                                |      /    \
                        他   Bec     VP                             他  Bec      VP
                             |      /  \                                 |      /    \
                            打了 NumP   V                            <打了> NumP    V
                                  |     |                                    |      |
                                 一顿  <打了>                               一顿   <打了>
```

邓思颖(2010)也将"把"处理为致使范畴并指派类似结构。

根据这个图示,处置式可以定义作"致使范畴 Caus 有专门语音形式的致使句式"。根据该定义,我们不再刻意地区分致事有无目的、意愿,也就是说(10—12)中的"把"字句都可以处理为"处置式"或"处置式的活用"。如果致使范畴实现为"将",则"将"字句也是处置式;如果致使范畴实现为"以",则"以"字句也是处置式。将致使范畴语音实现为"把、将、以"的句子处理为处置式,不是说致使范畴没有专门语音形式的句子没有处置义。

2.2 "以"的范畴

"以"主要用于"处置(给)"、"处置(作)"与"处置(到)",即致使—

转移句、致使—等同句与致使—位移句,它跟"把"有着相同的分布,为致使范畴的语音实现。如:

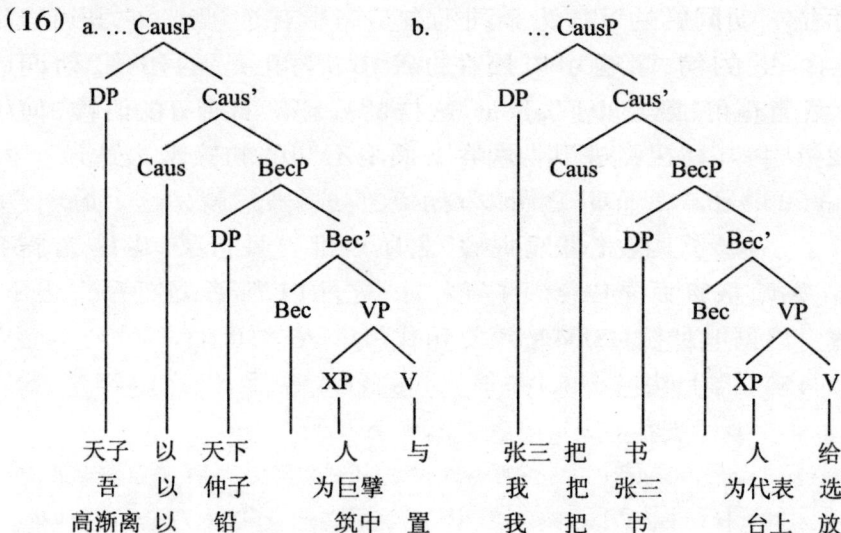

（16） a.

```
        ... CausP
       /      \
     DP       Caus'
              /    \
           Caus    BecP
                   /   \
                 DP    Bec'
                       /   \
                     Bec    VP
                           /  \
                          XP   V
```

天子　以　天下　　　人　与
吾　　以　仲子　　为巨擘
高渐离　以　铅　　筑中　置

b.

```
        ... CausP
       /      \
     DP       Caus'
              /    \
           Caus    BecP
                   /   \
                 DP    Bec'
                       /   \
                     Bec    VP
                           /  \
                          XP   V
```

张三　把　书　　　人　给
我　　把　张三　为代表　选
我　　把　书　　台上　放

学界一般都会认为"以"、"将"、"把"可以用于处置式,从上文来看,这是有道理的。刘子瑜(2002)却认为,无论是语法意义还是句法结构,"以"字结构与"将/把"处置式都有相当大的差异,不是一种结构,前者不是处置式。刘子瑜也指出,要确定这些能译成"把"字句的"以"字结构是不是处置式,单纯从语义上很难找到客观标准,还必须从形式入手寻找二者在结构上的差异。我们以下只关注她在结构上的研究。她认为"以"字结构跟可确认的处置式有以下差异:

第一,"以"字结构在动词前后的位置灵活,既可放在动词前,也可放在动词后。如:"陈子以时子之言告孟子。""子路,人告之以有过,则喜。"(《孟子》)

第二,"以"的宾语常常省略。如:"小人有母,皆尝小人之食矣,未尝君之羹,请以遗之。"(《左传》)

第三,"以"的宾语可以前置。如:"君若以力,楚国方城以为城,汉水以为池,虽众,无所用之。"(《左传》)

第四,"以"字结构中不仅可以省略直接宾语,还能省略间接宾语。如:"明日,子路行,以告。"(《论语》)

第五,有时连动词都可以省略,如:"书曰'崔氏',非其罪也;且以告族,不以名。"(《左传》)

"以"字短语的位置灵活性不能说明"以"不是致使范畴或处置标记。动词前后的"以"可以不同,比如说位于动词前的"以"为致使范畴,而位于动词后的"以"为介词。在英语中有个"tell",它既可以用在"tell sb sth"的句式,也可以用在"tell sb about sth"的句式,动词后的"以"完全有可能类似于"about"这样的介词。此外,杨伯峻、何乐士(1992)认为"以"在引进讯告内容方面是对"于"的替代。如:

(17)a. 予告汝于难。(《尚书·盘庚上》)

b. 今予其敷心腹肾肠,历告尔百姓于朕志。(《尚书·盘庚下》)

c. 楚自克庸以来,其君无日不讨国人而训之于民生之不易、祸至之无日、戒惧之不可以怠;在军无日不讨军实而申儆之于胜之不可保,纣之百克而卒无后,训之以若敖、蚡冒筚路蓝缕以启山林。(《左传·庄公十二年》)

不仅"以"的宾语可以省略,致使范畴"把"与"将"后的宾语也可以省略,这种平行性也可以将"以"识别为跟"把"、"将"相同的范畴。如:

(18)我告诉他别把玩意弄坏了,他偏把(他)弄坏了

赵元任(1979:168)在谈到"第一个动词之后省略宾语"时曾举了上面这个例子,他的解释是:"没有'他'字,'把'字突出一种猛劲。"可能正因为"猛劲"二字,使之在成人语言中较少出现,但在儿童语言中,倒不乏其例(周国光、王葆华 2001)。如:

(19)a. 这是小娃娃头,放在这个口袋里边,把塞到叔叔领子里去。

b. (被试玩弄取样人的指甲剪,取样人要拿回来,被试说)我把搞好。

c. (被试摆弄取样人的圆珠笔后,要求取样人缩回笔芯)把关掉。(取样人未动作)把这个关掉。

d. (被试扣取样人的夹克衫按扣,扣不上,要取样人扣)把扣上哎。(取样人未动作)把高头扣上,把这一边扣上。

e. (被试拿着玩具抢追小鸭子,边追边喊)把小鸭子打死了!(小鸭子在泡动中歪仄)把打跌倒了! 把打淌血了!

"把"在芜湖清水话中也可以省略宾语(胡德明 2006)。"将"、"把"在《朱子语类》中也有所谓的宾语省略。如:

(20)a. 灵源与潘子其书,今人皆将( )做与伊川书。

b. 他晓得礼之曲折,只是他说这是个无紧要底事,不将( )

为事。

 c. 不赴科举,也是匹似闲事。加今人才说不赴举,便把( )做掀天底事。

 d. 今有恣为不忠不孝,冒廉耻,犯条贯,非独他自己不把( )作差异事,有司也不把( )作差异事。

李思明(1994)认为《朱子语类》中"将、把"的宾语也可以省略。

"以"为致使范畴,其后的成分为受事,可省略,当然也可以移位。至于其他成分的省略,它跟"以"的范畴关系不大。致使范畴扩展的是达成短语(BecP),也就是说"以、将、把"后边的成分是个结构体。结构体可经受并列测试。如:

(21)a. 孝惠帝六年,相国曹参卒,以[安国侯王陵为右丞相,陈平为左丞相]。(《史记·陈丞相世家》)

 b. 是故大丈夫恬然无思,澹然无虑,以天为盖,以[地为舆,四时为马,阴阳为御],乘云凌霄,与造化者俱。(《淮南子·原道训》)

(22)a. 不可将[左脚便唤作右脚,右脚便唤作左脚]。(《朱子语类》)

 b. 若将[君臣作父子,父子作君臣],便不是礼。(《朱子语类》)

(23)a. 急得我把[帽子也摘了,马褂也脱了]。

 b. 这一趟把[往日没见过的世面也见着了,没吃过的东西也吃着了]。

(22)是李思明(1994)的认定,(23)是吕叔湘(1965)的用例。

如果以上讨论正确的话,先秦的"以"字句属于处置式,即我们所说的致使句式,"以、将、把"等为致使范畴。

3 致使句式的推导

3.1 致使—转移句与致使—位移句

根据熊仲儒(2004)的功能范畴假设,可以为致使—转移句与致使—位移句指派以下结构:

(24)T…[$_{CausP}$[施事][$_{Caus'}$[ ][$_{BecP}$[受事][$_{Bec'}$[$_{Bec}$][$_{VP}$[目标/处所][V]]]]]]

　　根据 Chomsky(2001),在这个结构中,"施事"的格特征由 T 核查,"受事"的格特征由 Caus 核查,"目标/处所"由 V 指派固有格。我们进一步假定固有格由词汇范畴指派,且需满足毗邻要求,这意味着"目标/处所"或由动词指派格,如(25a-b),或由介词指派格,如(26):

(25)a. V +目标/处所+受事

　　　周公易(赐)小臣单贝十朋。(《小臣单觯》)

　　　魏王遗楚王美人。(《战国策·楚策》)

　　　树吾墓槚,槚可材也。(《左传·哀公十一年》)

　　　场人掌国之场圃,而树之果蓏珍异之物。(《周礼·地官》)

　　b. C +受事+V+目标/处所

　　　天子不能以天下与人。(《孟子·万章上》)

　　　赵惠文王以相国印授乐毅。(《史记·乐毅列传》)

　　　复以弟子一人投河中。(《史记·滑稽列传》)

　　　高渐离乃以铅置筑中……(《史记·刺客列传》)

(26)V +受事+P+目标/处所

　　　予造天役,遗大投艰于朕身。(《尚书·大诰》)

　　　妾之幸君未久,诚以君之重而进妾于楚王,王必幸妾。(《战国策·楚策四》)

　　　武王克商,迁九鼎于洛邑。(《左传·桓公二年》)

　　　越王句践反国,乃苦身焦思,置胆于坐。(《史记·越王句践世家》)

　　(25a)采用某个功能范畴激发目标/处所移位,如熊仲儒(2004)的领有范畴 Poss 与何晓炜(2008)的 G。(25b)则用"以"实现致使范畴,阻止动词的进一步移位。(26)用介词给目标/处所指派固有格,动词上移到致使范畴。问题是先秦西汉中有些"目标/处所"既不毗邻于动词之后,也不毗邻于介词之后。如:

(27)王锡命西伯。(《竹年纪年疏证》)

　　　今王信爱子之,将传国子之。(《韩非子·外储说右下》)

　　　坎坎伐檀兮,置之河之干兮。(《诗经·魏风·伐檀》)

　　　项王则受璧,置之坐上。(《史记·项羽本纪》)

　　这种"V+受事+目标"的现象不管是在现代汉语普通话中还是在现代英语中都不存在,不过南方汉语倒有这种现象。邓思颖(2003)的解释是粤方言中"V+受事+目标"的目标前省略了介词。如果先秦西汉有零介词,自然也允许"V+受事+目标"的存在。不过,我们不准备为先秦西汉汉语假设零介词。

没有零介词,先秦西汉的动词就只能像现代汉语一样不允许动词直接移位到致使范畴,它必须引进领有范畴推导出双宾结构,然后实施过重名词短语移位(heavy NP shift),即由"V+目标+受事"推导出"V+t$_i$+受事+目标$_i$"。过重名词短语移位的结果是:过轻的部分在前,过重的部分在后,如:

(28)a. I consider John a fool.

b.* I consider a fool John.

(29)a. I consider all the people who I met at the party fools.

b. I consider fools all the people who I met at the party.

(28b)与(29b)的对比说明过重的名词短语是可以发生移位的。先秦西汉的"V+t$_i$+受事+目标$_i$/处所$_i$"跟受事过轻、目标/目标过重有关。再如:

(30)a. 是剥是范,献之皇祖。(《诗经·小稚·南山》)

b. 晋人归之施氏。(《左传·成公十一年》)

c. 得璧,传之美人,以戏弄臣。(《史记·廉颇蔺相如列传》)

d. 七年后还政成王。(《史记·鲁周公世家》)

e. 大将军问其罪正闳、长史安、议郎周霸等。(《史记·卫将军骠骑列传》)

(31)a. 诞寘之隘巷,牛羊腓字之。诞寘之平林,会伐平林。诞寘之寒冰,鸟覆翼之。(《诗经·大雅·生民》)

b. 悬之庙梁。(《韩非子·奸劫狱臣》)

c. 有能徙之南门之外者。(《韩非了·内储说上》)

d. 项王则受璧,置之坐上。(《史记·项羽本纪》)

e. 重耳……乃投璧河中。(《史记·晋世家》)

(30e)最能显示受事的过轻,(30a-d)的代词也能有所反映,(27)也是这样,"命"轻于"西伯"、"国"轻于"子之"。(31)也是如此。

(27)与(30)、(31)首先借助领有范畴实施了双宾句转换(熊仲儒2004),接着实施了过重名词短语移位。如果没有实施双宾句转换,致使范畴就只能借助于"以"或介词了,如(25b)与(26)。"以"阻止动词上移到 Caus 位置,使得动词因跟目标/处所毗邻而为其指派固有格;介词给目标/处所指派固有格而使得目标/处所可以不上移。

"投一弟子河中"与"投三老河中"似乎是反例,从音节来说,"一弟子"较"河中"重,"三老"跟"河中"一样重。按理,这里没有发生过重名词短语移位,"投一弟子河中"应该跟"'我挂了一件衣服衣架上"一样不合法,但事实上"投一弟子河中"是合法的。如:

(32)至其时,西门豹往会之河上。豹视之,顾谓三老、巫祝、父老曰:"是女子不好,烦大巫妪为入报河伯,得更求好女,后日送之。"即使吏卒共抱大巫妪<u>投之河中</u>。有顷,曰:"巫妪何久也?弟子趣之!"复以弟子一人投河中。有顷,曰:"弟子何久也?复使一人趣之!"复<u>投一弟子河中</u>。凡投三弟子。西门豹曰:"巫妪弟子是女子也,不能白事,烦三老为入白之。"复<u>投三老河中</u>。

对此,我们的解释是,这里依旧发生了过重名词短语移位。"一弟子"虽然在音节上轻于"河中",但后者是焦点。"投一弟子河中"的上文是"复使一人趣之!","一弟子"是旧信息,"河中"是新信息,后者为焦点;"投三老河中"亦复如是,其上文是"烦三老为入白之",可见"三老"是旧信息,"河中"是新信息,后者是焦点。焦点也能使得音节少的成分"重",所以"投一弟子河中"是由"投河中一弟子"经过重名词短语移位推导而来。

3.2 致使—等同句

致使—等同句中的属性与致使—位移句中的处所、致使—转移句中的目标处在相同的句法位置(动词的姊妹节点)。处所、目标为获得固有格或跟动词或跟介词毗邻,而属性可以不跟动词或介词毗邻。如:

(33)a. 老王叫徒弟"小三儿"。

　　 b. 我没当他外人。

　　 c. 刘邦封了刘濞吴王,封完了以后,就后悔。

　　 d. 大家称他活雷锋。

这是因为属性的格特征是由 phi—特征集完整的等同范畴核查的,等同范畴可语音实现"为、作、是"等(熊仲儒 2011)。

引进者不能远离被引进者,致使—等同句中的等同范畴引进的是等同短语(属性),所以等同范畴不能移位到致使范畴位置。如:

(34)a.我们选张三为班长。

　　b.我们把张三选为班长。

　　c.*我们选为张三班长。

(35)a.*尧为不得舜已忧。

　　b.*吾必为仲子巨擘焉。

　　c.*王中郎是围棋坐隐,支公为围棋手谈。

(34b)显示"为"可以跟"选"融合,(34c)显示"为"与"班长"不能分离,(34a)进一步证实这一限制。从毗邻限制来看,(35)也应该不合法,为使得致使—等同句的推导合法,只能借助于"以"来阻止等同范畴的进一步移位。如:

(36)a. 尧<u>以</u>不得舜为己忧。(《孟子·滕文公上》)

　　b. 吾必<u>以</u>仲子为巨擘焉。(《孟子·滕文公上》)

　　c. 王中郎<u>以</u>围棋是坐隐,支公<u>以</u>围棋为手谈。(《世说·巧艺》)

这主要是因为致使—等同句中可以不实现主动词。主动词可以满足致使范畴的要求,如果主动词实现了,就可以不必实现"以"。如:

(37)a. <u>命</u>公子申为王。(《左传·哀公六年》)

　　b. 因<u>封</u>苏秦为武贞君。(《战国策,卷十·齐三》)

由此可见,"以"在致使—等同句中起着协助作用。如:

(38)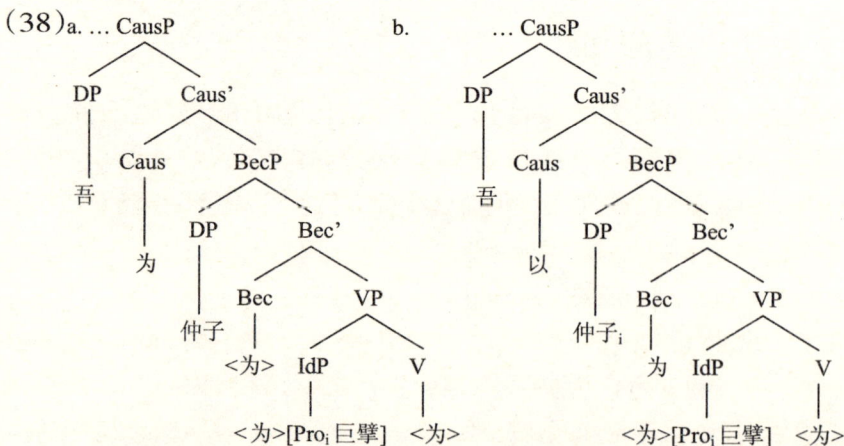

(38a)的致使范畴 Caus 没有语音实现,所以吸引"为"核心移位,但最终因违反毗邻限制而造成推导崩溃;(38b)中致使范畴 Caus 实现为"以",阻止了"为"的继续移位,使"为"能够跟"巨擘"毗邻,推导成功。

4 结 语

处置句是致使范畴有专门语音形式的致使句式,在早期汉语中该范畴可以语音实现为"以"。"以"与"将、把"相同,都是致使范畴,这可用来解释"以"的所谓宾语的省略与前置,此外也可以用来解释"以"后符号串的并列。"以"主要实现在致使—等同句、致使—转移句与致使—位移句中,即处置(作)、处置(给)与处置(到)中,它的语音实现主要是起协助作用。换句话说,如果这些句子中的致使范畴不实现为"以",将会导致推导的失败。具体来说,在致使—等同句中,等同范畴"为"为遵守毗邻限制而不能移位到致使范畴,为了满足致使范畴的音韵要求只能插入"以";在致使—转移句与致使—位移句中,目标与处所为了获得动词所指派的固有格,只能在致使范畴插入"以"以阻止动词移进致事范畴位置。"V+受事+目标/处所"的存在似乎对固有格指派假设构成挑战,因为这个句式中的"目标/处所"远离V,不应得到固有格,但实际上则是由过重名词短语移位造成的,证据是"目标/处所"或在音节上重于"受事",或为焦点。

主要参考文献:

[1] CHOMSKY N. 2001. Derivation by phase[M]//KENSTOWICZ M. Ken Hale: a life in language. Cambridge, Mass: MIT Press.

[2] GOLDBERG A. 1995. Constructions[M]. Chicago: The University of Chicago Press.

[3] LARSON R. 1988. On the double object construction[J]. Linguistic inquiry, 19: 335-392.

[4] MORENO C. 1993. "Make" and the semantic origins of causativity: a typological study[J]//CONNIE B, POLINSKY M. Causatives and transitivity. Amsterdam: John Benjamins Publishing Company.

[5] PUSTEJOVSKY J.1991. The syntax of event structure[J]. Cognition, 41: 47-81.

[6] SONG J-J. 1990. On the rise of causative affixes: a universal-typological perspective[J]. Lingua，82: 151-200.

[7] TALMY L. 1985. Force dynamics in language and thought[M]//EILFORT H，KROEBER D，PETERSON L. Papers from the parasession on causatives and transitivity. Chicago: Chicago Linguistic Society.

[8] 曹广顺，龙国富. 2005. 再谈中古汉语处置式[J]. 中国语文，(4)：320–332.

[9] 曹广顺，遇笑容. 2000. 中古译经中的处置式[J]. 中国语文，(6)：555–563.

[10] 陈初生. 1983. 早期处置式略论[J].中国语文，(3):201–206.

[11] 邓思颖. 2003. 汉语方言语法的参数理论[M]. 北京：北京大学出版社.

[12] 邓思颖. 2010. 形式汉语句法学[M]. 上海：上海教育出版社.

[13] 何晓炜. 2008. 合并顺序与英汉双及物结构对比研究[J]. 外国语，(2)：13–22.

[14] 胡德明. 2006. 安徽芜湖清水话中的"无宾把字句"[J]. 中国语文，(4)：342–345.

[15] 胡附，文炼. 1955. "把"字句问题[M]//胡附，文炼. 现代汉语语法探索.上海：新知识出版社.

[16] 黄伯荣. 1996. 汉语方言语法类编[M]. 青岛：青岛大学出版社.

[17] 李思明. 1994.《朱子语类》的处置式[J].安庆师范学院学报，(4)：10–15.

[18] 梁东汉. 1958. 论"把"字句[C]//语言学论丛（第2辑）. 上海：新知识出版社.

[19] 刘子瑜. 2002. 再谈唐宋处置式的来源[C]//语言学论丛（第25辑）. 北京：商务印书馆.

[20] 吕叔湘. 1948/1984. 把字用法的研究[M]//吕叔湘. 汉语语法论文集（增订本）. 北京：商务印书馆.

[21] 吕叔湘. 1965/1984. 把字句、被字句动词带宾语[M]//吕叔湘. 汉语语法论文集（增订本）. 北京：商务印书馆.

[22] 梅祖麟. 1990. 唐宋处置式的来源[J]. 中国语文，(3)：191–206.

[23] 宋玉柱. 1981. 关于"把"字句的两个问题[J]. 语文研究,（2）:39-42.

[24] 太田辰夫. 2003. 中国语历史文法[J].蒋绍愚,徐昌华,译. 北京:北京大学出版社.

[25] 王力. 1944. 中国语法理论[M]. 北京:中华书局.

[26] 吴福祥. 2003. 再论处置式的来源[J]. 语言研究,（3）:1-14.

[27] 熊仲儒. 2004. 现代汉语中的致使句式[M]. 合肥:安徽大学出版社.

[28] 熊仲儒. 2011. 汉语等同双宾句与等同范畴[J]. 安徽师范大学学报:人文社会科学版,（3）:347-356.

[29] 薛凤生. 1987. 试论"把"字句的语义特征[J]. 语言教学与研究,（1）:4-22.

[30] 杨伯峻,何乐士. 1992. 古汉语语法及其发展[M]. 北京:语文出版社。

[31] 赵元任. 1979. 汉语口语语法[M].吕叔湘,译. 北京:商务印书馆.

[32] 周国光,王葆华. 2001. 儿童句式发展研究和语言习得理论[M]. 北京:北京语言文化大学出版社。

（原载《语言科学》2012 年第 1 期）

关于距离相似动因的个案分析[①]

近几年,学界在介绍认知语言学方面做了不少的工作,并有不少学者在应用认知语言学理论进行汉语研究。本文只做个小问题,希望能加深学界对距离相似动因(Haiman 1985)的感性认识,并能有些反思。距离相似动因是说成分之间的语言距离反映了由这些成分表达的概念之间的概念距离。距离相似动因的背后假设是结构的同构(Croft 1990):话语的结构反映着概念的结构,这是许多学者在探求句法与语义关系时的直觉假设。本文选择一种致使句式(包括致使—运动、致使—结果、致使—接受等句式,关于构式语法的概念请参见沈家煊与张伯江近年来的一系列论文及Goldberg(1995)),谈谈在计算语言成分的距离时应考虑什么样的成分,最后指出对于非原型句式,距离相似动因有局限性,应换用隐喻拓展等机制进行解释。

1 语言事实

在英语中,学界早就注意到下面这几组句子的区别:

(1)a. Mary sprayed paint on the wall. (玛丽把油漆喷在墙上。)

　　b. Mary sprayed the wall with paint. (玛丽把墙上喷了油漆。)

(2)a. Mary loaded hay onto the wagon. (玛丽把干草装在车上。)

　　b. Mary loaded the wagon with hay. (玛丽把车上装了干草。)

各组句子中的意义只是相近,但并不等同。每个实现为直接宾语的论元都受到了动词的"完全影响"(Complete affectedness)。比如说(1a)表示被喷的油漆(paint)全部都在墙上,但墙可能只有少数的几个地方有油漆,简言之,油漆受到全部的影响而墙只受到部分影响;(1b)

① 安徽省教育厅项目(2004SK046)。本研究得到导师方立先生的指导与安徽师范大学博士科研启动资金资助,谨致谢忱! 同时感谢本刊审稿人对本文提出的宝贵意见。

正好相反,墙全部涂上了油漆,而油漆可能没用完。(2)的解释相类似。

汉语也有相类似的现象。据 Sun(1996)介绍,Tai(1984)认为"把"字结构最基本的功能是指示"把"字后的名词短语的完全受影响。

(3)*他把汤喝了,可是没喝完

(4)他喝了汤,可是没喝完

(4)因为不是"把"字结构,所以并不隐含"喝汤"这一事件中"汤"受影响的完全性(completion)。但有了"把"字之后,情况发生了变化,如(3),它隐含着"喝汤"这一事件中"汤"受影响的完全性。如果就事论事的话,可以说汉语的"受影响的完全性"来自"把",但如果把视野投向其他语言的话,如英语,就不好这样说了,因为英语中没有类似于"把"这样的词项,这就要求我们做出语言学上的解释。

2　认知解释

英语的"受影响的完全性"来自哪儿呢?认知语言学认为语言成分之间的距离反映了所表达的概念的成分之间的距离。关于语言距离与概念距离,Haiman 有个清楚的定义:

(5)A. 语言距离

缩短 X 与 Y 之间的语言距离:

a. X # A # B # Y

b. X # A # Y

c. X + A # Y

d. X # Y

e. X+Y

f. Z(将 X 与 Y 融合成单个形式)

这里"#"表示独立的词之间的界线,"+"表示胶在一起的语素之间的界线,Z 表示由 X 和 Y 融合产生的单个语素,它可以是新的语素,也可为 X 或 Y。由此看来,a 到 f,X 与 Y 的距离越来越近,最后融为一体。

(5)B. 概念距离

若两个概念具有以下的性质,则它们在概念上距离更近:

a. 语义上有相同的特征、性质或组成部分;

b. 相互影响；

c. 事实上具有不可分离性；

d. 被感知为一个整体，无论事实上是否具有不可分离性。

Haiman 通过跨语言的分析比较，发现并列（co-ordination）、致使（causative）、及物性（transitive）、领属（possessive）等范畴都能遵守距离相似动因。本文拟就"受影响的完全性"这个话题谈谈我们的看法。在概念距离(b)的定义中我们发现"相互影响"的两个概念在概念上距离很近，这就要求它们在语言距离中也应相近。事实如何呢？我们做个比较即可得知：

（1）a. Mary sprayed paint on the wall.

（sprayed # paint）# on the wall

b. Mary sprayed the wall with paint.

（sprayed # the wall）# with paint

（2）a. Mary loaded hay onto the wagon.

（loaded # hay）#onto the wagon

b. Mary loaded the wagon with hay.

（loaded # the wagon）# with hay

通过比较，答案就很显然：（1a）中 sprayed 与 paint 的语言距离较（1b）中相应距离为近，所以概念距离为近，故（1a）中的 paint 有完全受影响义；而（1b）sprayed 与 wall 的语言距离（1a）中相应距离为近，所以概念距离为近，故（1b）中的 wall 有完全受影响义。看来英语是能够通过相似性的检验的。现在我们回过头看汉语：

（3）他把汤喝了。　　　　汤 # 喝

（4）他喝了汤。　　　　　喝+了 # 汤

答案也很显然：（3）中"汤"与"喝"的距离较（4）为近（（4）中"汤"与"喝"被"了"隔开了），故（3）有完全义而（4）没有。解释到这里似乎没有什么可做的了，其实不然，现在要做的是看一看能否把（3）中的"汤"与"喝"的距离拉远。

（6）*他把汤慢慢地喝了下去，可是没喝完。　　汤 # 慢慢地 # 喝

（7）他慢慢地喝汤，可是没喝完。　　喝 # 汤

（8）他把汤慢慢地喝了下去。　　　汤 # 慢慢地 # 喝

"可是"句作为诊断句式说明，距离原则失灵了：（7）中"汤"与"喝"

虽近却无"影响完全义";(6)中"汤"与"喝"虽远却仍有"影响完全义"。"影响完全义"到底与什么有关还有待探讨。

3 继续探讨

据 Speas(1990)报道,Levin & Rappaport(1986)在研究中注意到 Anderson(1977)的观察,即 with——变体与处所——变体的动词在其词条里记载着不同的题元角色(这与认知派认为不同的形式有着不同的意义有相同之处),考虑到这种情况,她们建议 spray 在词条中应该以下述方式登记其基本的词汇概念结构(LCS):

(9)SPRAY1: x cause [y to come to be at z]/spray

通过这种定义,这个词汇概念结构包含了目标(goal)(be at___)与客体(theme)(___to come to be at z),然后由系联规则将目标实现为介词宾语,客体实现为直接宾语。因为客体是事件中出现变化的论元,所以客体是"被影响的论元"。对于 with——变体,她们建议用下面的词汇概念结构:

(10)SPRAY2: x cause [z to come to be in STATE]

by means of [x cause [y to come to be at z]/spray]

由此观之,SPRAY1 中是 y 受影响,SPRAY2 中是 z 受影响,这就解释了(1)中的语义之不同。这样做有无道理呢?请看以下蕴涵式:

(11)a. Mary sprayed the wall with paint.

→Mary sprayed paint on the wall.

b. Mary sprayed paint on the wall.

↛ Mary sprayed the wall with paint.

从上例可以看出,with——变体蕴涵着处所——变体,反之则不对。换句通俗的话说,"墙上有油漆",说明"有人曾往墙上喷过油漆";"往墙上喷油漆",其结果可能是"墙上不一定有油漆",其原因可能是你喷斜了。再举个例子:

(12)a. I gave a letter to Mary.

b. I gave Mary a letter.

在这组例子中,哪一句表示 Mary 一定收到了信呢?答案是 I gave Mary a letter。其道理相同,GIVE 在词库中有两个词条:

(13) a. GIVE1: x cause [y to come to be at (possession) z]/give

b. GIVE2: x cause [z to come to be in STATE (of possession)]

by means of [x cause [y to come to be at (possession) z]/give]

从上文的分析即可看出,所谓的"受影响的完全性"其实是由 cause(致使)引起的,汉语也能证明这一点,如"我把汤喝了",它就表示"我[致使汤达成'完'这样一种状态]喝"。关于"把"表示"致使",吕叔湘(1948)曾说过:"'把邓九公乐的拍手打掌'即可等于'邓九公乐的拍手打掌',用一种不正规的说法,这个把字只有'使'或'叫'的意义,倘若不是完全没有意义。"

构式语法(Goldberg 1995:175)称这种句式作"致使句式",其原因在我们看来就是因为这种句式含有一个重要的构件"致使"。<u>这足以证明"致使"的重要</u>,但这还是没办法映证距离相似动因,还需要我们作进一步的解释。

4 重新解释

从表面的语言形式我们是无法解释距离相似动因的,从英文看中文,觉得应该是由动词与名词短语的距离反映概念距离,但这在汉语中遭受了困难,因为把后名词短语与动词之间可以插入附加语,如:

(14) a. 我把钱<u>偷偷地</u>塞给了李四。

b. 他把剩下的肉<u>随随便便地</u>炒了个肉丝。

c. 把细磁碗盏和银镶的杯盘<u>逐件</u>看了一遍。

d. 把箱子<u>一齐</u>打开。

e. 把宝玉的袄儿<u>往自己</u>身上拉。

f. 赖我心坏,把我<u>往死里</u>糟踏。

另外,动词也不一定能影响到把后名词短语,然而把后名词短语确实又受到影响,如任鹰(2001)在解释"小王洗湿了鞋"时说"[它]表达的意思通常是在'洗'其他东西时弄'湿'了'鞋','鞋'与'洗'之间并不存在直接的句法与语义联系,'鞋'是'湿'的使动对象,'洗'只是使'鞋'变'湿'的原因",这种解释基本上也适用于"<u>小王把鞋洗湿了</u>",其他的还有"<u>小王把喉咙唱哑了</u>"、"<u>小王把肚子吃坏了</u>"等等。

要想从根本上解释相似距离动因,我们不能回避句子的生成过程。当然这样一来，就违背了非转换派（功能派及非转换的生成派）的初衷，他们排斥转换。而转换派并不排斥结构同构的想法，如 Baker（1988）的题元指派的统一性假说（UTAH），Larson（1988）的题元等级（Thematic Hierarchy）大致上就与 Keenan & Comrie 的名词短语可及性等级（NP Accessibility Hierarchy）差不多。假定句法结构与词汇概念结构有某种对应的关系，我们将 spray 的词汇概念结构重复如下：

（15）a. SPRAY1: x cause [y to come to be at z]/spray

b. SPRAY2: x cause [z to come to be in STATE]

by means of [x cause [y to come to be at z]/spray]

（16）a. [x cause [y become z]]

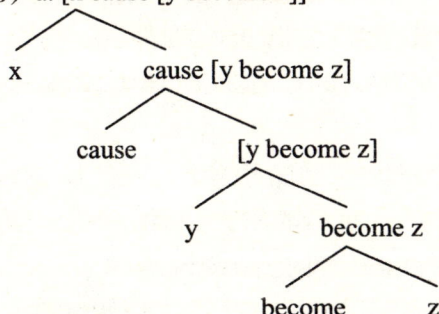

b. CausP

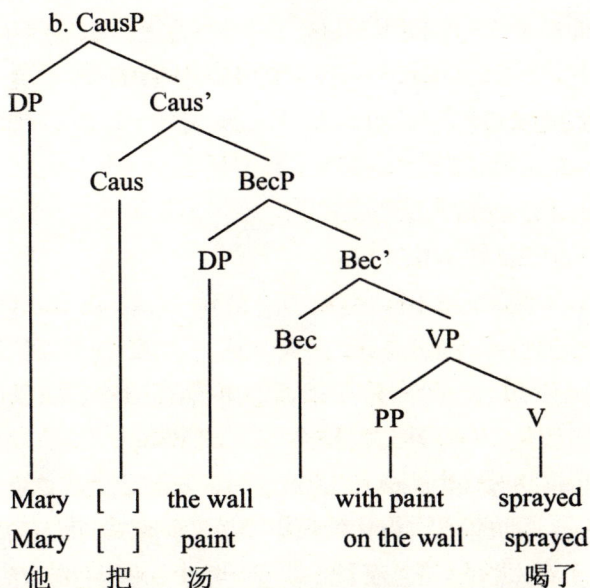

Mary	[ ]	the wall	with paint	sprayed
Mary	[ ]	paint	on the wall	sprayed
他	把	汤		喝了

根据熊仲儒（2002）的"嫁接与移位同向假设"，自然语言的词序应该为：词汇核心是核心在后（head-final），而所有扩展它的功能核心总

是核心在前(head-initial)。Bec 与 Caus 是分别对应于语义原子 be-come 与 cause 的功能范畴,我们可以构建句法结构(16b)。

(16a)是相应的词汇概念结构,从图示来看,词汇概念结构与句法结构有很高程度的平行性。在功能范畴的吸引(attract)下,主动词发生移位,生成自然语言。如果功能范畴在语音上完整,就不会去吸引主动词移到它的位置,如汉语中语音实现功能范畴"致使"(Caus)的"把",所以只能生成"他把汤喝了",而不能生成"他 喝—把了 汤"。上文中说,所谓的"受影响的完全性"其实是由 cause(致使)引起的,现在的情况就更清楚了,因为"把"是"致使"的语音实现形式,距离相似动因也因此获得了解释。表面上,英语中是动词跟直接宾语相毗邻,汉语中是"把"跟其后名词短语相毗邻;实际上,都是 Caus 与其后的 NP 相毗邻(参考(16b))。区别在于英语的 Caus 没有语音实现形式,而汉语有语音实现形式"把"。

语言上谁与谁接近并不是我们原初所想象的,我们原来设想是动词与名词短语接近,这能解释英语却不能解释汉语:一是因为汉语动词与名词短语之间可以插入附加语("他把汤慢慢地喝了"),二是因为汉语动词与名词短语之间可能没有句法与语义方面的联系("他把肚子吃坏了"不表示"他吃肚子而使肚子坏了")。语言上接近的成分是"功能范畴'致使'Caus"与名词短语,是它使名词短语产生"完全的受影响"。说到这儿,我觉得其实用动词与名词短语的语言距离来解释英语也是有问题的,如:

(17)a. We reached Boston.

b. Mary passed the finished line.

这里的 Boston、the finished line 是处所,Mary sprayed the wall with paint 中的 the wall 也是处所,但 Speas(1990)说前者没有受到"影响",而后者受到"影响"。所以在计算语言距离的时候还得考虑清楚判定的成分是否确切。在致使句式中,客体的"完全受影响义"与功能范畴"致使"Caus 有关,而非主动词。英汉的区别在于前者的致使动词为零形式,后者为"把"字。如果没有注意到前者的零形式而认为完全受影响义跟动名有关,并将之推广到汉语,就会遇到一些困难。"致使"是关键,所以目前的构式语法将这种句式称为"致使句式",看来是有一定道理的。在研究句法时,隐性构件很重要!

值得注意的是,"我喝了汤"有两个意思:一个是"汤完全被喝了",一个是"汤只部分被喝了"。如果换成"我喝完了汤"则只有一个意思了,表示"受影响的完全性"。原因是前者是无标记的形式,而后者是有标记的形式,虽然都有"致使"的轻动词。严格地说,只有"影响义"与致使动词和名词短语的距离存在相似性(见 Haiman 的定义(5B)),对应于"我喝了汤"就有"部分受影响"与"完全受影响";"完全性"很复杂,不一定非得有致使动词,如 Anderson(1977)的例子:

(18) a. Bees swarmed in the garden.

b. The garden swarmed with bees.

(18b)中表示的是整个花园,(18a)中是部分花园。

在英语里,give 有两个词条,见(13),或者说它能进入两种句式,一种蕴涵着接受,如(12b),一种没有该蕴涵,如(12a)。在汉语中也有着相似的情形,沈家煊(1999)对包含"给"的句式作了语义上的概括,下面选两例作个说明:

(19)G3:SVO 给 X　惠予事物转移并达到某终点,转移和达到是两个分离过程

G4:SV 给 XO　惠予事物转移达到某终点,转移和达到是统一过程

这种概括反映了距离相似动因:

(20)SVO 给 X：V#O#给

我送了一本书给张三。

SV 给 XO：V+给

我送给了张三一本书。

*我送了给张三一本书。

在 G3 中动词与"给"的距离远远大于 G4 中的动词与"给"的距离,即使存在"送了给"的说法,前者的语言距离还是大于后者的,因为前者的"送了给"之间还能插入宾语。"送"与"给"隔开表示是两个过程,融合表示是一个过程。为什么这样呢?这也可以从句法推导上进行解释,简单的如 Larson(1988)将"V 给 X"进行重新分析(John gave to Bill all his old lnguistics books),分析成一个动词,这还不够融合吗?稍微复杂一点,可以加入表示"领有(Poss)"的轻动词激发移位(熊仲儒 2003),直接使 G4 表示"X 有 O",如(无关细节暂不考虑):

（21）　CausP

```
            CausP
          /      \
        DP       Caus'
        |       /     \
        我    Caus     PossP
             |        /     \
            送给     DP      Poss'
                    |       /     \
                   张三₂  Poss    BecP
                         |       /     \
                        送给    DP      Bec'
                              |       /    \
                           一本书  Bec     VP
                                  |       /   \
                                 送给    PP     V
                                        |       |
                                      给 t₂   送—给
```

我　　送给　张三₂　送给　一本书　送给　给 t₂　　送—给

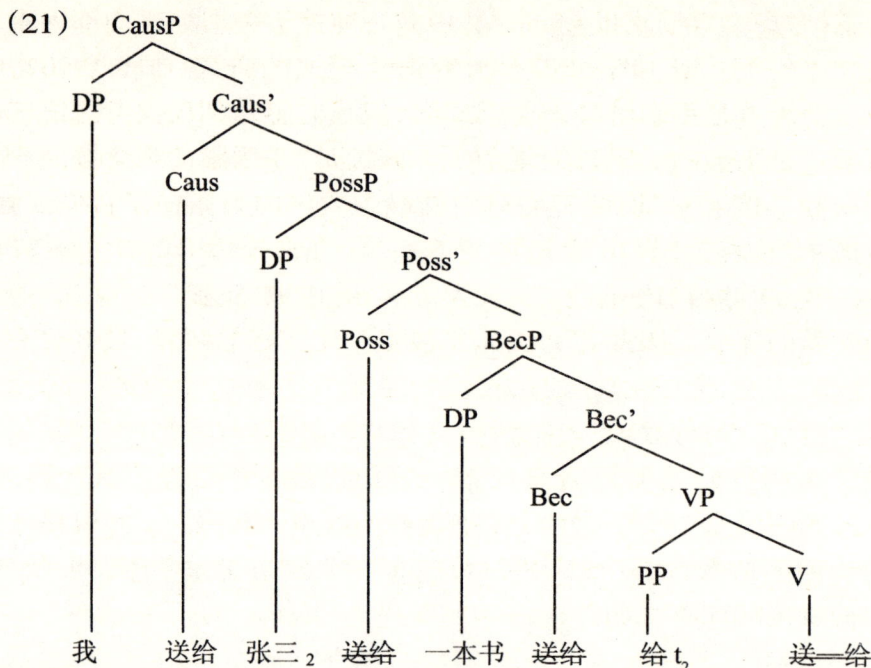

这样就从推导的过程上解释了距离相似动因,也就回答了概念相近的成分为什么排在一起。值得注意的是:Chomsky语言学是不会求助语义的,它只能说有个致使性轻动词或领有性轻动词,甚至不提轻动词的语义性质,如 Ura(2000)为双宾句设置这样的句法结构:[$_{vP}$[Subj][$_{v'}$[v][$_{vmidP}$[IO][$_{vmid'}$[$_{vmid}$][$_{VP}$[V][DO]]]]]](它在形式上与我们所采用的结构有很大程度上的相似,见(21)),这样移位就纯粹由句法驱动。这样做的好处是避免对语义的依赖。因为双及物句式不一定表示领有,或者"转移与达到是统一过程",如:Chris baked Jan a cake. / Bill promised his son a car.(Goldberg 1995:32)。这是对距离相似动因的反动,因原型句式(Mary gave Bill a letter)能遵守距离相似动因,对此构式语法(Goldberg 1995)会从隐喻拓展的角度进行解释。所以我们将功能范畴看作句法概念,而不把它当作语义原子,虽然它有语义。

5　结　语

在语言研究中有两大流派:一者主张从语言内部研究语言,一者主张从语言外部研究语言。纯粹不考虑语言外部因素就很难能反映语感(考虑不等于求助Chomsky 1957);纯粹不考虑语言内部因素就会失之于空洞。认知学派没有放弃语言模式的研究(Croft 1990),距离相似动因就是用来解释语言模式的,但我们感觉到仅仅考虑语言的表面形式是不够的。语言太复杂了。诚然是"联系紧的观念倾向于放置在一起",但还有"说话者心目中的最重要的内容倾向于首先表达"这样的规则,它就有可能将放置在一起的成分拆开,如"who did you see?"中的"see"与"who","王冕死了父亲"中的"王冕"与"父亲"等等诸如此类的现象。因此我们认为要想得到比较好的解释,最好要有一种开放的态度,考虑生成过程,现在的生成语法毕竟与20世纪60年代有很大差别。另外想说一句,语言具有共性,变异只在功能范畴,汉语相对于英语或其他的语言来说,某些功能范畴可能缺乏语音形式,如"性、数、格"等;而英语或其他语言相对于汉语来说,它们也会在某些功能范畴上缺乏相应的语音形式,如本文中的"致使"(cause)。所以说功能范畴或者说隐性构件非常重要。

主要参考文献:

[1] ANDERSON S.1977. Comments on the paper by Wasow [M]//CULI-COER P, WSAOW T, AKMAJIAN A. Formal Syntax. New York: Academic Press: 361-378.

[2] BAKER M.1988. Incorporation: a theory of grammatical function changing [M]. Chicago: University of Chicago Press.

[3] CHAOFEN S.1996. Word- order change and grammaticalization in the history of Chinese[M]. California: Stanford University Press.

[4] CHOMSKY N. 1957. Syntactic structures [M]. The Hague: Mouton Co.

[5] CHOMSKY N. 1995. The minimalist program [M]. Cambridge, Mass: MIT Press.

[6] CROFT W. 1990. Typology and universals[M]. Cambridge: Cambridge University Press.

[7] GOLDBERG E. 1995. Construction [M]. Chicago: The University of Chicago Press.

[8] HAIMAN J. 1985.Natural syntax [M]. Cambridge: Cambridge Uni-

versity Press.

[9] KEENAN E L，CONNIE B.1977.Noun phrase accessibility and universal grammar [J]. Linguistic inquiry，（18）: 63-69.

[10] LARSON H.1988. On the double construction [J]. Linguistic inquiry，（19）: 335—391.

[11] SPEAS M. 1990. Phrase structure in natural language [M]. Dordrecht: Kluwer Academic Publishers.

[12] URA H. 2000. Checking theory and grammatic functions in Universal Grammer[M]. Oxford: Oxford University Press.

[13] 吕叔湘. 1984. 把字用法的研究[M]//吕叔湘. 汉语语法论文集. 北京:商务印书馆.

[14] 任鹰. 2011. 主宾可换位动结式述语结构分析[J]. 中国语文,（4）: 320–328.

[15] 沈家煊. 1999. "在"字句和"给"字句[J]. 中国语文,（2）: 94–102.

[16] 熊仲儒. 2002. 自然语言的词序[J]. 现代外语，（4）: 372–386.

[17] 熊仲儒. 2003. 现代汉语中的致使句式[D]. 北京语言大学.

[18] 张伯江. 2000. 把字句的句式语义[J]. 语言研究,（1）:28–40.

（原载《暨南大学华文学院学报》2004 年第 1 期）

动结式的致事选择^①

动结式的致事选择很复杂,它有可能是动词的主语论元,也有可能是其宾语论元,甚至还有可能是其他的参与者或活动本身。本文将在认知语言学的背景下探讨决定汉语动结式致事选择的因素。文章分三个部分来写:第一部分从句法上界定致事的概念,第二部分探讨致事的两种来源及它们之间的转喻关系,第三部分是结语。

1 句法上的"致事"

李临定(1988)将动结式的宾语分成两类:一类是"致使性"的,一类是"非致使性"的。他的例句有:
(1)致使性的:
　　风吹弯了路旁的树木。笑声惊醒了我。爸爸骂哭了妹妹。
(2)非致使性的:
　　我听懂了你的话。　他玩忘了一件事。
李临定的分类标准是含不含"'使……'的意思":第一组可以解释成"使树木弯了"、"使妹妹哭了";第二组不可以解释成"使你的话懂了"。其视点只在宾语上,而不在动结式本身。所以这并不暗含着动结式只能分成"致使性"与"非致使性"两类。事实上,带非致使性宾语的动结式还有可能是致使性的。比如说:
(3)只要去看明白未读底,不会去绌绎前日已读底。(王力1980)
　　如今只消到城里问明底细,替它把这几两债负弄清了就是。
　　(王力1980)
这里的"看明白"与"问明"跟李临定的"听懂"与"玩忘"在结构上,

---

① 安徽省教育厅项目(2004sk046);安徽师范大学博士科研启动基金项目。

甚至在语义上也是相同的(前者为"看使之明白",后者是"听使之懂")。对于这些动结式,王力(1980)称之为"使成式",其中的"使"即为"致使"。

既然这样的动结式为"致使性"的,我们就可以顺理成章地将这类动结式的某一个论元称为"致事"。这类句子都有相应的把字句,如:

(4)风把路旁的树木吹弯了。

      我把你的话听懂了。　　　　　　　(李临定1988)

为了更具操作性,我们可以将相应"把"字句的主语称为"致事"①②。也就是说,"风"与"我"分别为以上两句的"致事"。如果不这样称谓,就会分别将"风"称为"动力"或"自然力",将"我"称为"施事"。对前者而言,可能没问题;对后者就很难说了,因为"我"作"听"的施事当然毫无问题,但"我"不仅在"听",还有"懂",换句话说,"我"一肩挑两头,仅将"我"处理成"施事"是没有照顾"懂"。如果换成"致事"在理论上就不会存在这样的尴尬局面。

能够充当致事的成分大概有以下几种:

(5)a. 主动词的施事(袁毓林2001的例句)

    张三打破了玻璃。　　　　　　　我教完了小峰数学。

    小王看懂了图纸。　　　　　　　这晚饭你又吃早了。

    我又玩忘了一件事。　　　　　　这衣服你又洗脏了。

  b. 主动词的受事(陈昌来2000;沈家煊1999a)

    巧克力把我的牙吃坏了。　　　　茅台酒喝醉了他。

    那篇文章把孩子写累死了。　　　青草吃肥了羊儿。

    那些脏衣服把小姑娘洗怕了。　　黄花鱼吃馋了小花猫。

  c. 独立致事(王玲玲2000;袁毓林2001)

    一场好梦笑醒了妹妹。　　　　　诸葛亮气死了周瑜。

---

① "动结式"不全表示"致使",关于这一点,王力(1980:403)说:"我在《中国语法理论》上册第十一节里认为,内动词带内动词('饿死')和内动词带形容词('站累')这两种结构也是使成式。现在我认为使成式的第一成分应该限于外动词,这样才和一般所谓causative相当,所以这里不把这两种结构归在使成式内。"不过,我们的判断标准与王力不同。

② "奶奶站累了",虽没有"致事"。但本文提供的思路能自然地解决其论元的配位问题:

a.　　＿＿＿　站累了　奶奶　　(距离相似动因)

b.　*奶奶　站累了　奶奶　　(见(13/13'))

c.奶奶　＿＿＿　站累了　[ ]　　(由于某种原因实施分离(见(19))

这件事哭糊涂了奶奶。　　　　监狱长饿死了不少犯人。

这场考试的失败急哭了孩子。　　田间活儿累病了爷爷。

  d. 活动本身(陈昌来2000;王红旗2001)

吃巧克力把我的牙吃坏了。　　　他[喝茅台酒]喝醉了。

写那篇文章把孩子写累死了。　　[他喝酒]喝多了。

洗那些脏衣服把小姑娘洗怕了。　[我切菜]切破了手指头。

2　致事的两种来源

2.1　活动参与者充当致事

  为什么充当"致事"的成分可以很多呢? 因为动结式是一种致使表达(causative expression),指示致使情境(causative situation)。这种致使情境包含两个事件:一个是使因事件(causing event),一个是致果事件(caused event)。使因事件表示活动(activity),致果事件表示状态(state),这两个事件之间有一种致使关系。比如说"张三打破了玻璃",它的使因事件为"张三打玻璃",其致果事件为"玻璃破了"。活动是结果状态的使因,这种事件结构向句法结构投射的时候,从直觉上说,活动本身应该是"致事",但语言的表达机制会改变这点。因为我们知道或者说我们一开始就假设了含"致事"的动结式有两个名词性论元,其句法槽位(slot)可以假定为:

  (6)＿＿＿V–R＿＿＿

  我们接着假定句法遵守"距离相似动因",即概念上相邻的两个成分在句法距离上也相邻,由于"玻璃"跟结果补语"破"在概念上相邻,由致果事件得知。其结果是:

  (7)＿＿＿打破了　玻璃

  "玻璃"遭受了状态的变化,我们不妨称之为客体(theme)。"致事"该如何选择呢? 我们不能凭空设想,要将实际语料投进去分析:

  (8)张三　打破了 玻璃

  "张三"是"致事",同时"张三"也是"张三打玻璃"这一活动的激发者。在这里,我们不妨引进转喻(metonymy)机制来解释"致事"的选择。据沈家煊(1999)的认知模型,在"张三打破了玻璃"中,"张三"跟

"张三打玻璃"同在"活动参与者与活动"的认知框架中,两者关系密切,活动参与者"张三"能够附带激活活动"张三打玻璃",所以说"张三"能够转喻"张三打玻璃"。"张三"在认知上比活动要显著些,因为活动只有依附于活动参与者才能存在,没有赤裸的活动。在活动中,看见的只能是参与活动的人。看得见的东西比看不见的东西要显著些,这是一般的认知规律。有人可能表示质疑,说在"张三打玻璃"这样的活动中,有两个参与者,为什么只有"张三"而不是"玻璃"去转喻活动呢? 有两种回答:一种是活动的激发者可能在认知上显著于活动的承受者,还有一种回答是两者有相同机会转喻活动。前一种回答可能有些道理,但后者回答也不错。假定两个参与者都有均等的机会转喻活动,其结果是:

(9)a. <u>张三</u>　打破了玻璃

　　b. *<u>玻璃</u>　打破了玻璃

(9b)之所以不能存在,只能归因为一个论元实现了两次。假定这是正确的,我们再来考察"茅台酒喝醉了他"。从事件结构上说,"他喝茅台酒"为活动,"他醉了"是结果。在论元配位时,根据距离相似动因,其论元的配位模式可表示成:

(10)____喝醉了他

根据活动激发者在认知上显著于活动承受者,其结果是:

(11)*<u>他</u>　喝醉了他

看来可以排除"活动激发者在认知上显著于活动承受者"的假设。现在接着来看"两个参与者都有均等的机会转喻活动"的假设。其结果是:

(12)a. *<u>他</u>　喝醉了他

　　b. <u>茅台酒</u>　喝醉了他

(12a)之所以不合法,是由"一个论元不能实现两次"造成的。能不能将(11)也如此解释呢? 应该是可以的。如果正确的话,我们可以建立以下的配位规则:

(13)a. 活动的激发者可能在认知上显著于活动的承受者,前者优先转喻活动做致事。

　　b. 一个论元不能实现两次。

(13a)说激发者优先转喻活动,本身并不排除承受者转喻活动。

之所以有时激发者或承受者没能转喻活动,那是由(13b)造成的。语言中有没有两者都转喻活动的呢? 从理论上讲,只要不违反(13b)这种强制性的规则,就应该存在。事实也是如此:

(14)a. 婆婆吃坏了肚子。 爷爷看花了眼睛。

　　b. 苹果吃坏了肚子。 资料看花了眼睛。 (王玲玲2000)

就这两组句子而言,在语感认同上,是不是觉得(14a)更易接受些。如果是这样的话,可用(13a)解释。如果觉得没有什么差异,则可以将(13)改成:

(13')a. 活动的激发者与承受者有均等的机会转喻活动做致事。

　　b. 一个论元不能实现两次。

用(13)还是用(13')进行解释,这主要凭语感。如果承认存在语感差异,则可用(13)解释;如果不承认存在语感差异,则用(13')解释。

上文中说,动结式包含两个事件,可能还不准确,有的会包含多个事件。可图式为:

(14)$E_1 \longrightarrow \cdots \longrightarrow E_n$

比如说"一场好梦笑醒了妹妹",它可能就包含了三个事件,E_1是"一场好梦作用于妹妹",E_2是"妹妹笑",E_3是"妹妹醒了"。为了不将语言学引进细节分析,我们还是将动结式所包含的事件定为两个,这虽然有些人为的痕迹,但很方便。所以可以将"一场好梦笑醒了妹妹"分析成:使因事件"一场好梦作用于妹妹",致果事件"妹妹笑醒了"。根据规则,配位的程序表示成:

(15)a. ＿＿＿＿　　　笑醒了妹妹　　(距离相似动因)

　　b. 一场好梦　　笑醒了妹妹　　(13 / 13')

　　c. *妹妹　　笑醒了妹妹　　(13 / 13')

(15b)符合(13 / 13')中的两条假设,所以成立;(15c)符合(13 / 13'a),但违反了(13 / 13'b),因为它让同一个论元实现两次。相类似的例子还有"这件事哭糊涂了奶奶"、"诸葛亮气死了周瑜"等。

如果补语有两个名词性论元,如"张三听懂了这段英文",它也只能按照上述的配位规则进行运作。在该句中,活动是"张三听英文",结果是"张三懂英文",按距离相似动因,"张三"与"这段英文"只能分居"听懂"的两端。致事为活动的参与者"张三"或"这段英文",但因为"一个论元不能实现两次",所以也就默认了。另外因为(13a),活动的激发者显著于活动的承受者,优先转喻活动做致事,所以只能是"张三"作致事,证据是"张三把这段英文听懂了"。

2.2 活动本身充当致事

既然可以用参与者转喻活动,为什么不用"活动"本身去做致事呢? 可以的,就像能说"壶开了"与"水开了"一样,我们也可以用目标概念直接做致事。比如说"他喝茅台酒喝醉了",包含两个事件:一个是"他喝茅台酒",一个是"他醉了"。根据"距离相似动因",其论元配位模式可以表示成:

(16)_____喝醉了 他

现在将活动作为致事投进句法槽位,其结果是:

(17)a.*他喝茅台酒　　喝醉了他

　　b.喝茅台酒　　　喝醉了他

(17a)中"相同的论元'他'实现了两次",所以被排除。(17b)能不能存在呢? 按理是可以的,因为活动的参与者可以做致事的话,没理由排除活动本身作致事;另外根据距离相似动因,"他"也应该在线性距离上跟"醉"接近。相关的例子有:

(18)洗衣服洗累了妈妈。　送客户牛奶送累了小王。

　　喝茅台酒喝醉了大伯。教她们舞蹈教乏了我。

　　听讲座听困了大家。　喂牛奶喂困了妈妈。　(施春宏2003)

在我的语感中,"喝茅台酒喝醉了他"似乎也能接受,如果有人觉得不好的话,这不是配位本身的原因,试体会"喝茅台酒喝醉了一个高官"。除此之外,还可以说"喝茅台酒把他喝醉了"。尽管如此,(17b)还不是最后想要的句子,我们想得到"他喝茅台酒喝醉了"。如何得到呢? Haiman(1985)曾提到以下一些原则:

(19)a. 话语中,旧信息先说,新信息后说。

　　b. 联系紧密的观念倾向于放在一起。

　　c. 说话人心目中当前最重要的倾向于先说。

(19b)就是距离相似动因,(19a、19c)是对(19b)的调整,把本来毗邻的两个成分分开。如果这确信的话①，我们可以把"他"从"喝醉"的后面移到前面去。至于"他"算旧信息还是重要信息，我们不管。其操作程序是：

(20)a. 喝茅台酒喝醉了他

　　 b. 他喝茅台酒喝醉了[ ]

我们还可以把它变成"把"字句：

(21)a. 喝茅台酒　喝醉了他

　　 b. 喝茅台酒把他喝醉了[ ]

由于某种原因将客体从毗邻补语的位置移走，不仅仅是"活动致事"句的现象，在"参与者致事"句中也有，比如说"这晚饭你又吃早了"、"这衣服你又洗脏了"，其中的客体话题化了。这种句子都有相应的"把"字句，以下是李临定(1988)的例句：

(23)我把酒喝多了。/我把门牌号找错了。/我把字认多了，念新词不是更容易了吗？

而且这类句子也有相应的重动句：

(24)我喝酒喝多了。/我找门牌号找错了。/我认字认多了，念新词不是更容易了吗？

为什么会这样呢？因为它表示这样的两种事件，活动是"我喝酒"，结果状态是"酒(消耗)多了"。一般来说，这里的"多"在语义上指向"喝"，但我们在前文中讲活动是不可见的，只有由相应的参与者去体现，所以"多"体现在"酒"上。按照配位规则，其结果是：

(25)a. ＿　喝多了　酒　　（距离相似动因）

　　 b. 我　喝多了　酒　　（13/13'）

　　 c. *酒　喝多了　酒　　（13/13'）

(25c)是由于一个论元实现两次造成的。因为某种原因，要将

---

① 这大概也能解释"老王喝醉了酒"，从事件结构来说，它跟"茅台酒喝醉了他"相同，根据配位原则：

　a. ＿＿　喝醉了　老王　　（距离相似动因）

　b. 酒　喝醉了　老王　　（13/13'）

　c. *老王　喝醉了　老王　　（13/13'）

所以只能得到"酒喝醉了老王"。这种结构很有趣，正好将主动词"喝"的施受关系倒置了。可能由于在认知心理上，施事显著于受事，所以就重新搬正，得"老王喝醉了酒"。这样扭转乾坤的手法毕竟费力太多，所以实际上重置的情况较少。但需注意的是少见并不等于没有(更多的例子请参见施春宏2003)，这里仅举一例：此外偶然和尚喝醉了高粱，高声抗辩，或者为了金钱胜负稍有纠葛，都是随即平静，算不得什么大事。（周作人《山中杂信》）

"酒"从跟宿主的毗邻位置分离,或为"把"字句,或为"话题句",而且似乎是强制的。这种原因我们不想在这里探讨(可能跟"酒"临时体现"多"有关,因为本质上,"多"应该表述的是"喝")。(24)很有趣,它虽然也是重动句,但跟"他喝茅台酒喝醉了"很不相同,唐翠菊(2001)用"致使"与"非致使"进行区分,但我们根据(24)的事件结构与相应"把"字句将它们都当作"致使",只是"致事"由活动的不同参与者充当(结论随理论体系而定,不同不足为怪):

(26)a. <u>我</u>把酒喝多了。　　　(活动的激发者)

　　 b. <u>茅台酒</u>把他喝醉了。　(活动的承受者)

我们说过活动是真正的致使者,所以活动的参与者可以通过转喻机制充当致事,活动本身也可以充当致事。其结果是:

(27)*<u>我喝酒</u>　喝多了　<u>酒</u>

但是因为"一个论元不能实现两次",所以(27)不合格。如果要使它合格,只有一种办法,就是将其中的一次进行删略,其结果是:

(28)a. * 我喝[ ]　喝多了　　<u>酒</u>

　　 b. <u>我喝酒</u>　喝多了　[ ]

(28a)不合格,道理很简单,因为它删略了活动的宾语,而宾语同动词的关系最紧密。朱德熙(1982)说:"主语和谓语之间的关系松弛,中间可以有停顿;述语和宾语意义上和结构上的联系都很紧密,当中没有停顿。"所以活动在做致事的时候,在表现上会有所不同:

(29)a. <u>我喝酒</u>　　喝多了　[ ]　　　(我喝酒喝多了)

　　 b. [ ]喝茅台酒　喝醉了　<u>他</u>　　(他喝茅台酒喝醉了)

为满足"一个论元不能实现两次"而实行删略的时候,只能删略"活动"的主语,不能删略其宾语,这是结构使然。上面的句法结构可以论证歧义的"优先解释"。据唐翠菊(2001)实验,下面这些句子优先解释的是a式:

(30)他追我追得直喘气。　　a.他喘气。　　b.我喘气。

　　 他打儿子打得手都肿了。　a.他手肿了。　b.儿子手肿了。

　　 大刀砍链给砍断了。　　a.大刀砍断了。　b. 链砍断了。

表面上看,这些优先解释违背了距离相似动因,距离相似动因要求概念上相近的成分在句法上应该相邻,而实际上"他"较"我"远离"直喘气",如:

（31）

$$\text{他 —— 追 —— 我 —— 追得 —— 直喘气}$$

对此我们可以这样来解释：

（32）a. [ ]追我　追得　他直喘气

　　　 b. 他追我　追得　[ ]直喘气

（32a）中是"他"直接跟"直喘气"毗邻；（32b）中是某个删略论元跟"直喘气"毗邻。由于结构原因，当承受者和客体需要由同一个论元实现时，只能删略客体论元，所以删略的论元只能从承受者那儿找回。也就是说根据配位规则，这类句子有两个意义。为什么存在优先解释呢？从配位而言，"他"跟"直喘气"毗邻，如（32a）；而"我"是以无语音的零形式跟"直喘气"毗邻，如（32b）。"看得见的显著于看不见的"，故（30a）为优先解释。从线性来看，主语"他"的可及性高，而宾语"我"的可及性低。这种原则是普遍的，像名词短语的可及性原则就表明主语高于宾语高于间接宾语。

2.3　两种致事

活动为使因事件，是致使者。在句法表达上，可以直接用活动做致事，也可以通过转喻机制用活动的参与者做致事。在活动做致事的时候受"一个论元不能实现两次"的限制，常删略活动的激发者论元或等同于承受者的客体论元，其结果是后者在使用上受相当限制。道理在于激发者比承受者可及性高。所以，当补语指向活动的承受者时，不倾向用重动句；当补语指向活动的激发者的时候，倾向用重动句。如：

（33）a. *他卖报纸卖完了。

　　　 b. 他卖报纸卖烦了。（王红旗2001）

这两个句子中的动结式如果只想实现"参与者致事"的话，按配位规则，可表示成：

（34）a. ＿＿ 卖完了　报纸　　　＿＿ 卖烦了　他　（距离相似动因）

　　　 b. 他　卖完了　报纸　　　*他　卖烦了　他　（13/13'）

　　　 c. *报纸　卖完了　报纸　　　报纸　卖烦了　他　（13/13'）

结果是"他卖完了报纸"与"报纸卖烦了他"。如果觉得"报纸卖烦了他"不好，那可能是由于（13a）造成的，即"活动的激发者可能在认知上显著于活动的承受者，前者优先转喻活动做致事"。如果觉得承受

者绝对不能转喻活动做致事,那就用活动本身作致事。按配位规则:

(35)a. _____ 卖烦了 他

　　　(距离相似动因)

　　b. [ ]卖报纸 卖烦了 他

　　　(活动做致事,一个论元不能实现两次)

　　c. 他 [ ]卖报纸 卖烦了 [ ]

　　　(因重要信息或旧信息或其他原因实施分离)

　　因为活动"[ ]卖报纸"是致事,所以也可以说"卖报纸把他卖烦了"。

3 结 语

　　动结式表述的致使事件由使因事件与致果事件组成,分别对应于活动与状态,它们之间具有致使关系,其中活动是结果状态的致使者。在语言表达上,按理是活动直接做致事,但语言使用者倾向于经济性动因,常通过转喻机制用活动的参与者转喻活动做致事。故在话语中"活动致使句"(重动句)少见,少见的东西一旦出现了就会让人觉得有些反常,所以项开喜(1997)认为重动句"突出强调事物和动作行为的超常方面",但这不是重动句式本身的东西,关于这一点请参见王灿龙(1999)。用参与者转喻活动作致事常受到(13a)"活动的激发者可能在认知上显著于活动的承受者,前者优先转喻活动做致事"的制约,为了避免使用"承受者转喻活动做致事",有些人违反经济性动因直接用活动做致事,如果"不小心"用了"承受者转喻活动做致事",常改用把字句表达。

主要参考文献:

[1] CROFT W.1991. Syntactic categories and grammatical relations[M]. Chicago: University of Chicago Press.

[2] HAIMAN J. 1985. Natural syntax[M]. Cambridge: Cambridge University Press.

[3] MORENO C. 1993. "Make" and the semantic origins of causativity: a typological study[M]//COMRIE B, POLINSKY M. Causatives

and transitivity. John Benjamins Publishing Co.

[4] 陈昌来. 2000. 现代汉语句子[M]. 上海：华东师范大学出版社.

[5] 李临定. 1988. 现代汉语变换语法[M]. 北京：中国社会科学出版社.

[6] 沈家煊. 1999. 转指与转喻[J]. 当代语言学,（1）:3-15.

[7] 沈家煊. 1999. 不对称和标记论[M]. 南昌：江西教育出版社.

[8] 施春宏. 2003. 动结式的论元结构和配位方式研究[D]. 北京大学.

[9] 唐翠菊. 2001.现代汉语重动句的分类[J].世界汉语教学,（1）:80-86.

[10] 王灿龙. 1999. 重动句补议[J]. 中国语文,（2）:122-126.

[11] 王红旗. 2001. 结式述补结构在把字句和重动句中的分布[J].语文研究,（1）:6-11.

[12] 王力. 1980. 汉语史稿[M]. 北京：中华书局.

[13] 王玲玲. 2000. 汉语动结结构句法与语义研究[D]. 香港理工大学.

[14] 项开喜. 1997. 汉语重动句式功能研究[J]. 中国语文,（4）:260-267.

[15] 袁毓林. 2001. 述结式配价的控制——还原分析[J]. 中国语文,（5）:399-410.

[16] 朱德熙. 1982. 语法讲义[M]. 北京：商务印书馆.

（原载《安徽师范大学学报（人文社会科学版）》2004年第4期）

母语说话者语感差异的语言学解释[①]

　　研究语言最好有一种较为理想的状态,但这很不容易。虽然 Chomsky(1965)曾告诫人们应研究纯粹单一的言语社团中的理想的说话者和听话者,但这种理想的人又哪里去找呢?所以研究者往往是"累积式"的研究,一步一步拓展。找不到理想的人,在我们看来关系不大,我们既然承认语言有变异,当然也可以承认母语说话者的语感存在差异,对不同的语感差异设定不同的参数。如果不采用这种"弱"的主张,我们的研究实在难以进行。我们准备以主语的选择上的差异,谈谈如何来解释。文章分四个部分:第一部分列举语感差异,第二部分进行语言学解释,第三部分分析歧义,第四部分是结语。

1　语感差异

　　根据 Goldberg(1995)观察,在二元动结式中,只有当主语论元是有生的施动者(animate instigator),句子才可以被接受。其中的有生论元不必是施事,因为不要求具有意愿性(volitionality)。如:
　　(1)a. She coughed herself sick.

　　　　b. She slept herself sober.

汉语主语对有生性的要求比较低,它可以选择有生主语,也可以选择无生主语。下面引一些从文献上摘抄的例子来说明这一点:
　　(2)a. 徐枢(1985:151)的例子:

　　　　南风吹皱了温柔的河水。

　　　　据说那是因为"芦柴棒"的那突出的腿骨,碰痛了他的脚趾。

　　　b. 沈家煊(1999a:215)的例子:

───────────────
　　① 本文写作得到方立教授的指导和《语言科学》编辑部的赐教,另外还得到安徽省教育厅项目(2004sk046)与安徽师范大学博士科研基金的资助,特此致谢!文责自负。

　　茅台酒喝醉了他。　　　　一千米跑得我直喘气。

　　青草吃肥了羊儿。　　　　这顿饭吃得我倒了胃口。

　　黄花鱼吃馋了小花猫。　　这篇文章写得我头昏脑胀。

　c. 王玲玲(2000：159-165)的例子：

　　苹果吃坏了肚子。资料看花了眼睛。那件事吓傻了张三。

　　车等急了我。　　　　那瓶酒喝醉了张三。那个梦惊醒了李四。

　d. 袁毓林(2001)的例子：

　　枪声惊醒了孩子。　　　　农活累病了爷爷。

　e. 任　鹰(2001)的例子：

　　（ⅰ）

　　老王喝醉了酒。　　老师讲烦了课。　　大家吃腻了剩菜。

　　酒喝醉了老王。　　课讲烦了老师。　　剩菜吃腻了大家。

　　（ⅱ）

　　*孩子听乐了故事。　*妈妈看哭了小说。　*姐姐洗累了衣服。

　　故事听乐了孩子。　小说看哭了妈妈。　衣服洗累了姐姐。

　f. 其他的例子：

　　这个场面把她看呆了。　　书没有读好，倒把身体读坏了。

　　这粗笨的活儿把她干累了。这篇稿子把我的手都抄酸了。

　　几口酒就把小李喝醉了。　就是这几个馍把我吃渴的。

　　如果这些资料可靠的话，则汉语中的动结式的主语较为自由，可以选择无生论元。任鹰的语料更进一步说明了有时候还非得是无生论元不可，如(2e)中的第二组例子。

　　从跨语言的角度看，作主语的既可以是有生论元，也可以是无生论元，但两者在人们的心目中的地位并不一致，虽然有的时候非得用无生论元不可，但一般来说会优先选择有生论元作主语。所以有的学者(张伯江2001)认为汉语里由及物动词构成的"主—动—宾"式一般不容许非意愿的成分，只有一些"有标记的"句式，如把字句和被字句可以容纳弱施事性成分(缺乏意愿性)，他的例子有：

　(3)a.? 阴雨困住了远道的客人。

　　b. 阴雨把远道的客人困住了。

　(4)a.? 今天这顿饭吃倒了你的胃口。

　　b. 今天这顿饭把你的胃口全吃倒了。

按张伯江的说法,(2)中的例句除"老王喝醉了酒"有可能正确以外,其他的例句都有问题。对于这种存在于张伯江与其他诸位先生之间的语感差异,我们想从语言学的角度做点合理的解释。

2 语言学解释

这里我们不好将张伯江当作理想的"人",也不好将其他学者当作理想的"人"。碰到这种尴尬的事,一般可以有两种策略:一是回避,将某种主张视而不见;二是从某种主张出发,然后分别作出解释。这里还有一个问题,即从哪一种观察出发? 我们想从任鹰等的语料出发。从集合的角度看,张伯江的语料是任鹰语料的子集,因为后者认为主语可以是有意愿的,也可以是无意愿的,而前者只认为有意愿的可以作主语。

在生成句法学中,一般根据题元等级安排论元的句法映射(合并),但各家在题元等级的安排上存在很大的出入,如 Larson(1988)将 Theme 安排在 Goal 之上,而 Grimshaw(1990:8)则正好相反。为一致地解决论元合并的次序,也为了解释论元在句法实现时的数目增减(如"武松喝醉了"与"武松喝醉了酒")和位置倒逆(如"酒喝醉了武松"与"武松喝醉了酒"),熊仲儒(2003:9)提出"功能范畴假设",该假设认为功能范畴不仅激发移位,而且决定合并,包括论元的选择与题元的合并。如果这正确的话,我们可以建立以下的句法结构(无关细节忽略不计):

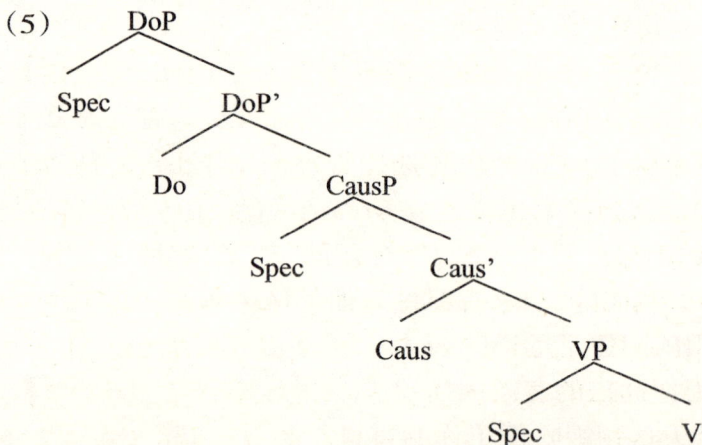

(5)　　　　DoP
　　　　／　　　＼
　　　Spec　　　　DoP'
　　　　　　　　／　　　＼
　　　　　　　Do　　　　CausP
　　　　　　　　　　　／　　　＼
　　　　　　　　　Spec　　　　Caus'
　　　　　　　　　　　　　／　　　＼
　　　　　　　　　　　Caus　　　　VP
　　　　　　　　　　　　　　　／　　＼
　　　　　　　　　　　　　Spec　　　V

句法结构中的 Do、Caus 是功能范畴。在经典的动词嵌套结构(v-

VP)中,一般只引进一个功能范畴v,如[$_{vp}$[v][$_{vp}$…V…]]],但也有些学者由于不同的动因在动词嵌套结构中引进多个功能范畴,如Collins(1997:58)、Ura(2000:233)、邓思颖(2003:59)、熊仲儒(2002,2003)等。Chomsky(1995:315)曾接受Hale & Keyser的建议,认为v-VP构型可以表达外部论元的致使性(causative)或施事性(agentive)。本文接受Chomsky的看法,认为功能范畴Do向其Spec位置的名词短语指派施事性,功能范畴Caus向其Spec位置的成分指派致使性。致使性与施事性是一种相交的概念,换句话说,有的论元既具有致使性又具有施事性。如果这样,我们可以假定这样的论元首先在[Spec,CausP]位置参与合并,然后移到[Spec,DoP];可以想见,有的论元没有致使性,但仍然具有施事性,它就有可能在推导的过程中移位到[Spec,DoP]位置。为了使问题变得直观一点,我们可以借助事件结构来说明这一点:

(6) a.　　　T　　　　　　　　　b.　　　T
　　　A　　　　S　　　　　　　　A　　　　S
　　张三打玻璃　玻璃(打)破了　　老王喝酒　老王(喝)醉了

在(6a)中,"张三"是施事(agent),同时也是致事(causer),因为"玻璃的破"是由张三有意愿的致使造成的。在(6b)中,"老王"是施事,但不是致事,因为"老王"是达成"醉"这种状态的对象;这里的致事是"酒",因为"张三的醉"是由"酒"的致使所造成,它为无意愿的致事。按照Grimshaw(1990:25)的表示方法可分别图示成:

(7)a. 打破　<x,　　<y>>　　　　b.　喝醉　<x,　　<y>>
　　　　施事　客体　　　　　　　　　　施事　客体
　　　　│　　　│
　　　　致事　　…　　　　　　　　　　　致事　　…

Grimshaw(1990:23)提出致事优先充当主语,换成我们的说法是"致事在[Spec,CausP]参与合并",因为Caus要向[Spec,CausP]指派致事,所以可以表示成:

(8)a. [$_{DoP}$ [$_{Do'}$[Do][$_{CausP}$ 张三 [$_{Caus'}$[Caus][$_{VP}$ [玻璃][$_v$打破了]]]]]]
　　b. [$_{DoP}$ [$_{Do'}$[Do][$_{CausP}$ 酒 [$_{Caus'}$[Caus][$_{VP}$ [老王][$_v$喝醉了]]]]]]

如果不考虑以后的推导,致事正如Grimshaw所言优先充当主语,都位于[Spec,CausP]位置。因为(8a)中的"张三"、(8b)中的"老王"同时又是施事,如果我们选择了Do这样的功能范畴的话,这些符合特征要求的成分就有可能移到[Spec，DoP]位置以核查 Do 的 EPP 特征要求：

（9）a. [DoP 张三 [Do' [Do 打破了] [CausP t张三 [Caus' [Caus t打破了] [VP [玻璃] [v t打破了]]]]]]

b. [DoP 老王 [Do' [Do 喝醉了] [CausP 酒 [Caus' [Caus t喝醉了] [VP [t老王] [v t喝醉了]]]]]]

分别生成：

（10）a. 张三打破了玻璃

b. 老王喝醉了酒

如果仔细地比较两句的生成过程，我们会发现一种名词短语（"张三"）移位较短，另一种名词短语（"老王"）移位较长，这在句法行为上的表现是后者的生成是受限制的，所以任鹰认为"姐姐洗累了衣服"不合法。应该说，从句法上生成"姐姐洗累了衣服"是没有问题的，我们之所以没有生成，是因为"姐姐洗累了衣服"中"姐姐"要长距离移位。李小荣（1994）指出，"在某些特殊的句法环境下可以带宾语"，她给出的例句是：

（11）你们背累了外语，休息时可以做几道化学题。

我们能否这样生成"酒喝醉了老王"呢？

（12）*[DoP 酒 [Do' [Do 喝醉了] [CausP 酒 [Caus' [Caus 喝醉了] [VP [老王] [v 喝醉了]]]]]]

答曰：不可。"酒"没有施事性特征，跟 Do 的特征不匹配，所以不可以移位到[Spec，DoP]的位置。这样也就排除了生成"*玻璃打破了张三"的可能性：

（13）*[DoP 玻璃 [Do' [Do 打破了] [CausP 张三 [Caus' [Caus t打破了] [VP [t玻璃] [v t打破了]]]]]]

如何生成"酒喝醉了老王"呢？ 从理论上讲，有两种可能性：

（14）a. [DoP 老王 [Do' [Do 喝醉了] [CausP 酒 [Caus' [Caus 喝醉了] [VP [老王] [V 喝醉了]]]]]]

b. [CausP 酒 [Caus' [Caus 喝醉了] [VP [老王] [v t喝醉了]]]]

（14a）采用隐性移位（covert movement），（14b）采用不选 Do 的方式。两种生成方式，哪个更好，可以讨论，我们在这里接受 Fukui & Takano（2000）的建议，他们说：只有当必要的时候，功能范畴才会出现在结构中。这样处理符合经济性要求。如果我们将(14b)同(9b)进行比较的话,我们就会发现前者生成路线短,所以前者出现的可能性较大,虽然前者的主语为无生名词短语;即使我们拿(14a)同(9b)进行比较,也会得出相同的结论,因为前者是隐性移位,而后者为显性移位,根据Chomsky(1995)的观点,隐性移位更经济。

如果我们的理论正确的话,任鹰等的语感可以这样解释:移位费力,最好别移。这样一来,动词往往就只扩展到CausP,即使是扩展到DoP,也是采用隐性移位。这是较符合最简方案的主张的,即合并优先于移位(MOM)。

我们现在看看张伯江的语感,他认为汉语里由及物动词构成的"主动宾"式一般不容许非意愿的成分作主语,只有一些"有标记的"句式,如把字句和被字句可以容纳弱施事性成分(缺乏意愿性)。如果我们的理论正确的话,张伯江的语感可以这样表达:动词要是移位的话,就必须移到Do位置,否则不移位;不移位时功能范畴由其语音形式填充,如"把"。可以表示成:

(15)a.主动宾句:[DoP [Do' [Do][CausP NP [Caus' [Caus][VP [NP][V]]]]]

b.把字句:[CausP NP [Caus' [Caus 把][VP [NP][V]]]]

因为动词要移位到Do,就必须有名词短语移位到[Spec,DoP]以核查(check)Do的EPP特征,而只有施事性特征的名词短语才有资格移位,否则跟Do的特征不匹配(Do要指派施事性特征)。如果动词不移位呢?则会造成Caus位置的空缺,为了满足Caus的音韵上的需求,我们要在该位置插入"把"(这种构型会不会扩展到DoP呢? 按Fukui & Takano的经济性主张是可以不必的,如果要扩展到DoP,可假定施事性名词短语隐性移位到[Spec,DoP]):

(16)[DoP NP [Do' Do][CausP NP [Caus' [Caus 把][VP [NP][V]]]]]

因为在[Spec,CausP]位置合并的成分可以是施事性的,即"有意愿的致事",如(8a),也可以是非施事性的,即"无意愿的致事",如(8b)。而[Spec,DoP]只能是施事性的,所以结果是:

(17) 把字句   主动宾句

弱施动性   强施动性

该图示引自张伯江(2001),但略有改动。这里的弱施动性可能就是他的弱施事性,即非意愿性;强施动性,即有意愿性。

动词不移位,在 Caus 的位置插入"把"好解释,因为功能范畴有音韵上的要求,如果不插入"把"又不移进动词,它后面的名词短语要么重读,要么移走:

(18)张三 '书   看完了。

   书   张三   看完了。

所以沈家煊(1999a:216)认为 AOV 中的 O 一定有对比性。为什么动词要移位,就要一直移到 Do 呢? 因为 Do 作为功能范畴,也有音韵上的需求,它吸引着动词移位。这样回答可能就有人要问,为什么(14a)中的 Do 没有音韵上的要求呢? 不同的语感就像不同的语言存在差异一样,像英语与法语,英语中的动词可以不必移位到 T,而法语中的动词必须移位到 T,Chomsky(1995)的处理是法语的 T 的形式特征(FF)强些,英语的 T 的形式特征弱些:

(19)法语   英语

   Je mange souvent des pommes.   *I eat often apples.(词序相同)

   *Je souvent mange des pommes.   I often eat apples.(词序相同)

所以如果都扩展到 DoP 的话,可以认为张伯江的 Do 的形式特征强些,而任鹰等其他学者的 Do 的形式特征弱些。这种差异就像法语同英语在 T 上的差异一样。另外还有一种词汇上的解释,可以认为任鹰等学者符合 Fukui & Takano 等的主张,不必要的功能范畴可以不选,如 Do,所以(9a)可以重新表示成:

(20)a. [$_{DoP}$ 张三[$_{Do'}$ [$_{Do}$ 打破了][$_{CausP}$ 张三[$_{Caus'}$ [$_{Caus}$ 打破了][$_{VP}$ [玻璃][$_V$ t$_{打破}$了]]]]]]

   b. [$_{CausP}$ 张三[$_{Caus'}$ [$_{Caus}$ 打破了][$_{VP}$ [玻璃][$_V$ t$_{打破了}$]]]]]

前者由于 Do 的形式特征或音韵要求不强,所以动词发生隐性移位;后者是只选择必要的功能范畴。前者有一些理论上的方便,如解释歧义。张伯江的语感可以解释成 Caus 有语音形式,则到此为止,否则一定要选 Do。这跟语言变异一样,不同的语言,其词项扩展的方式不同,如英语同汉语在制作义动词上的不同:

(21)Sally baked her sister a cake.(Goldberg 1995:141)

   *妹妹烤了姐姐一个蛋糕。

即使是在汉语内部,不同的方言或不同的个人,其心理词典(词汇核心由多少个功能范畴进行扩展)也会有所不同:

(22) a.*我沏给他一杯茶。(朱德熙 1980:157)

　　b. 每一回他都给我沏杯红茶,这一回他沏给我一杯龙井。(沈家煊 1999b)

　　c. 常熟话:我炒拨你一盘菜。(傅雨贤等 1997:64)

　　d. 大理话:我刻给他块图章。(丁崇明 1992)

学者们的语感差异在于扩展的功能范畴的数目的差异呢? 还是功能范畴的形式特征的差异呢? 这里不作结论。

3　歧义分析

一种理论有没有解释力,就看它能不能非常简洁地解释母语说话者的语感。歧义现象是最好的检验手段。我们以朱德熙(1982)的例子来说明,他认为"这孩子追得我直喘气"可以有三种不同的理解:

(23) a. 我追孩子,我喘气。

　　b. 孩子追我,我喘气。

　　c. 孩子追我,孩子喘气。

可以解释成(24)(无关细节忽略不计):

(24)

	Do		Caus		V-得	
a	我	追得	这孩子	追得	我$_i$	追得	Pro$_i$直喘气
b	这孩子	追得	这孩子	追得	我$_i$	追得	Pro$_i$直喘气
c	这孩子	追得	我	追得	这孩子$_i$	追得	Pro$_i$直喘气

(24a)中"这孩子"做致事,但它是无意愿的(有人可能表示怀疑,说"这孩子"是人,怎会无意愿呢? 张伯江(2001)说得好,一个成分是否具有意愿性,多数情况下确实跟那个词语自身的生命度有关——无生命的肯定是没有意愿性的,但高生命度的却未必总是具有意愿性),在"追"这个活动中,它为"被追者","我"为"追者",所以后者可以隐性的移位到[Spec, DoP];根据 Huang(1992)的最短距离原则,"我"为Pro 的控制者,所以表示"我追孩子,我喘气"。这跟任鹰等的"酒喝醉了老王"相似,"老王喝酒,老王醉了",可参看(14a)。

（24b）中"这孩子"做致事，为有意愿的致事，或显性或隐性的移位到[Spec，DoP]位置，所以可以表示"孩子追我，我喘气"。这跟"张三打破了玻璃"相似，"张三打玻璃，玻璃破了"，可参见（9a）。

（24c）中的"我"为致事，跟（24a）中的"这孩子"相同，都是无意愿的致事。所以"这孩子"为"追"的施事，必须显性的移位到[Spec，DoP]，表示"孩子追我，孩子喘气"。这跟"老王喝醉了酒"相似，"老王喝酒，老王醉了"，可参看（9b）。

要求动词必须移到 Do 的人，应该将（23a）义排除；不倾向长距离移位的人，可能会将（23c）义排除。排除（23c）的，确实有文献证据。Y.Li（1998：297）就认为相同格式的句子只有两种歧义：

（25）友友追得滔滔抬不动腿了。

　　a. 滔滔追友友，滔滔抬不动腿。

　　b. 友友追滔滔，滔滔抬不动腿。

　　c. *友友追滔滔，友友抬不动腿。

这是不是 Y.Li 的语感，我们不知道，但我们相信是。他的解释是：

（26）友友追得滔滔$_i$[CP　pro$_i$抬不动腿]

根据 Huang（1992）的 MDP 原则，只有"滔滔"可以做 pro 的控制语。他认为这种语感正好印证了 Huang（1992）的理论，其实朱德熙的语感判断也并不违反 Huang 的理论。做理论语言学不能随便怀疑母语说话者的语感判断，每一种判断都是有价值的，如果这是 Y. Li 的语感判断而不是理论判断的话，是不难作出解释的，（24b）与（24c）的不同在于后者长距离移位，有名词短语（这孩子）跨越其他名词短语（我）进行移位；而前者短距离移位，没有跨越性移位，所以后者在理解上稍微难一点。由此看来，（24）的语感差异可能有以下几种：

（27）

歧义解释	a	b	c
对应例句	？阴雨困住了远道的客人 酒喝醉了老王	张三打破了玻璃	*妹妹洗累了衣服 老王喝醉了酒
语感解释	动词能否只移到 Caus	核心移位	NP能否长距离移位

但是奇怪的是同一个说话人（Y.Li 1993）却认为下句有三种歧义：

（28）友友追累了滔滔。

    a. 滔滔追友友，滔滔累了。

    b. 友友追滔滔，滔滔累了。

    c. 友友追滔滔，友友累了。

		Do		Caus		V		
a	滔滔	追累了	友友	追累了	滔滔$_i$	追累	Pro$_i$累	追累
b	友友	追累了	友友	追累子	滔滔$_i$	追累	Pro$_i$累	追累
c	友友	追累了	滔滔	追累子	友友$_i$	追累	Pro$_i$累	追累

对同一个人有两种不同的语感判断，语言学是做不出解释的。如果 Y.Li（1998）是一种理论判断的话[①]，（25）倒好解释。根据 MDP，得：

（29）a. [$_{CP}$[ ][$_{C'}$[$_C$][滔滔追得友友$_i$[$_{CP}$ pro$_i$抬不动腿]]]]

    b. [$_{CP}$[友友$_i$][$_{C'}$[$_C$ 追得][滔滔追得友友$_i$[$_{CP}$ pro$_i$抬不动腿]]]]

要生成"友友追得滔滔抬不动腿了"，"追得"必须移位到 C，"友友"移位到[Spec, CP]，如（29b）所示，让汉语动词移位到 C 会造成很多问题，所以 Li 没有让动词移位 C。至于（28），根据 Li（1993），汉语主动词是动结式的核心，在该复合词中，必须保留主动词"追"的题元信息，即

---

    ① 我的一些朋友也不承认（23c）的存在，他们没有生成语言学背景，所以这纯粹是语感判断。从 GB 而言，（24c）是生成不了的或者是很难生成的，除非让动词移位到 C 位置，如（29b）。但这样解释不了朱德熙的语感，也解释不了"老王喝醉了酒"，也难以从句法的角度解释 Y.Li 的（28c）。所以我们设置 Do 这样一个功能范畴，让它激发移位，这样做的好处很多：一方面可以简单的解释朱德熙、任鹰的语感，也可以解释我的朋友及 Y.Li 的语感，后者只要加个限制，即汉语不倾向长距离移位，这样一来，又正好解释了任鹰的"*姐姐洗累了衣服"；另一方面也可以解释日本语中的动结式（我们追求一种共性探索）：

    John-ga Mary-o karakai-akiru-ta.

    John-NOM Mary-ACC tease-bored-PAST

    'John 逗 Mary，其结果是 John 烦了。'

    其生成过程可以表示成（无关细节忽略不计）：

    [$_{DoP}$ [$_{Do'}$[Do $_{CausP}$ Mary-o [$_{Caus'}$[Caus [$_{VP}$ [$_{NP}$ John-ga][$_V$ karakai-akiru-ta]]]]]]

    [$_{DoP}$ John-ga [$_{Do'}$[Do][$_{CausP}$ Mary-o [$_{Caus'}$[Caus [$_{VP}$ [$_{NP}$ John-ga][$_V$ karakai-akiru-ta]]]]]]

    这个句子同"老王喝醉了酒"（老王喝酒，结果老王醉了）是非常相似的，都是主语达成某种状态，所以它们最先同动结式合并，然后在 Do 的激发下移位。为方便比较，请看：

    [$_{DoP}$ [$_{Do'}$[Do][$_{CausP}$ 酒 [$_{Caus'}$[Caus [$_{VP}$ [$_{NP}$ 老王][$_V$ 喝醉了]]]]]]

    [$_{DoP}$ 老王 [$_{Do'}$[Do 喝醉了][$_{CausP}$ 酒 [$_{Caus'}$[Caus 喝醉子][$_{VP}$ [$_{NP}$ 老王][$_V$ 喝醉子]]]]]]

    差别在于一个动词不移位，一个动词移位。我们也可以假设日语动词移位，像熊仲儒（2002）那样。最近读宋文辉（2003）的博士论文，发现有个很好的例子能证明（23c）与（28c）的存在：

    张三追累了李四，停下来歇歇。

    他的解释是："因为'张三'作为主语对后继话题的控制能力比宾语强，'停下来歇歇'的肯定是'张三'，所以才会判断出'累'的是[张三]'。"

"友友追滔滔",然后"累"的题元角色跟"跑"的某个题元角色进行等同操作(identify),所以(28b)、(28c)义是必有的。至于(28a)义的产生他认为是由致使层的扭曲造成的。(28)在Li的理论中是不必遵守最短距离原则的,因为动结式被他处理成了复合词,最短距离原则是句法的,对复合词没有影响。需指出的是,我们的处理并不违反最短距离原则。

为什么这种句式有三种歧义呢?这跟名词短语有关,它们都可以作为活动的执行者,且都可以使另一个参与者达成某种状态或是自身达成某种状态,如(23),既可以"孩子追我",又可以"我追孩子";"孩子追我"的时候,既可以使"孩子喘气",又可以使"我喘气","我追孩子"的时候,结果也相同。如果换成"孩子打破了玻璃",就不存在歧义了,因为活动的执行者只能是"孩子",达成"破"这种结果状态的也只能是"玻璃"。一个句子潜在着多种歧义的时候,说话人会不会选用呢?我不知道,但我相信朱德熙既然举了(23)这样的例子,那总该是有人说的吧。语言结构的有限,总会造成一些歧义,如果因为它的歧义,而否认其存在,是不尊重语言事实的。即使将"这孩子追得我直喘气"换成重动句"这孩子追我追得直喘气"还是有歧义的,范晓(1996:245)说:"当S和O为同类事物且R指向S时,一般不用复动'V得'句表达,因为易引起歧义,除非借助于特定的语境。"没有无语境的话语,话语总在语境中进行,看来歧义句是可以使用的,既然"这孩子追我追得直喘气"能在特定的语境中说,大概"这孩子追得我直喘气"在特定的语境中也能说。

4 结 语

母语说话者的语感差异是客观存在的,就像不同的语言之间可以存在差异一样。但无论是跨语言的差异还是个人间的差异都不会超出语言的允准范围。差异是由功能范畴所决定的,一方面可能是扩展的功能范畴的数目不同,另一方面可能是功能范畴的形式特征的强弱不同或者说音韵要求不同,这些都是由词库或心理词典所决定的。

如果要求主语为有意愿的施动者,则必须扩展到DoP;如果只要求主语为致事而不管它是有意愿还是无意愿的,则可以只扩展到CausP。这一点像日语跟汉语在动结式生成上所表现的差异一样,日语必须扩展到 DoP(日语跟汉语不同的是,其活动激发者常是状态的承受者,如:"John-ga Mary-o karakai-akiru-ta"表示"John 逗 Mary,其结果是 John 烦了"),而汉语(根据朱德熙等语感)可以只扩展到 CausP,关于这方面的研究可参看熊仲儒(2002)。

如果要求主语为有意愿的施动者,则认为他的 Do 的形式特征特强;要求主语为无意愿的施动者,则认为他的 Do 的形式特征较弱。这有点像英语跟法语在 T 的形式特征上表现的差异一样,可参看 Chomsky(1995)。

一种语言内部的说话者的语感差异是否真的如两种语言之间的差别那么大呢? 这只有靠贡献语料的研究者本人来回答了,我们只能从他们所提供的语料进行制约条件的设定。

主要参考文献:

[1] CHOMSKY N.1995. The minimalist program[M]. Cambridge, MA.: The MIT Press.

[2] COLLINS C.1997. Local economy[M]. Cambridge. MA.: The MIT Press.

[3] FUKUI N, TAKANO Y. 2000. Nominal structure, an extension of the symmetry principle[M]//SVENONIUS P. The derivation of VO and OV. Amsterdam, Philadelphia: John Benjamins Publishing Company.

[4] GOLDBERG A. 1995. Constructions[M]. Chicago: The University of Chicago Press.

[5] GRIMSHAW J. 1990. Argument structure [M]. Cambridge, MA.: The MIT Press.

[6] URA H. 2000. Checking theory and grammatic functions in universal grammar[M].Oxford: Oxford University Press.

[7] HUANG C-T. 1992. Complex predicate in control[M]//HIGGINBOTHAM J, LARSON R. Control and grammar.Dordrecht: Kluwer Academic Publishers.

[8] LEVIN B, RAPPAPORT M.1995. Unaccusativity: at the syntax-lexical semantics interface[M]. Cambridge. MA.: The MIT Press.

[9] LI Y-H. 1990. On V-V Compounds in Chinese[J]. Natural language and linguistic theory,（8）: 177-207.

[10] LI Y-H. 1993. Structural head and aspectuality[J]. Language, 69: 480-504.

[11] LI Y-H. 1998. Chinese resultative constructions and the uniformity of theta assignment hypothesis[M]//PACKARD J. New approaches to Chinese word formation. Berlin: Mouton de Gruyter.

[12] 邓思颖. 2003. 汉语方言语法的参数理论[M]. 北京：北京大学出版社.

[13] 范晓. 1996. 三个平面的语法观[M]. 北京：北京语言文化大学出版社.

[14] 傅雨贤,周小兵,李炜,等. 1997. 现代汉语介词研究[M]. 广州：中山大学出版社.

[15] 李小荣. 1994. 对动结式带宾语的功能考察[J]. 汉语学习,（5）: 32–38.

[16] 任鹰. 1999. 几种主要的非受事宾语句及其相关的语法问题[D]. 中国社会科学院.

[17] 任鹰. 2001. 主宾可换位动结式述语结构分析[J]. 中国语文,（4）: 320–328.

[18] 沈家煊. 1999a. 不对称和标记论[M]. 南昌：江西教育出版社.

[19] 沈家煊. 1999b. "在"字句与"给"字句[D]. 中国语文,（2）: 94–102.

[20] 宋文辉. 2003. 现代汉语动结式配价的认知研究[D]. 中国社会科学院.

[21] 王玲玲. 2000. 汉语动结结构句法与语义研究[D]. 香港理工大学.

[22] 熊仲儒. 2002. 自然语言的词序[J]. 现代外语,（4）: 372–386.

[23] 熊仲儒. 2003. 现代汉语中的致使句式[D]. 北京语言大学.

[24] 徐枢. 1985. 宾语和补语[M]. 哈尔滨：黑龙江人民出版社.

[25] 袁毓林. 2001. 述结式配价的控制——还原分析[J]. 中国语文,（5）: 399–410.

[26] 张伯江. 1999. 现代汉语的双及物结构式[J]. 中国语文,（3）: 175–184.

[27] 张伯江. 2000. 把字句的句式语义[J]. 语言研究,（1）: 28–40.

[28] 张伯江. 2001. 被字句与把字句的对称与不对称[J]. 中国语文,

（6）：519–524.

[29] 张伯江. 2002. 施事角色的语用属性[J]. 中国语文,（6）:483–494.

[30] 朱德熙. 1980. 现代汉语语法研究[M]. 北京:商务印书馆.

[31] 朱德熙. 1982. 语法讲义[M]. 北京:商务印书馆.

（原载《语言科学》2004年第3期）

领属性致使句的句法分析①

汉语学界有个经典的例句"王冕死了父亲",最近有很多学者都对它展开了讨论。讨论的焦点是"王冕"能不能充当"死"的论元。之所以讨论这个问题,是因为"王冕"在"王冕死了父亲"中跟"死"没有显而易见的语义关系,即"死的"是"王冕的父亲"而不是"王冕"。生成语法从组合的层次性出发认为不是所有的论元都必须跟动词发生关联,现在该学派的主流看法是外部论元是由扩展动词的轻动词引进的。在汉语中,主语跟动词没有直接语义关系而跟宾语有直接语义关系的句式很多,除了包含非受格动词的"王冕死了父亲"外,还有包含动结式的"张三晒红了脸"与包含状态补语的"张三晒得脸儿通红"等,其中主语与宾语都有领属关系,主语是领属性成分。本文将根据生成语法探讨这样的领属性成分是如何作为论元引进句法结构的,并解释相关的句法行为。

1 以前的分析

在汉语中,领属性主语有两种情况:一是大小主语之间有领属关系;二是主宾语之间有领属关系。如:

(1)a. 王冕,父亲死了。

b. 王冕死了父亲。

(1a)常分析作主谓谓语句,大小主语有领属关系,可称为领属性主谓谓语句;(1b)常分析作领主属宾句,本文称之为领属性致使句。对领属性致使句,汉语生成语法界大致有两种分析法:一是动词配价法,二是轻动词与动词复合配价法。动词配价法认为领属性致使句中

① 基金项目:教育部人文社科项目"英汉名词短语的对比研究"(12YJA740082)。

动词为非受格动词,轻动词与动词复合配价法认为除了其中的非受格动词配价以外,扩展它的轻动词也能配价。

1.1 动词配价法

学界一般将不及物动词分为非作格动词(unergative)与非受格动词(unaccusative)。这两类不及物动词有一些差异。语义上,非作格动词的论元是活动的激发者,即施事,非受格动词的论元是活动的承受者,即出现位置或状态上的变化,是受事。句法上,两者都只带有一个论元,非作格动词的这一唯一论元只能作主语,而非受格动词的这一唯一论元通常做主语,也能作宾语(出现在动词之后)。如:

(2)a. 病人咳嗽了。　　　　 *咳嗽了病人。

　 b. 孩子哭了。　　　　　 *哭了孩子。

(3)a. 一条狗死了。　　　　 死了一条狗。

　 b. 一艘船沉了。　　　　 沉了一艘船。

所以通常认为(2)中的动词为非作格动词,(3)中的动词为非受格动词。这两种动词的差别在生成语法中可表述为论元的不同,非作格动词的论元为外部论元,非受格动词的论元为内部论元。所以,"孩子哭了"与"狗死了"虽然都采用NP-V形式,但涉及不同的操作,前者的NP在主语位置基础生成,后者的NP则由宾语提升到主语位置。如:

(4)a. 孩子哭了。

　 b. 狗$_i$死了 t$_i$。

(4b)中NP提升的动因是格,非受格动词不能向内部论元指派结构格,而名词短语必须获得某种赋格才能满足"格过滤式"(Case Filter)的要求,所以它移到能够获得格的主语位置。

徐杰、Gu与潘海华、韩景泉的分析就是基于非受格动词,他们都认为领属性致使句中动词为非受格动词,差别在于领属性成分的基础位置。徐杰与Gu都认为领属性成分是领属短语的一部分,经领属者提升到达主语位置,潘海华、韩景泉认为领属性成分是基础生成的话题。

(5)a. [$_{TP}$王冕$_i$[$_{VP}$死了[t$_i$父亲]]]

　 b. [$_{CP}$王冕$_i$ [$_{TP}$ t$_i$[VP死了 t$_i$]父亲$_i$]]

徐杰、Gu的领属者提升分析有很多问题,可参见朱行帆、潘海华、韩景泉与沈家煊等。潘海华、韩景泉的分析也存在问题,因为基础生成的话题不能关系化。尽管 Kayne 的做法是将关系化和话题化等同处理,但 Li 发现汉语中关系化跟话题化并非完全一致:有的能够关系化,但不能话题化,如(6);有的能够话题化,但不能关系化,如(7):

(6)a. 他修好那部车的方法　　　*那个方法,他修好那部车。

　　b. 他修车的原因　　　　　　*那个原因,他修车。

(7)a. 鱼,我喜欢吃鲜鱼。　　　*我喜欢吃鲜鱼的鱼。

　　b. 书,我喜欢读红楼梦。　　*我喜欢读红楼梦的书。

熊仲儒认为关系化是 n 扩展 TP 推导而来的,且基础生成的话题不能关系化。而领属性致使句中的主语可以关系化。如:

(8)a. 王冕死了父亲。

　　　死了父亲的王冕

　　b. 张忠老汉死了小三子。

　　　原来这就是第一次敌人来时,死了三小子的张忠老汉。

　　c. 小孙子死了亲娘。

　　　农会主席李崇义的七十多岁的老妈妈,白发苍苍,抱着她那
　　　两年前死了亲娘的小孙子,被匪徒们一甩一个跟头,跪着,
　　　爬着,一跌一撞地被赶来。

基于领属性致使句中主语可以关系化的事实,我们认为这个主语不是基础生成的话题,而是 TP 内部的成分。

1.2　轻动词与动词复合配价法

朱行帆假设"王冕死了父亲"的主语位置上的"王冕"不是移位生成的,而是在底层结构时就在主语位置上生成。如:

(9)…[vp[王冕][v′[v EXP][vp[NP父亲][v死]]]]

他认为,在"王冕死了父亲"中,事件谓词"EXP(ERIENCE)"语义选择经历者"王冕"和事件"父亲死了"作为它的论元,并通过语类选择一个 NP 和一个 VP 来实现它的语义选择。在(9)中,事件谓词"EXP"向作指示语的"王冕"指派"经历者"题元角色,"死"向它的指示语"父亲"指派一个"受事(Theme)"题元角色。最后,"死"上移到事件谓词的位置并和它合并,生成"王冕死了父亲",他认为该结构可以表现"王冕经历了父亲去世这件事"的语义特征。

本文认为朱行帆的技术路线是对的,问题在于它对语义的依赖。此外,该句式中扩展动词的轻动词可能并非EXP而是其他成分,动词也没有选择论元。沈家煊曾对朱行帆的EXP提出质疑,他说"王冕经历了母亲改嫁这件事"并不能说成"王冕改嫁了母亲"。

2 我们的分析

2.1 功能范畴假设

Chomsky、Marantz等认为内部论元由动词进行直接题元指派,而外部论元则需要整个动词短语进行题元指派,即只能由动词间接题元指派,他们的经验证据是:

(10)a. John threw a ball.

b. John threw a fit.

(11)a. John broke the window.

b. John broke his arm.

(10)中的动词尽管相同,但主语的题元角色并不相同,(10a)是施事,(10b)是经历者。(11)也是如此。后来,Kratze与Chomsky认为外部论元是由别的成分如语态范畴Voice或轻动词v引进的并由该成分指派题元角色的。朱行帆的研究就是采用该技术路线的。随着研究的发展,Lin发现汉语中不仅主语表现出非选择性,宾语也表现出非选择性。如:

(12)a. 写这支笔　　切这把刀　　垫这本书　　喝那个杯子

b. 睡火车站　　吃饭馆　　　打室内　　　读MIT

c. 睡上午　　　飞半夜　　　打下午　　　做晚上

d. 哭国破家亡　吃头痛　　　玩趣味　　　气这个荒谬的结局

基于此,Lin认为除了外部论元,部分额外的内部论元也是由轻动词引进的。为限制中动词固有内部论元的出现,Lin提出多种限制。熊仲儒则认为所有的论元都是由功能范畴引进的,为此他提出功能范畴假设,即功能范畴不仅激发移位而且决定合并,包括论元的选择与题元的指派。

功能范畴假设的实质,在我们看来,就是让功能范畴而不是动词或动词与轻动词决定动词的论元。在早先理论中,动词有论元结构,它在句法投射中将自身的论元结构投射到句法结构中去;目前的理论则是选词到词汇集(Numeration)中,然后进行外部合并产生句法体。在新理论中,动词在词库中带有论元结构的理论被削弱了,甚至可以被取消。所以 Chomsky 提出"让外部合并产生广义的论元结构"的新构想,Pylkkänen、Ramchand 等的相关研究就是对这种观念的回应,前者认为动词只决定直接内部论元,后者则取消了词在词库中的论元结构。功能范畴假设跟 Ramchand 的假设类似,也符合 Chomsky 关于"让外部合并产生广义的论元结构"的新构想。比如说:

(13)a. 张三吃坏了肚子。　　　　李四看花了眼睛。

　　　b. 这首歌唱烦了张三。　　　那瓶酒喝醉了张三。

(13a)中动词的固有内部论元没有出现,(13b)中动词的固有内部论元实现在主语位置,而动词的外部论元却实现为宾语。论元之所以如此实现,从功能范畴假设来看,就是由功能范畴造成的,(13)是致使句,其中动词受达成范畴 Bec 与致使范畴 Caus 等扩展。如:

(14)a. $[_{CausP}[张三][_{Caus'}[_{Caus}][_{BecP}[肚子_i][_{Bec'}[_{Bec}][_{VP}[_{Proi}坏][_{v}吃]]]]]]$

　　　b. $[_{CausP}[这首歌][_{Caus'}[_{Caus}][_{BecP}[张三_i][_{Bec'}[_{Bec}][_{VP}[_{Proi}烦][_{v}唱]]]]]]$

(14a)中达成范畴 Bec 没有选择动词的受事参与者作役事,(14b)中达成范畴 Bec 选择了动词的施事论元作役事,致使范畴 Caus 选择了动词的受事论元作致事。

说动词受致使范畴扩展的证据是其语音形式,致使范畴可以实现为"把"。如:

(15)a. 张三把肚子吃坏了。　　　　李四把眼睛看花了。

　　　b. 这首歌把张三唱烦了。　　　那瓶酒把张三喝醉了。

因为"把"是致使范畴的语音实现,所以很多学者认为"把"字句有致使义,如宋玉柱、薛凤生、张伯江等,熊仲儒、叶向阳等进一步认为所有的把字句都有致使义。致使范畴在不实现为"把"时可吸引核心移位,(13)就是在(14)的基础上核心移位生成的,也就是说(13)与(15)一样都含有致使范畴,也就是都有致使义。蒋绍愚也有类似的语义直觉,他认为"把花姑娘急疯了"和"急疯了花姑娘"都表示致使,但他将致使归结为动结式的性质可能不太合适。非动结式也有致使义,吕叔湘曾说,"'把手绢儿哭湿',并不是哭手绢儿,只是使手绢儿因哭而湿",还有,"'把邓九公乐的拍手打掌'即可等于'邓九公乐的拍手打掌',用一种不正规的说法,这个把字只有'使'或'叫'的意义,倘若不是完全没有意义"。从吕叔湘的表述来看,动结式("哭湿")有致使义,状态性动补结构("乐的拍手打掌")也有致使义。我们认为致使义来自致使范畴,也就是说如果没有致使范畴的扩展,即使是动结式或是状态性动补结构也不会有致使义,所以吕叔湘说:"取消动词的致动(注:吕译'causative')义,把宾语改成主语(等于在原句里取消把字),那是每一句都能办到的:'邓九公乐的拍手打掌','老婆子心疼的只念佛'。""花姑娘急疯了"也是如此,也没有致使义。

说动词受达成范畴扩展的证据也是其语音形式,达成范畴可以实现为"得"。王力将"得"分为三种:递系句的动词词尾、紧缩句的动词词尾与能愿式中的动词词尾,他指出:"这三种性质的动词词尾'得'字是同一来源的,就是由原来的'获得'意义转化为'达成',由'达成'的意义更进一步的虚化,而成为动词的词尾。"我们认为状态性动补结构中的"得"就是达成范畴的语音实现。如:

(16) [$_\text{CausP}$[十三妹的话][$_\text{Caus'}$ [$_\text{Caus}$][$_\text{BecP}$邓九公 $_i$][$_\text{Bec'}$[$_\text{Bec}$–得][$_\text{VP}$[$_\text{Proi}$拍手打掌][$_\text{V}$乐]]]]]]

达成范畴实现做"得"与否,跟补语有关:补语为子句(clause)时,达成范畴实现为"得";补语为小句(small clause)时,达成范畴为零形式。

2.2 具体分析

领属性致使句有三种形式:其一是谓语中心为所谓的非受格动词,其二为结果性动补结构,其三为状态性动补结构。这三种形式都可以有相应的把字句形式。如:

(17)a. 他死了大嫂。　　　　　　没想到,把个大嫂死了。

　　b. 他折了腿。　　　　　　　他把个腿折了。

　　c. 他断了腿。　　　　　　　他把个腿断了。

　　d. 他瞎了眼睛。　　　　　　他把眼睛瞎了。

(18)a. 张三晒红了脸儿。　　　　张三把脸儿晒红了。

　　b. 李四冻僵了手儿。　　　　李四把手儿冻僵了。

(19)a. 张三晒得脸儿通红。　　　张三把脸儿晒得通红。

b. 李四冻得手儿僵硬。　　　　李四把手儿冻得僵硬。

（17）是徐杰之后学界反复讨论的领主属宾句，（18）是 Gu 讨论的对象，其技术路线跟徐杰相同。如果（18）是领主属宾句，则（19）也是领主属宾句。

这三种句式应该有统一的解释。（18–19）含有补语结构，并且有把字句，相对容易解释。（17）只有一个非受格动词，其把字句形式在相关的研究中很少提及，而实际上它是有把字句的，（17）中的把字句就是从文献中摘抄下来的。此外，一些著名的文献中也有相关例句：

（20）a. 他把个娘们儿死了。

　　　b. 把老伴儿死了。

　　　c. 张三把个爸爸死了。

赵元任用（20a）证明"他从小儿就死了父亲"中的"父亲"为宾语。我们以"死"与"瞎"为例也检索到类似语句：

（21）a. 她不是不能多给方先生几块，而是不肯，一来为怕自己落个冤大头的名儿，二来怕给方先生惹祸。连这么着，刚教了几个月的书，还把太太死了呢。不过，方先生到底是可怜的。

　　　b. 又想梦中光景，无倚无靠，再真把宝玉死了，那可怎么样好？

　　　c. 她把个丈夫死了，可是不久又嫁了个丈夫。

　　　d. 贾老儿既把个大儿子死了，这二儿子便成了个宝贝。

（22）a. 你看，好端端一个阿岚，怎么就得了个绝症，还把眼睛瞎了呢？

　　　b. 康生：现在这样处理也可以。李亚仙把眼睛瞎了，有忧虑。

　　　c. 张厚仁：唉！（打头）算我把眼睛瞎了。支书，我要求组织给我处理。

把字句形式对了解该句式的生成有着非常重要的作用。按照目前的研究，"把"的语音实现，这说明这类句式中的动词受致使范畴扩展，而致使范畴又常常扩展达成范畴，所以这三类句式可指派以下结构：

（23）[$_{CausP}$[致事][$_{Caus}$·[$_{Caus}$][$_{BecP}$役事$_i$][$_{Bec}$·[$_{Bec}$　　][$_{VP}$[$_{Proi}$结果][$_v$动词]]]]]]

　　a. [$_{CausP}$[王冕$_j$][$_{Caus}$·[$_{Caus}$][$_{BecP}$[$_{Proj}$父亲$_i$][$_{Bec}$·[$_{Bec}$　　][$_{VP}$　　[$_v$死]]]]]]

　　b. [$_{CausP}$[张三$_j$][$_{Caus}$·[$_{Caus}$][$_{BecP}$[$_{Proj}$眼睛$_i$][$_{Bec}$·[$_{Bec}$　　][$_{VP}$[$_{Proi}$红][$_v$晒]]]]]]

c. [$_{CausP}$[张三$_{ji}$[$_{Caus'}$[$_{Caus}$][$_{BecP}$[$_{Proj}$眼睛$_i$][$_{Bec'}$[$_{Bec}$－得][$_{VP}$[$_{Proi}$通红][$_v$晒]]]]]]

(23a)中结果论元没有或者说被隐含,(23b)与(23c)都有结果论元,差别在于前者的达成范畴没有语音形式,而后者的达成范畴可语音实现为"得"。通过核心移位,可以分别得到(17–19)中的非把字句;Caus实现为"把"之后,可以分别得到(17–19)中的把字句。

从图示来看,主语由致使范畴Caus选择,并由Caus指派题元角色,所以主语为致事。Chomsky也从更宏观的角度认为v–VP构型能为外部论元指派施事性或致事性角色。汉语的致事可以是有意愿的致事(施事),也可以是无意愿的致事,如:

(24)a. 校长才把康南调到我们班来。

b. 中草药把我苦得直想吐。

c. 这一点酒就把你喝醉了。

d. 那把刀把我的手割破了。

e. 一个春节把孩子们的心都玩儿野了。

d. 他把个特务跑了。

f. 风把气球吹走了。

(24a)中的主语是有意愿的致事,(24b–f)是无意愿的致事。既然致使范畴Caus可以选择无意愿的致事,(17–19)中把字句与非把字句的主语自然属于致事,虽然从理解上很难说(17)中的主语为致事,因为"大嫂的死"、"腿的折"、"腿的断"、"眼睛的瞎"都跟主语"他"无关,或者说这些事件都不是主语"他"造成的。对此,我们将致事处理作语法上的语义概念,即致使范畴指派的就是致事。致使范畴的证据是"把"。这种情况在日语中也存在。如:

(25)Taroo-ga musuko-o sin–ase–ta.

    Taro–nom son–acc die–cause–past

    '太郎死了儿子/太郎把个儿子死了。'

Pylkkänen将(25)称为不如意的致使句式(adversity causative),但让她奇怪的是(25)有致使语素(–ase)却没有致使义。日语的情况跟汉语相同,我们认为应把致事、致使等理解为语法概念。

领属关系在结构主义语言学中有语义上的领属,也有句法上的领属。语义上的领属是指两个成分仅在语义上有领属关系而在句法上却是非连续成分;句法上的领属则是指两个成分不仅在语义上有领属

关系而且在句法上也有领属关系。前者如领属性主谓谓语句、取得类双宾句,后者如名词短语。如:

(26)a. 他心情不好。

b. 买了他一条牛。

(27)a. 他的心情不好。

b. 买了他的一条牛。

(26)属语义上的领属,(27)属句法上的领属。这种处理告诉我们,具有领属关系的成分不一定非得构成名词短语。其实生成语法中也有类似的处理,如:

(28)a. 我把橘子剥了皮。

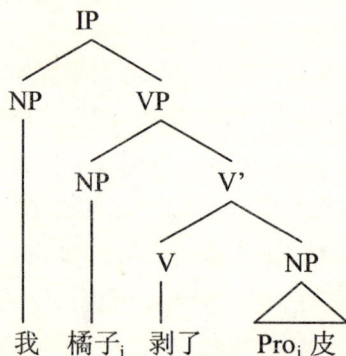

b. 我把橘子的皮剥了。

(28a)中"橘子"与"皮"虽然有领属关系,但Huang没有因此将它们处理为名词短语,而是借助于控制理论来解释它们的领属关系。如(29a):

(29)a. 我把橘子剥了皮　　　　　　b. 王冕死了父亲

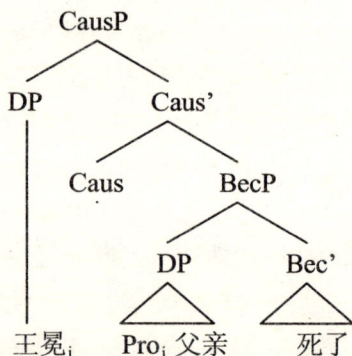

```
        IP                              CausP
       /  \                            /    \
      NP   VP                        DP     Caus'
      |   /  \                       |     /    \
      我  NP   V'                    王冕j  Caus   BecP
         |    /  \                              /    \
      橘子j  V    NP                           DP     Bec'
            |    /\                            /\      /\
           剥了 Proj 皮                      Proj 父亲  死了
```

(29a)中"橘子"跟"皮"有领属关系,之前学者把它们组成"橘子(的)皮",然后采用领属者提升进行推导。Huang认为这不对,其中很重要的证据就是"把","把"后的名词短语是受事。也就是说"橘子"不仅仅是"皮"的领有者,也是"剥了皮"的受事。为描述"橘子"的受事角色,他将"橘子"放置在VP的主语位置;为描述"橘子"的领有者角色,他采用了控制理论,即"橘子"控制"皮"的领有者Pro。(23)中的领属关系也是通过控制理论获得解释的,如(29b)。在(29b)中,致事成分"王冕"成分统制着役事中的Pro,符合控制理论中的最短距离原则(minimal distance principle),这使得Pro能够跟"王冕"同标(co-index)。

动词受致使范畴扩展,主语由致使范畴指派致事角色;致事跟役事的领属者同标,这表明致事(主语)跟役事(宾语)有领属关系。为凸显主语的致事性与致事跟役事间在语义上的领属关系,我们将这种句式称为领属性致事句。

3 理论蕴含

用功能范畴假设分析领属性致使句好处很多:其一是关联领属性致使句的把字句形式与非把字句形式,用 Pro 关联了致事与役事之间的"领属"关系;其二是将主语确定为致使范畴引进的致事,位于 TP 内部,可以很顺当地解释领属性致使句的主语的关系化问题,如(8);其三是统一地处理了把字句的各种形式,使得役事的领属者也能成为致事。其实还有其他一些理论蕴含:

第一,这蕴含着领属性致事可以被转指。按朱德熙的观点,论元可以被相应的"的"字结构转指。既然领属性致事是致使范畴为动词选择的论元,自然可以被转指。如:

(30)死了亲人的,开始趴到尸首上哭。(刘震云《故乡天下黄花》)

死了男人的咬钢嚼铁要从一而终,要立贞节牌坊。(尤凤伟《石门夜话》)

这才是,被偷的不怒偷儿怒,死了娘的不哭没死娘的号丧。(莫言《檀香刑》)

这种转指现象,领属者提升也可以解释,因为领属者提升到 T 的指示语位置,而该位置是论元位置,熊仲儒认为论元位置优先被转指;但话题说不能解释该现象,因为基础生成的话题不能被关系化,自然就不能被转指。

第二,这蕴含着被领属者为役事,并由 Caus 核查其格特征。达成范畴选择的役事不仅仅是受事还可以是其他的事件参与者。如:

(31)a. 张三把玻璃打碎了。

b. 陆大哥,你可把小弟想死了……

c. 这一十三招名称说将出来,只把老顽童听得如痴如狂。

d. 他把房子建好了。

e. 他把床板睡坏了。

  f. 他把<u>棍子</u>打断了。

  g. 他们把<u>面</u>揉成了馒头。

  (31a)中役事是受事,(31b–g)中的役事是非受事,如感事、施事、结果、处所、工具、材料等。朱德熙曾认为把字句跟受事主语句的关系最为密切,那是取广义受事说,但对于"把犯人跑了""把老伴死了"中的"犯人""老伴"他仍视为施事。从本文的观点看,这些由达成范畴选择的参与者都可以被达成范畴指派役事角色,即"他们把犯人跑了""他把老伴死了"中的"犯人""老伴"为役事。

  在目前的生成语法中,宾语的格特征由phi—特征集完整的轻动词核查。Caus是phi—特征集完整的轻动词,所以役事的格特征可以由它核查并被定值。领属者提升将动词分析为非受格动词,其内部论元只能由T核查格特征,这就很难解释领属性致使句为什么可以跟非领属性致使句一样可以有把字句,如:

  (32)a. 他打破了玻璃。

   b. 他把玻璃打破了。

  (33)a. 李亚仙瞎了眼睛。

   b. 李亚仙把眼睛瞎了。

  (32)中"玻璃"的格特征由Caus核查,(33b)中"眼睛"的格特征也是由Caus核查,理论上(33a)也应如此,而领属者提升分析认为其中的"瞎"为非受格动词,"眼睛"的特征只能由T核查。这会造成处理上的不统一。

  第三,致使范畴禁止领属者提升。致使范畴的phi—特征集完整,这意味着它能够为动词选择完整的论元结构,即可以选择外部论元。既然它是选择论元的轻动词,那它就会阻止别的成分移到它的指示语位置。比如说:

  (34)a. 张三的妹妹哭醒了。

   b. 张三哭醒了妹妹。

   c. 张三把妹妹哭醒了。

  (35)a. 张三的爷爷忙累了。

   b. *张三忙累了爷爷。

   c. 这事把张三的爷爷忙累了。

  (34c)显示"哭"可以受致使范畴扩展,然而(34a)与(34b)之间没有变换关系(依存关系),因为两句的低层次关系不同,(34a)中"张三的妹妹"是"哭"的施事,而(34b)中"妹妹"不是"哭"的施事。(35c)也显示"忙"可以受致使范畴扩展,然而(35b)却不合法,也就是说(35a)不能实施领属者移位操作。(34)与(35)之所以不能实施领属者移位,是因为致使范畴是选择论元的功能范畴而非激发移位的功能范畴。

4 结 语

从结构主义语言学与生成语法来看,具有领属关系的两个成分不一定就构成名词短语,也就是说"王冕死了父亲"不一定就是由"王冕的父亲死了"推导来的。朱行帆、潘海华、韩景泉就是对这种"不一定"的回应,他们都没有将"王冕"与"父亲"处理为一个名词短语。需要注意的是,"不一定"只是一种可能性,并不蕴含着"一定不能",所以需要进一步探讨这类句式的句法行为,根据句法行为选出合理的假设。本文的核心证据是把字句与关系化。关系化意味着主语处于TP内部而不能是处于基础位置的话题,把字句意味着动词受致使范畴Caus的扩展而不是受经历范畴EXP的扩展。受致使范畴扩展,这意味着主语为致事论元;为致事论元,这意味着主语在TP之内,可以关系化,可以被转指;为致事论元,也意味着该位置不能接受别的成分移位而来,即禁止了领属者提升。这一案例表明论元是由功能范畴为动词选择的,动词可能没有所谓的论元结构;此外,有领属关系的两个成分在句法上也不一定要构成一个结构体。

主要参考文献:

[1] CHOMSKY N.1981. Lectures on government and binding[M]. Foris, Dordrecht.

[2] CHOMSKY N.1995. The minimalist program[M]. MIT Press, Cambridge.

[3] CHOMSKY N. 2001. Derivation by phase[M]//KENSTOWICZ M. Ken Hale: a life in language. Cambridge, Mass.: MIT Press.

[4] CHOMSKY N. 2008. On phases [M]//FREIDIN R, CARLOS O, ZUBIZARRETA L. Foundational issues in linguistic theory: essays

in honor of Jean-Roger Vergnaud. Cambridge, MA: MIT Press.

[5] GU Y. 1992. The syntax of resultative and causative compounds in Chinese [D]. Ph. D. Diss., Cornell University.

[6] HUANG C-T. 1992. Complex predicate in control[M] //HIGGIBO-THAM J, LARSON R.Control and grammar. Kluwer Academic Publishers, Dordrecht.

[7] KAYNE R.1994. The antisymmetry of syntax[M]. Cambridge: MIT Press.

[8] KRATZER A.1996. Severing the external argument from its verb[M] //ROORYCK B, ZARING L. Phrase structure and the lexicon. Dordrecht: Kluwer Academic Publishers.

[9] LI Y-H. 2002.Word order, structure, and relativization[M]//TANG S-W, LIU C-S. On the formal way to Chinese languages. CSLI Publications.

[10] MARANTZ A.1984. On the nature of grammatical relations[M]. Cambridge, MA: MIT Press.

[11] PYLKKANEN L. 2008. Introducing arguments [M]. Cambridge, MA: MIT Press.

[12] RAMCHAND G. 2008. Verb meaning and the lexicon: a first-phase syntax[M]. Cambridge: Cambridge University Press.

[13] SYBESMA R. 1999. The Mandarin VP[M]. Dordrecht: Kluwer Academic Publishers.

[14] Lin T-H. 2001. Light verb syntax and the theory of phrase structure [D]. Ph. D. Diss., University of California, Irvine.

[15] 蒋绍愚. 1997. 把字句略论[J]. 中国语文, (4):298–304.

[16] 刘探宙. 2009.一元非作格动词带宾语现象[J]. 中国语文, (2):110–119.

[17] 吕叔湘. 1984. 把字用法的研究[M]//吕叔湘. 汉语语法论文集. 北京:商务印书馆.

[18] 潘海华, 韩景泉. 2005. 显性非受格动词结构的句法研究[J]. 语言研究, (3):1–13.

[19] 潘海华, 韩景泉. 2008. 汉语保留宾语结构的句法生成机制[J]. 中

国语文,(6):511-522.

[20] 桥本. 1982. 现代汉语句法结构[M]. 哈尔滨:黑龙江人民出版社.

[21] 任鹰. 2009. "领属"与"存现":从概念的关联到构式的关联——也从 "王冕死了父亲"的生成方式说起[J]. 世界汉语教学,(3):308-321.

[22] 沈家煊. 2006. "王冕死了父亲"的生成方式——兼说汉语糅合造 句[J]. 中国语文,(4):291-300.

[23] 沈家煊. 2009. "计量得失"和"计较得失"——再论"王冕死了父 亲"的句式意义和生成方式[J]. 语言教学与研究,(5):15-22.

[24] 石毓智. 2007. 语言学假设中的证据问题——论"王冕死了父亲" 之类句子产生的历史条件[J]. 语言科学,(4):39-51.

[25] 宋玉柱. 1981. 关于"把"字句的两个问题[J]. 语文研究,(2):39-42.

[26] 王力. 1980. 汉语史稿[M]. 北京:中华书局.

[27] 熊仲儒. 2007. 汉语式话题句的结构分析[J]. 安徽师范大学学报: 人文社会科学版,(2):202-207.

[28] 熊仲儒. 2004. 现代汉语中的致使句式[M]. 合肥:安徽大学出版社.

[29] 熊仲儒. 2005. 以"的"为核心的DP结构[J]. 当代语言学,(2): 148-165.

[30] 徐杰. 1999. 两种保留宾语句式及相关句法理论[J]. 当代语言学, (1):16-29.

[31] 薛凤生. 1987. 试论"把"字句的语义特性[J]. 语言教学与研究, (1):4-22.

[32] 叶向阳. 2004. "把"字句的致使性解释[J]. 世界汉语教学,(2):25-39.

[33] 张伯江. 2000. 论"把"字句的句式语义[J]. 语言研究,(1):28-40.

[34] 赵元任. 1979. 汉语口语语法[M].吕叔湘译. 北京:商务印书馆.

[35] 朱德熙. 1978. "的"字结构和判断句[J]. 中国语文,(1,2).

[36] 朱德熙. 1982. 语法讲义[M]. 北京:商务印书馆.

[37] 朱行帆. 2005. 轻动词和汉语不及物动词带宾语现象[J]. 现代外 语,(3):221-231.

(原载《安徽师范大学学报(人文社会科学版)》2012年第3期)

领属性保留宾语句的句法分析①

　　保留宾语句涉及论元的实现与格的核查等问题,历来受学界重视。熊仲儒、黄正德等都认为领属性保留宾语句"张三把橘子剥了皮"与非领属性保留宾语句"张三把水浇了花"可做统一分析,张庆文、邓思颖认为这两种保留宾语句分属两种不同的施用结构(applicative construction)。张庆文、邓思颖的区分是有道理的,如果正确的话,也能回答其中额外论元的来源问题。不过,张庆文、邓思颖的分析有局限性,因为按照他们指派的结构与采用的相对近距离原则(Relativized Minimality)是无论如何也推导不出这种句式的"被、把"套用句。为解释领属性保留宾语句中领属者与被领属者的不可互换、领属者的可提取、被领属者的不可提取,以及被领属者可居于"把"后的句法行为,本文将采信熊仲儒的功能范畴假设与丁仁的领属者提升操作,前者可回答论元的来源,后者可推导领属性保留宾语句。

1　施用结构的弱生成性

　　一般认为"把"、"被"、话题化等有提宾的作用,即宾语会从动词后面的位置转移到动词前面的位置。在提宾操作之后,仍旧留在动词后面的宾语就被称为保留宾语。如:

　　(1)a. 张三把橘子剥了皮。　　　张三把水浇了花。

　　　　b. 橘子被张三剥了皮。　　　水被张三浇了花。

　　　　c. 橘子,张三剥了皮。　　　水,张三浇了花。

　　　　d. 王冕死了父亲。

　　(1)中的四组句子都可以称为保留宾语句,(1a-c)在涉及"把"、

---

　　① 基金项目:教育部人文社会科学基金项目(12YJA740082)。

"被"、话题化的提宾操作之后仍有宾语,(1d)在涉及非受格动词激发的移位之后也仍有宾语。为集中研究,本文只研究"张三把橘子剥了皮"类的领属性保留宾语句,其中外部宾语"橘子"与内部宾语"皮"之间具有领属关系。相应地,我们将"张三把水浇了花"称之为非领属性保留宾语句,因为其外部宾语"水"跟内部宾语"花"之间没有领属关系。

领属性保留宾语句与非领属性保留宾语句的内部宾语与外部宾语在换位与提取方面存在差异,如:

(2)a. 张三把橘子剥了皮。　　　　*张三把皮剥了橘子。

　　b. 橘子被张三剥了皮。　　　　*皮被张三剥了橘子。

　　c. 橘子,张三剥了皮。　　　　 *皮,张三剥了橘子。

(3)a. 张三把水浇了花。　　　　　张三把花浇了水。

　　b. 水被张三浇了花。　　　　　花被张三浇了水。

　　c. 水,张三浇了花。　　　　　花,张三浇了水。

(2a)中的"橘子"跟"皮"不能换位,而(2b)与(2c)中的"橘子"可以被提取,而"皮"却不能被提取;(3a)中的"水"与"花"可以换位,(3b)与(3c)中的"水"与"花"都能提取。为解释这两种句式的差异,张庆文、邓思颖为其指派了不同的结构。如:

(4)a. [CausP[我] [Caus·[Caus 把][BecP[橘子 i][Bec·[Bec 剥] j][VP t j[ApplLP t i[ApplL· [ApplL]
[皮]]]]]]]]

　　b. [CausP 他[Caus 把[BecP 水/花儿[Bec BECOME+USE[ApplHP t 水[ApplH t USE[VP
浇 t 花儿]]]]]]]]

(4a)包含底层施用短语(ApplLP),(4b)包含高层施用短语(ApplHP)。高层施用短语作为一个语段,在它的语域(domain)中只有一个论元,即动词的直接宾语DO,而低层施用短语所在的语域中有两个论元,即间接宾语IO和直接宾语DO。为了禁止领属性保留宾语句中的被领属者的换位与提取,张庆文、邓思颖采用了Rizzi的相对近距离原则,该原则要求语域内离移位的着陆点(landing site)较近的论元可以向上移位。具体来说,就是在(4a)中只有"橘子"可以移到边界位置,而"皮"不能移到边界位置。张庆文、邓思颖说:"高层施用结构的直接宾语DO和间接宾语IO都在边界位置,这两个宾语都可以继续向上提升,成为被动句的主语或者句子的话题,低层施用短语中只有间接宾语IO才有机会移到边界位置,因此,只有间接宾语IO才可以继续向上提升,而它的直接宾语DO因为无法跨过IO移到边界位置,所以失去了向上提升的机会。"如果他们正确的话,则(4a)中的被领属者"皮"是不能移出底层施用结构的,也就不能成为"把"后成分。但事实上,领属性保留宾语句的DO是可以移到边界位置的。如:

(5)a. 橘子,张三已经把皮剥了。　　橘子已经被张三把皮剥了。

　　b. 那本书,张三把封皮撕了。　　那本书被张三把封皮撕了。

(6)a. 宝玉······被袭人将<u>手</u>推开。

　　b. 薛蟠笑道:"想是在路上叫人把<u>魂</u>吓掉了,没归窍呢。"

　　c. 我到底被那木钉把<u>头</u>碰破了。

　　d. 龟龟脱壳时被孩子把<u>壳</u>揭掉了,有没有关系啊。

　　e. 我已被天才把<u>血</u>喝光。

　　f. 兄弟,你啥时候被人把<u>腰</u>打断了?

　　g. 被甲鱼把<u>腿</u>咬伤了。

(5)是我们内省的句子,(6)是真实语料,(5)与(6)表明被领属者(DO)可以在"把"后。这些句子如果采用的是张庆文、邓思颖的底层施用结构,则其中的DO是必须要移到边界位置的。也就是说,只有"皮"移出底层施用结构,并移向BecP的边界位置,才能得到相应的把字句。如:

(7)a. 橘子,我把皮剥了。

　　b. [$_{CausP}$[我] [$_{Caus'}$[$_{Caus}$ 把][$_{BecP}$[　　][$_{Bec'}$[$_{Bec}$　] [$_{VP}$ 剥[$_{ApplP}$ 橘子[$_{ApplL'}$ [$_{ApplL}$][皮]]]]]]]]

如果(7)中"皮"可以越过"橘子"移位的话,则领属性保留宾语句是违反Rizzi的相对近距离原则的。不过,按Chomsky的看法,Rizzi的相对近距离原则是可以修正的。Chomsky认为如果 α 与 β 在相同的最小语域内,则它们跟 γ 是等距离的。这意味着(7)中的"橘子"与"皮"都可以移到Bec的指示语位置,但也会造成新的问题,即可以生成不合法的"*我把皮剥了橘子"。换句话说,遵守Rizzi的观点,则张庆文、邓思颖的低层施用结构生成能力太弱,不能生成(5-6);遵守Chomsky的观点,则张庆文、邓思颖的低层施用结构生成能力太强,会生成不合法的句子"*我把皮剥了橘子"。此外,如果Rizzi的相对近距离原则可以违反,则基于该原则利用低层施用结构与高层施用结构的区分来解释(2-3)的对立也是有问题的。换句话说,张庆文、邓思颖的施用结构解释不了他们所欲解释的现象。如果要遵守Rizzi的相对近距离原则,则必须另想办法。

2　句法结构理论

Larson 先采用 VP—嵌套结构表征句法结构,后 Hale & Keyser 进一步认为 V–VP 结构能够表达致使关系,Chomsky 将其中的上层 V 改成轻动词 v,并认为 v–VP 构型能够指派施事性或致事性角色。目前学者们倾向认为 v 有一定的语义,并用相应的语义原子如 BE、DO、BE-COME、CAUSE 进行标记。Huang、Sybesma、熊仲儒、邓思颖等都认为汉语中的"把"为致使范畴 CAUSE 的语音实现。

(8)a. 这瓶酒喝醉了张三。

b. …[$_{vP}$[这瓶酒][$_{v'}$[$_{CAUSE}$喝醉了][$_{vP}$[张三][$_{v'}$[$_{BECOME}$喝醉了][$_{VP}$[$_v$喝醉了]]]]]]

(9)a. 这瓶酒把张三喝醉了。

b. …[$_{vP}$[这瓶酒][$_{v'}$[$_{CAUSE}$把][$_{vP}$[张三][$_{v'}$[$_{BECOME}$喝醉了][$_{VP}$[$_v$喝醉了]]]]]]

(8-9)是邓思颖指派的结构,动词受达成范畴 BECOME 与致使范畴 CAUSE 的扩展,这意味着"这瓶酒致使张三达成喝醉这种结果状态",(9)中的 CAUSE 可以语音实现为"把"。在(8)中"喝醉了"由 BE-COME 持续地向 CAUSE 核心移位,在(9)中"喝醉了"只向 BECOME 核心移位,这是因为(9)中的"把"阻止了"喝醉了"的进一步移位。目前汉语生成语法学界大多采用(8-9)这样的构型。如:

(10)a. [$_{baP}$ Subject [$_{ba'}$ ba [$_{vP}$ NP [$_{v'}$ v [$_{vP}$ V XP]]]]]

b. [$_{CausP}$[Causer][$_{Caus'}$[Caus][$_{BecP}$[Causee][$_{Bec'}$[Bec][$_{VP}$[Result][V]]]]]]

(10a)是 Huang 和 Li 的构型,(10b)是熊仲儒的构型,(10a)与(10b)像(8-9)一样都设置了两个功能范畴。

在熊仲儒的构型中,功能范畴有着非常重要的地位,如选择论元、指派题元角色以及激发移位等,为此,他提出功能范畴假设,即假定功能范畴不仅激发移位,而且决定合并,包括论元的选择与题元的指派。比如说,在致使句式中,熊仲儒认为致使范畴会选择论元并指派致事,达成范畴会选择论元,并指派役事与结果。如(11b):

（11）a. 这瓶酒喝醉了张三。

　　　b. 喝–Bec–Caus：<致事，<役事，结果>>

　　　c. …[$_{vP}$[这瓶酒][$_{v'}$[$_{CAUSE}$（把）][$_{vP}$[张三$_i$][$_{v'}$[$_{BECOME}$][$_{VP}$[Pro$_i$醉][$_v$喝]]]]]]

在（11c）中，"这瓶酒"为致事，"张三"为"役事"，"醉"为结果。Huang 和 Li 也认为"把"字句中有致事与役事，役事他们称之为被处置者（disposed），对于致事与被处置者是题元角色（theta-role）还是致使角色（c(ause)-roles），他们并没有深究。

熊仲儒之所以将词汇核心放置在结构的右侧，而将功能核心放置在结构的左侧，如（10b），是为了满足"嫁接与移位同向假设"，他认为汉语中的动结式（如"喝醉"等）与动介式（如"坐在"等）都是句法生成的复合词。如果这些复合词是词库中的词项或词法生成的词，则词汇核心在前还是在后是可以不论的。从目前来看，大多学者还不倾向于认为动介式为复合词，如"坐在椅子上"，朱德熙虽认为可切分为"坐在 | 椅子上"，但仍旧认为它是连谓结构，之所以作如此切分还只是考虑到"在"的语音形式。

如果考虑"嫁接与移位同向假设"，则在不违反句法原则的情况下，有些论元只能在特定的句法位置参与合并，如（12），而另一些论元则可以在选择它的功能范畴投射内的任意位置参与合并，如（13）与（14）：

（12）a. 他放在桌上一本书。

　　　b.＊[$_{CausP}$[他][$_{Caus'}$[$_{Caus}$][$_{BecP}$[在桌上][$_{Bec'}$[$_{Bec}$][$_{VP}$[一本书][放]]]]]]

　　　c. [$_{CausP}$[他][$_{Caus'}$[$_{Caus}$][$_{BecP}$[一本书][$_{Bec'}$[$_{Bec}$][$_{VP}$[在桌上][放]]]]]]

（13）a. 他把花儿浇了水。

　　　b. [$_{CausP}$[他][$_{Caus'}$[$_{Caus}$ 把][$_{BecP}$[花儿][$_{Bec'}$[$_{Bec}$][$_{VP}$[水][浇]]]]]]

（14）a. 他把水浇了花儿。

　　　b. [$_{CausP}$[他][$_{Caus'}$[$_{Caus}$ 把][$_{BecP}$[水][$_{Bec'}$[$_{Bec}$][$_{VP}$[花儿][浇]]]]]]

在（12）中，"在"为了跟"放"融合，只能采用（12c）而不能采用（12b），尽管（12b）看起来很方便。而对于（13）与（14）来说，由于不涉及句法复合词的生成，Bec 所选择的两个论元"花儿"与"水"可以相对自由地合并。英语与之类似，如：

（15）a. Smith loaded hay on the truck.

b. Smith loaded the truck with hay.

(16)a. [$_{CausP}$[Smith][$_{Caus'}$[$_{Caus}$][$_{BecP}$[hay][$_{Bec'}$[$_{Bec}$][$_{VP}$[the truck][loaded]]]]]]

　　b. [$_{CausP}$[Smith][$_{Caus'}$[$_{Caus}$][$_{BecP}$[the truck][$_{Bec'}$[$_{Bec}$][$_{VP}$[hay][loaded]]]]]]

Bec 所选择的两个论元"hay"与"the truck"也可以相对自由地合并，如(16)。由于 phi—特征集完整的 Caus 只能为邻近的 DP 核查格特征，所以远处的 DP 只能依赖于介词指派固有格，如(15a)中的 on 与(15b)中的 with。汉语中没有合适的介词为(13)中的"水"与(14)中的"花儿"指派固有格，这些成分只能依靠邻近的动词，所以 Caus 必须实现为"把"以阻止动词的移位。如：

(17)a. 他把花儿浇了水。　　　　*他浇了花儿水。

　　b. 他把水浇了花儿。　　　　*他浇了水花儿。

如果以上讨论正确，则非领属性保留宾语句中内外宾语的互换跟论元合并的任意性(non-directional)有关①②，对于"浇"来说，可以是材料"水"先参与合并，也可以是受事"花儿"先参与合并，如(13b)与(14b)，因为它们都是由达成范畴所选择。两种合并会产生不同的意义。如：

(18)a. 他把花儿浇了水。

　　b. x$_{他}$ Cause [y$_{花儿}$ to come to be in STATE $_{水}$]

(19)a. 他把水浇了花儿。

　　b. x$_{他}$ Cause [y$_{水}$ to come to be at z$_{花儿}$]

从功能范畴指派题元角色来说，(18)中的"花儿"是役事，"水"是结果状态；(19)中的"水"是役事，"花儿"是位置状态。

非领属性保留宾语句中的 IO 与 DO 之所以都可以被提取，是因为

---

① 为避免误解，我们将"non-directional"译作(合并位置的)"任意性"。Dikken 为解释倒置现象提出"Predication is nondirectional"，即述谓结构是无方向的。如：

a. [$_{RP}$ [$_{XP}$ subject] [$_{R'}$ relator [$_{YP}$ predicate]]]　(Predicate-complement structure)

b. [$_{RP}$ [$_{XP}$ predicate] [$_{R'}$ relator [$_{YP}$ subject]]]　(Predicate-specifier structure)

谓语在(a)中作 R 的补足语，在(b)中作 R 的指示语。就是说 R 的论元在合并位置上具有任意性。

② 张庆文、邓思颖不认为所有的论元都由功能范畴选择，所以他们让直接宾语论元由动词选择，间接宾语论元(IO)由高层施用范畴选择。像"他把花儿浇了水"与"他把水浇了花儿"，他们认为两个句子中的"花儿"由动词选择，"水"由 Appl 选择，"他"由 Caus 选择。如：

[$_{CausP}$ 他[$_{Caus}$ 把[$_{BecP}$ 水/花儿[$_{Bec}$ BECOME+ USE[$_{ApplHP}$ t $_{水}$ [$_{ApplH}$ t$_{USE}$ [$_{VP}$ 浇 t $_{花儿}$]]]]]]]

即两个句子的外部合并相同，差别在于内部合并(移位)。我们认为所有的论元都是功能范畴选择的，合并具有任意性，即这两个句子的外部合并本身就不同，如(13b)与(14b)。

它们都可以有机会在 BecP 的指示语位置参与合并,而并非因为它们处于不同的语域。如:

(20)a. 花儿···[CausP[他][Caus'[Caus][BecP[t 花儿][Bec'[Bec][VP[水][浇]]]]]]

b. 水 ···[CausP[他][Caus'[Caus][BecP[t 水][Bec'[Bec][VP[花儿][浇]]]]]]

在被动句中,被动范畴只能对役事进行操作,即只对(20a)中的"花儿"与(20b)中的"水"进行操作,而不能对结果进行操作,即不能对(20a)中的"水"与(20b)中的"花儿"进行操作。如:

(21)a. 他把花儿浇了水。　　　*水被他把花儿浇了。

b. 他把水浇了花儿。　　　*花儿被他把水浇了。

在话题化中,汉语的话题范畴只能对主语与外部宾语进行操作,而不能对内部宾语进行操作,即只对(20a)中的"他"、"花儿"与(20b)中的"他"、"水"进行操作,不能对(20a)中的"水"与(20b)中的"花儿"进行操作。如:

(22)a. 他把花儿浇了水。　　　*水,他把花儿浇了。

b. 他把水浇了花儿。　　　*花儿,他把水浇了。

张庆文、邓思颖观察到非领属性保留宾语句中的 IO 与 DO 都可以被提取,从本文来看,是因为它们都可以做外部宾语(outer object)与役事(causee),如(20),而不是因为它们处于不同的语域,否则不好解释(21)与(22)中不合法的句子。

3　领属性保留宾语句

3.1　互换与提取

如果仅仅为了解释领属性保留宾语句中的互换与提取现象,我们可以像非领属性保留宾语句一样采用非结构体分析(nonconstituent approach),即将领属者与被领属者处理作达成范畴选择的两个论元成分。从理论上来说,有两种合并的可能。如:

(23)张三把橘子剥了皮。

a. [CausP[张三][Caus'[Caus 把][BecP[橘子][Bec'[Bec][VP[皮][剥]]]]]]

b.*[CausP[张三][Caus'[Caus 把][BecP[皮][Bec'[Bec][VP[橘子][剥]]]]]]

实际上,黄正德也是如此处理的,只是他没有强调达成这样的功能范畴,他指派的结构类似于(23a)。(23b)是不合法的,它违反了控制理论。根据袁毓林的研究,"皮"属于一价名词,这意味着"皮"有可能投射了空论元 Pro。Pro 为获得解读,它必须遵守广义的控制理论,即必须受到先行词的成分统制,或者说空论元要跟最近的成分统制它的名词性成分同标。如:

(24)张三把橘子剥了皮。

    a. [CausP[张三][Caus'[Caus 把][BecP[橘子 i][Bec'[Bec][VP[Proi 皮][剥]]]]]]

    b.*[CausP[张三][Caus'[Caus 把][BecP[Proi 皮][Bec'[Bec][VP[橘子 i][剥]]]]]]

在(24a)中"橘子"成分统制 Pro 并同标,符合广义的控制理论;在(24b)中"橘子"虽然跟 Pro 同标,但不能成分统制它,违反了广义的控制理论。表面来看,合并是任意的,Bec 选择的成分只要在 Bec 的域内合并即可,但实际上还会受到其他模块的限制,如能否遵守控制理论等。换句话说,IO 与 DO 不能互换,不是因为移位要受 Rizzi 的相对近距离原则限制,而是 DO"皮"中的 Pro 要受 IO"橘子"的成分统制。

如果领属性保留宾语句只有一种合并方式,则其在被动化与话题化中的提取对象就是固定的。被动化中提取的只能是外部宾语,话题化中提取的只能是主语与外部宾语,不能是内部宾语。如:

(25)a. 橘子被张三剥了皮。

    b. 张三,把橘子剥了皮。

    c. 橘子,张三剥了皮。

    d. *皮,张三剥了橘子。

内部宾语之所以不能被话题化提取,是因为它较主语、外部宾语离移位着陆点更远。如:

(26)

  X ...[CausP[主语][Caus'[Caus][BecP[外部宾语][Bec'[Bec][VP[内部宾语][V]]]]]]

a. 张三,把橘子剥了皮。　张三,把水浇了花。　张三,把花浇了水。

b. 橘子被张三剥了皮。　水被张三浇了花。　花被张三浇了水。

c. 橘子,张三剥了皮。　水,张三浇了花。　花,张三浇了水。

d.*皮,张三剥了橘子。　*花,张三把水浇了。　*水,张三把花浇了。

(26a)是主语的提升,(26b)与(26c)是外部宾语的提升,(26d)是内部宾语的提升,只有内部宾语的提升会造成不合法。从(26)来看,非结构体分析能解释张庆文、邓思颖所提到的一些句法现象,如领属性保留宾语句中IO"橘子"与DO"皮"的不能互换以及DO"皮"的不能被提取。不能互换,是因为"皮"的论元Pro须遵守广义的控制理论;不能被提取,是因为"皮"为内部宾语,既非役事,又离移位着陆点相对较远。

3.2 被领属者为役事

非结构体分析虽然能解释领属性保留宾语的大部分句法行为,却不能解释被领属者也可以成为役事的事实,如(5-6)。重抄如下:

(27)a. 橘子,张三已经把皮剥了。

　　　b. 张三被甲鱼把腿咬伤了。

要让被领属者处于役事位置,就必须让它处于BecP的指示语位置,如:

(28)

X …$[_{CausP}$[致事]$[_{Caus'}[_{Caus}$ 把]$[_{BecP}$[役事]DP]$[_{Bec'}[_{Bec}$ 　　]$[_{VP}$[结果][V]]]]]]

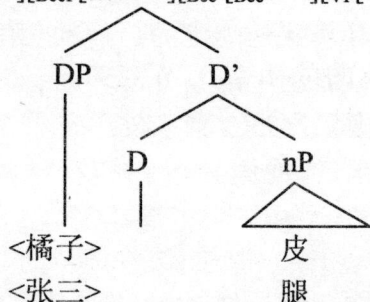

```
                    DP          D'
                                /  \
                               D    nP
                               |    /\
                            <橘子>    皮
                            <张三>    腿
```

关于役事部分的DP结构请参见Chomsky、熊仲儒等。在DP结构中,"橘子"与"皮"构成结构体,"张三"与"腿"构成结构体,简言之,它们构成领属结构。在这个结构中,如果领属者如"橘子""张三"可以发生提升,则被领属者"皮""腿"就可以出现于"把"之后,如(27)。

表面看来,(28)中"橘子""张三"的移位违反了"左分枝限制"。"左分枝限制"是说包含于一个名词短语最左边的名词短语,任何转换规则都不能将其移出该名词短语。如:

(29)a. Whose book did you read?

　　　b. *Whose did you read book?

c. [s·[s you read [NP[NPwhose][book]]]]

（29c）是（29a）的D—结构，"whose"位于"whose book"的左分枝，whose不能从该名词短语中移出，如（29b）。换句话说，（29b）的不合法是因为它违反了"左分枝限制"。不过Chomsky指出，如果D的形态属性并不能阻止wh-短语的提取的话，则"左分枝限制"是可以违反的，他说Uriagereka（1988）的研究也表明左分枝提取与D的丰富性（richness）有关。换句话说，（29b）的不合法是另有原因的，即跟DP结构中的D有关。Chomsky认为"whose book"是以"'s"为核心的DP结构，如：

（30）a. whose book

b.

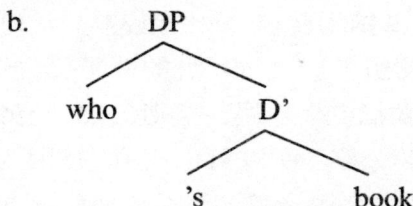

该图示类似于（28）中的DP图示。在（30）中，"'s"是功能范畴D，作句法核心。在这个结构中，所有的词项如"who""'s""book"都是句法体，所有新生成的能由某个节点穷尽支配的成分如"'s book"与"who's book"也是句法体，而被我们常常当作代词的"whose"（"who's"）却不是句法体。从特征移位来说，移出的是wh—特征，所以最小拖带（pied-ping）的应该是who。但who移位之后，"'s book"在PF层会崩溃，其原因是"'s"的附缀性。"'s"的附缀性造成它必须附缀于"who"，构成超级形态词"whose"，但"whose"本身又不是个句法体，如（30b）所示。所以，尽管"whose"负载了"who"的wh—特征，又满足了"'s"的附缀性要求，但它仍不能移位，因为移位是针对句法体的操作。

汉语可以违反左分枝限制，丁仁认为其原因是汉语的领属者是论元。我们认为原因在于D，汉语D的语音实现具有可选性。朱德熙观察到"的"可以隐现。如：

（31）孩子的衣服　　　　把孩子衣服撕破了。
　　　小王的照相机　　　借小王照相机使一下。
　　　我的手套　　　　　我手套丢了。
　　　他的自行车　　　　把他自行车骑走了。
"的"是轻声的功能范畴，根据熊仲儒关于轻声功能范畴强制性左向依附的假设,它具有强制的左向依附要求,所以"的"实现后,"的"左侧的成分不能移位,否则"的"无所依附,如(32a)。"X的"也不能移位,因为"X的"跟"whose"一样不是句法体,如(32b)。"的"没有出现时,左侧的成分是句法体,具有移位的可能性,如(32c)。

(32)a.*他,的心情很糟糕。　　　　　*他,的肚子已经饿了。

　　　b.*他的,心情很糟糕。　　　　　*他的,肚子已经饿了。

　　　c. 他,心情很糟糕。　　　　　　 他,肚子已经饿了。

只有当D没有实现为"的"时,DP的左分枝成分才有移位可能性,否则会因为"X的"不为句法体或"的"无所依附而推导崩溃。为使"的"有所依附,也可以通过复指代词满足其依附要求,试比较(33a)与(33b)。

(33)a.*张三,的心情很糟糕。　　　　*张三,的肚子已经饿了。

　　　b. 张三,他的心情很糟糕。　　　 张三,他的肚子已经饿了。

领属性保留宾语句中的领属者之所以可以提升,是因为相应的D没有语音实现,如(28)。如果D有语音实现,则领属者不能提升,如(34),否则需要借助于复指代词,如(35):

(34)a. 橘子,张三已经把皮剥了。*橘子,张三已经把的皮剥了。

　　　b. 张三被甲鱼把腿咬伤了。 *张三被甲鱼把的腿咬伤了。

(35)a. 橘子,张三已经把皮剥了。橘子,张三已经把它的皮剥了。

　　　b. 张三被甲鱼把腿咬伤了。 张三被甲鱼把他的腿咬伤了。

3.3　指派统一结构

在上文中,我们为领属性保留宾语句指派了两种结构:一是非结构体分析,二是结构体分析。前者把领属者与非领属者分别处理为役事(外部宾语)与结果(内部宾语),后者把领属者与非领属者处理为领属结构。非结构体分析主要解释的是互换与提取,结构体分析解释的是被领属者可以处于"把"后位置。其实,互换与提取也可以采用结构体分析进行解释,即领属性保留宾语句中领属者与被领属者构成DP结构,如:

(36)…[CausP[致事][Caus'[Caus 把][AspP[ ][Asp'[Asp V][BecP[役事DP][Bec'[Bec V̄][vP[结果][V̄]]]]]]]]]

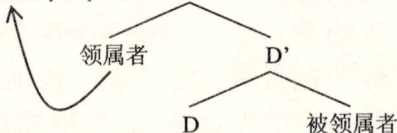

　　　　　　　　　　　领属者　　　　　　D'

　　　　　　　　　　　　　　　　　　D　　　　被领属者

　　为了使领属者与被领属者能够分布于动词的前后,我们将以时体范畴 Asp 扩展 BecP,Asp 的指示语为领属者的着陆点(landing site)。Asp 可以实现为"了",它激发着离它较近的 DP 进行移位,这使得役事不仅可以出现于"把"后,还能以复指代词的形式出现于动词后面,即在参与合并的基础位置留个复指代词。如:

　　(37)a. 一个人把<u>这夫人</u>恰待要勒死<u>他</u>,恰好撞着小人。

　　　　b. 还把<u>身心</u>细认<u>之</u>。

　　　　c. 船者乃将<u>此蟾</u>以油煎<u>之</u>。

　　"了"与复指代词说明 Asp 的设置是有理据的。如果领属者提升到 AspP 的指示语位置,就可以得到领属性保留宾语句。

　　采用领属者提升,可以关联领属性保留宾语句及其相关句式之间的关系。不同的句式反映了推导的不同阶段或领属者提升的不同时间。如:

　　(38)a. 甲鱼咬伤了张三的一条腿。

　　　　b. 甲鱼把张三的一条腿咬伤了。

　　　　c. 张三被甲鱼把腿咬伤了。

　　　　d. 甲鱼把张三咬伤了一条腿。

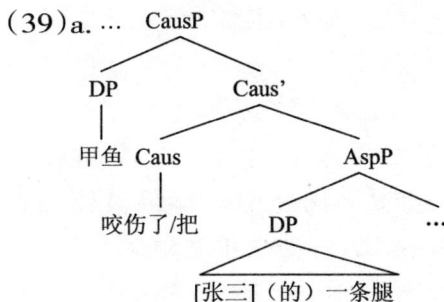

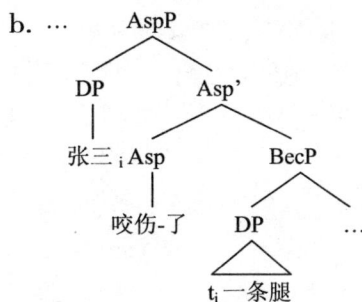

(39)a.

　　(38a-c)中役事首先移位到 AspP 的指示语位置,如(39a),(38a)"咬伤了"核心移位到 Caus 位置,(38b-c)中 Caus 实现为"把",(38c)还在 AspP 的指示语位置发生了领属者提升操作。(38d)也发生了领属者提升,但发生得较早,在 BecP 的指示语位置,如(39b)。(38)中的各句大致可分别作如下推导:

　　(40)a. ···[$_{CausP}$[甲鱼][$_{Caus'}$[$_{Caus}$ 咬伤了][$_{AspP}$[张三的一条腿$_j$][$_{Asp'}$[$_{Asp}$ <咬伤=子>][$_{BecP}$[役事 t$_j$] [$_{Bec'}$[$_{Bec}$ <咬伤>][$_{VP}$[Pro$_j$ <伤>][<咬伤>]]]]]]]

　　　　b. ···[$_{CausP}$[甲鱼][$_{Caus'}$[$_{Caus}$ 把][$_{AspP}$[张三的一条腿$_j$][$_{Asp'}$[$_{Asp}$咬伤-了]

$[_{BecP}[_{役事}t_j][_{Bec'}[_{Bec}<咬伤>][_{VP}[Pro_j<伤>][<咬伤>]]]]]]]]$

c. 张三$_i$···被···$[_{CausP}[甲鱼][_{Caus'}[_{Caus}把][_{AspP}[t_i腿][_{Asp'}[_{Asp}咬伤-了]$

$[_{BecP}[_{役事}t_j][_{Bec'}[_{Bec}<咬伤>][_{VP}[Pro_j<伤>][<咬伤>]]]]]]]]$

d. ···$[_{CausP}[甲鱼][_{Caus'}[_{Caus}把][_{AspP}[张三_i][_{Asp'}[_{Asp}咬伤-了][_{BecP}[_{役事}t_i一$
条腿$]_][_{Bec'}[_{Bec}<咬伤>][_{VP}[Pro_j<伤>][<咬伤>]]]]]]]]$

在本分析中，领属者与被领属者构成一个DP结构，充当役事。根据Rizzi的研究，在（40d）中，Asp与领属者"张三"处于最小构型（Minimal Configuration）中，因为没有跟"张三"相同结构类型（structural type）或结构特征（structural characteristics）的其他成分介于其间；Asp与被领属者"一条腿"不处于最小构型中，因为跟"一条腿"具有相同结构类型或结构特征的"张三"介于Asp与"一条腿"之间。在（40c）中，虽然"被"与"张三"之间还有"甲鱼"，但如果"被"只激发役事进行操作，还是可以认为"被"与"张三"/"张三（的）腿"处于最小构型之中，因为"张三"/"张三（的）腿"与"甲鱼"有不同的结构特征，因为"张三"/"张三（的）腿"具有受事性。如：

（41）a. 甲鱼咬了张三，张三的腿伤了。

b. 甲鱼咬了张三的腿，张三的腿伤了。

在（40d），既然是Asp与"张三"处于最小构型，而不是与"一条腿"处于最小构型，按照Rizzi的相对近距离原则，自然只有"张三"可以被Asp提取，而"一条腿"不能被提取。也就是说，领属者与被领属者的不对称提升也可以通过DP结构进行解释[①]，而不一定非得通过底层施用结构进行解释。更重要的是，DP结构还可以解释被领属者出现于"把"后的事实，而这一点，底层施用结构是很难解释的。

---

① 按照Chomsky的研究，DP内的领属者与被领属者处于D的最小语域内，它们对于Asp来说是等距离的，理论上是有均等机会移位的。事实也是如此。如：

a. 再闹，看不把腿打断了你的！ （看不打断了你的腿！）

b. 再撒谎，看不把嘴撕烂了她的！ （看不撕烂了她的嘴！）

（a、b）是詹开第的语料，这里进行提升的是被领属者，被领属者的着陆点是Asp的指示语位置。这就是说，在Chomsky的方案里，DP结构可以解释更多的相关句法现象。为不至于太分散，暂不讨论领属性保留宾语句中的领属者与被领属者的互换现象。（a、b）中之所以被领属者提升，因为其中的D有语音实现，如"的"。

4 结 语

黄正德等认为领属性保留宾语句与非领属性保留宾语句有着相同的句法结构，是因为它们在句法行为上几乎相同，如都有把字句，都可以变为被字句、受事主语句等。如果考虑被领属者含有 Pro 论元，也可以用黄正德等的句法结构解释两类保留宾语句的差异，如提取与互换等。张庆文、邓思颖换用施用结构进行解释，一方面可以不考虑 Pro 论元，另一方面还能刻画出论元的来源①，并能证实施用结构的普遍性。语言事实的丰富性有时超过我们的预料，领属性保留宾语句中被领属者可以处于"把"后，这很难通过施用结构进行解释，因为在施用结构中领属者介于探针与被领属者之间，成了干涉者，它禁止被领属者被提升。为了让被领属者能够置于"把"后，我们让领属者与被领属者构成 DP 作役事，处于 BecP 的指示语位置，然后借助于领属者提升进行解释，能对目前所提及的句法现象作出合理解释。这一个案表明语料在句法研究中有着极为重要的作用，它要求研究者尽可能多地考察各种句法行为。

主要参考文献:

[1] CHOMSKY N.1995. The minimalist program[M]. Cambridge，MA.: MIT Press.

[2] HUANG J, AUDREY L，LI Y. 2009. The syntax of Chinese[M]. Cambridge: Cambridge University Press.

[3] HUANG J. 1992. Complex predicate in control[M]//HIGGIBO-THAM J，LARSON R. Control and grammar. Dordrecht: Kluwer Academic Publishers.

[4] HALE K，KEYSER S.1993. On argument structure and the lexical expression of syntactic relations[M]// HALE K，KEYSER S. The

---

① 张庆文、邓思颖指出，保留宾语句涉及的是句子的论元增容问题。为引进该论元，他们采用了施用范畴。Pylkkänen 将施用范畴分成高层施用范畴与低层施用范畴，前者位于动词短语 VP 之上，表达的是个体与事件之间的关系；后者位于动词短语之下，表达的是两个个体之间的关系。本文采信熊仲儒的功能范畴假设，也是为解决论元的引进问题。

view from building 20: essays in linguistics in honor of Sylvain Bromberger. Cambridge，MA: MIT Press.

[5] LARSON R.1988. On the double object construction[J]. Linguistic inquiry，19: 335-391．

[6] MARCEL D. 2006. Relators and linkers[M]. Cambridge，MA: MIT Press.

[7] PYLKKANEN L. 2008. Introducing arguments[M]. Cambridge，MA.: MIT Press.

[8] RIZZI L. 2001. Relativized minimality effects[M]//BALTIN M，COLLINS C. The handbook of contemporary syntactic theory. Oxford: Blackwell.

[9] RIZZI L.1990. Relativized minimality[M]. Cambridge，MA.: MIT Press.

[10] ROSS R.1967.Constraints on variables in syntax[D]. PhD dissertation，MIT.

[11] SYBESMA R.1999. The Mandarin VP[M]. Dordrecht: Kluwer Academic Publishers.

[12] 邓思颖. 2010. 形式汉语句法学[M]. 上海：上海教育出版社.

[13] 丁仁. 2009. 领属者提升、左缘限制与汉语多重主语句之衍生[J]. 语言学论丛，39: 340–359.

[14] 黄正德. 2007. 汉语动词的题元结构与其句法表现[J]. 语言科学，（4）: 3–21.

[15] 熊仲儒. 2005. 以"的"为核心的 DP 结构[J]. 当代语言学，（2）: 148–165.

[16] 熊仲儒. 2008. 语音结构与汉语名词短语内部功能范畴的句法位置[J]. 中国语文，（6）: 523–534.

[17] 熊仲儒. 2003. 汉语被动句的句法结构分析[J]. 当代语言学，（3）: 206–221.

[18] 熊仲儒. 2004. 现代汉语中的致使句式[M]. 合肥：安徽大学出版社.

[19] 袁毓林. 1994. 一价名词的认知研究[J]. 中国语文，（4）: 241–253.

[20] 詹开第. 1983. 把字句谓语中动作的方向[J]. 中国语文，（2）.

[21] 张庆文，邓思颖. 2011. 论现代汉语的两种不同保留宾语句[J]. 外

语教学与研究，（4）: 512–528.

[22] 朱德熙. 1982. 语法讲义[M]. 北京: 商务印书馆.

（原载《安徽师范大学学报（人文社会科学版）》2013年第5期）

汉语等同双宾句与等同范畴①

汉语的双宾句很复杂,其中有一类被朱德熙(1982)命名为等同双宾句。等同双宾句,有的学者放到取得双宾句中讨论,有的则放到给予双宾句中讨论,我们认同朱德熙的看法,将它看作独立于给予与取得的双宾类型。与等同双宾句及其相应的"V(……)作"句式有关的主要问题大致有:第一,论元选择。等同双宾句及其相应句式中的动词,有些表现出论元的交替性(变价现象),即本为二价动词,在等同双宾句中却表现为三价,袁毓林(1998)从谓词隐含的角度对此进行过解释,我们觉得谓词隐含不好解释含谓词"作、为、是"的句式的价成分的引进。第二,句法行为。等同双宾句及其相应句式中动词后的成分可以经受并列测试;它们跟与格句和动补结构句也非常相似,都是将相同位置上的宾语用"把""提前"或作"被"的主语;此外,"作、为、是"对句式的句法行为也有影响。第三,句法结构。等同双宾句可以两分,也可以三分(朱德熙1982);其相应句式或作连谓结构,或作兼语结构。这些结构分析无助于解释相应的句法行为。考虑到等同双宾句及其相应句式跟与格句、动补结构句在句法行为上的相似,我们将根据与格句与动补结构的研究成果,对等同双宾句及其相应句式进行分析。

1 等同双宾句

1.1 独立句式

朱德熙(1982)认为等同双宾句具有"近宾语和远宾语的所指在某

---

① 基金项目:国家社会科学基金项目(08BYY002)。

一方面有同一性"的特性,这类句式有趣的是两个宾语之间可以插入"作、为、是"等动词。如:

(1)a. 叫他老大哥。　　　骂他傻瓜。　　　当他好人。

　　b. 叫他作老大哥。　　骂他为傻瓜。　　当他是好人。

英语中也有类似的句式,如:

(2)a. I consider John crazy/ in the know/a fool.

　　b. I regard Fred <u>as</u> insane/in the know/my best friend/having a good reputation.

　　c. They took John <u>for</u> a fool/Michael.

(2)中的"crazy/ in the know/a fool"等在英语传统语法中为宾语补足语,黎锦熙(1992)也将(1)中的相应成分称为补足语,它描述(近)宾语具有某种属性。

朱德熙(1982)认为等同双宾句既不同于给予类双宾句,也不同于取得类双宾句,而袁毓林(1998)却将等同双宾句中的动词放在"取得义三元动词的配价和配位"中讨论,范晓(2009)将这类句式中的动词看作"'交'类动词"(给予双宾句中的动词)。等同双宾句跟给予类双宾句相同的是都可以在远宾语前面插入动词,如"给"与"作",构成连谓结构①,如(3b);不同在于相应的连谓结构包括一部分等同双宾句在"把"字句与"被"字句上的表现,给予类中能够被动化或"提前"的是远宾语,而等同类中能够被动化或"提前"的是近宾语,如(3c-d):

(3)a. 双宾句

　　　他送小王一本书。　　　大家称他"活雷锋"。

　　b. 连谓句

　　　他送一本书给小王。　　大家称他作"活雷锋"。

　　c. "把"字句

　　　他把书送给了小王。　　*大家把"活雷锋"称作他。

　　*他把小王送给了书。　　大家把他称作"活雷锋"。

　　d. "被"字句

　　　书被他送给了小王。　　**"活雷锋"被大家称作他。

---

① 朱德熙(1982)认为"送一本书给小王"中的"给"为动词,整个结构为连谓结构。为比较方便起见,我们采用朱德熙的说法。"给"是不是动词,"送一本书给小王"是不是连谓结构,暂不深究。"V……给……"这种连谓式,我们将称之为"与格句"。

*小王被他送给了书。　　　　他被大家称作"活雷锋"。

范晓(2009)也指出这两类句式在构成"被"字句上有不同。如：

(4)a. 小福子被二强子卖给了人家。

　　b. 小福子被人们骂作草包。

(4a)中选择的是远宾语作主语,(4b)中选择的是近宾语作主语。

等同双宾句及其含"作"的相应句式跟与格句也有相同之处,那就是作"被"字句的主语与"把"的"宾语"的都是夹在中间的宾语。如(5a-c)：

(5)a. 老王叫<u>徒弟</u>"小三儿"。　　　　老王把<u>徒弟</u>叫"小三儿"。

　　b. 老王叫<u>徒弟</u>作"小三儿"。　　　老王把<u>徒弟</u>叫作"小三儿"。

　　c. 老王送<u>礼物</u>给徒弟。　　　　　老王把<u>礼物</u>送给徒弟。

　　d. 老王送<u>徒弟</u>礼物。　　　　　　*老王把<u>徒弟</u>送礼物。

等同双宾句及其相应句式跟与格句在句法行为上相似,并不意味着等同双宾句跟给予双宾句相同或属于给予双宾句的一类,这一点必须指出。范晓(2009)认为等同双宾句暗含"给予",即"O_2是S通过言语行为'称、称呼'之类给予O_1的",这种诠释可能是对的,但无助于解释等同双宾句与给予双宾句的差异,试比较(5a)与(5d)。

1.2　结构分析

给予与取得是相反的一对概念,不是给予即为取得,不是取得即为给予。可能是基于这样认知,人们将等同双宾句或看作取得类(袁毓林1998),或看作给予类(范晓2009)。其实,从句法行为上,完全可以把等同双宾句看作独立的双宾句式,如朱德熙(1982);当然,如果坚持"给予"与"取得"覆盖了全部的双宾句,我们也可以认为等同双宾句并非真正的双宾句,如将其中的远宾语看作补足语(黎锦熙1992),或看作补语。如：

(6)a. 叫　他　老大哥　　　　b. 叫　　他　老大哥
　　|_动_||_宾_||__宾__|　　　　 |_动_||_宾_||__补__|

(6a)是双宾处理,(6b)是宾补处理。不过,在朱德熙(1982)的语法体系中"老大哥"是不能处理作补语的,因为"补语只能是谓词性成

分、不能是体词性成分"①。

如果不特意规定补语的范畴的话,倒是可以将其中的远宾语处理作补语。等同双宾句跟动补结构在句法行为上也非常相似,它们都可以有"把"字句;如果等同双宾句中包含"作/为"等词的话,则等同双宾句构成"把"字句更自由。如:

(7)a. 老王把徒弟叫"小三儿"。

　　b. 处长见我提了礼物上门,一个劲儿怪我太客气了,把他当外人了。

　　c. 就把刘濞封了吴王,封完了以后,刘邦就后悔。

　　d. 人们也把根瘤叫共生固氮菌。

(8)a. 笑疼了肚子。　　　　把肚子笑疼了。

　　b. 哭红了眼睛。　　　　把眼睛哭红了。

　　c. 逼走了哥哥。　　　　把哥哥逼走了。

　　d. 气晕了妈妈。　　　　把妈妈气晕了。

(9)a. 笑得肚子都疼了。　　把肚子笑得都疼了。

　　b. 哭得眼睛都红了。　　把眼睛哭得都红了。

　　c. 逼得哥哥只好走了。　把哥哥逼得只好走了。

　　d. 气得妈妈晕过去了。　把妈妈气得晕过去了。

李临定(1986)将动补结构中的宾语看作动补结构的"名受"(宾语),其证据是"把"字句。他说,(8)中的名词短语有的和主动词没有动宾关系(*笑肚子/*哭眼睛),有的和补语没有动宾关系(*走哥哥/*晕妈妈),但是它们都有相应的"把"字句。基于以上观察,李临定认为(8)中的名词短语为整个动补结构的"名受"(宾语),作为扩展,他类比后认为(9)中的名词短语也为整个动补结构的"名受"(宾语)。看作"宾语"可能难以接受,看作整个动补结构的"名受"应该是可以的,因为(9)中的名词短语看起来不完全同于(8),如:

(10)笑得肚子都疼了。　　*笑得都疼了肚子。

　　　哭得眼睛都红了。　　*哭得都红了眼睛。

　　　逼得哥哥只好走了。　*逼得只好走了哥哥。

----

① 主语、宾语、补语等是结构概念,在生成语法中由结构关系进行定义,我们在这儿不准备讨论它是补语还是宾语。此外,从生成语法的角度看,汉语学界的宾语、补语概念实际上都可以归进补足语。为称谓方便,或为明确研究对象,我们依旧称这种句式为等同双宾句。

气得妈妈晕过去了。　　*气得晕过去了妈妈。

如果从生成语法的角度来看,倒是可以将(8)与(9)中的名词短语看作整个动补结构的宾语;同样,等同双宾句中的近宾语也可以看作"动词+远宾语"的宾语。Chomsky(1957)对英语类似结构的分析是"复杂动词+宾语",如(11c),其证据是被动化,如(11b):

(11)a. All the people in the lab consider John a fool.

b. John is considered a fool by all the people in the lab.

c. All the people in the lab——consider a fool——John.(NP-verb-NP)

如果用这种看法来观察汉语,则等同双宾句也可分析为"复杂动词+宾语"。为照顾阅读,可表达成非连续结构,如(12a);同样,状态补语句("得"字句)也可做类似处理,如(12b):

(12) a. 叫　他　老大哥　　b. 走得　我　累死了

这里"他"为"叫……老大哥"的宾语,从"被"字句、"把"字句来看,这种分析也是有道理的①。按朱德熙(1982)的看法,"把"字句跟受事主语句关系最为密切,这个名词短语也应该跟整个"复杂动词"有关。如:

(13)a. 把肚子笑得都疼了。　　把肚子笑疼了。　　把他叫老大哥。

b. 肚子笑得都疼了。　　肚子笑疼了。　　他叫老大哥。

(13a)是"把"字句,(13b)是"受事主语句"。从线性序列上看,(13a)仿佛就是在(13b)的基础上加个"把"字。所以,"把"字句跟受事主语句关系最为密切。在我们看来,就是"把"后的名词短语跟后边的动词短语为姊妹关系,可形象地刻画为(14)②:

---

① Chomsky(1957)将与格句处理作"复杂动词+宾语",其中"复杂动词"由"动词"与"间接宾语"构成,如"the teacher-gave to him-several books",该结构类似于(11c),后来这种结构被Larson(1988)改造为类似(14)的结构。在汉语中与格句、动补结构句与等同双宾句在句法行为上有很大的相似点,我们也将从结构上关联它们。

② 朱德熙(1982)认为双宾句的内部结构有两种可能性:一是两个宾语各自跟述语发生关系,它们互相之间没有结构上的关系,为三分结构;二是述宾结构带宾语,为二分结构。现在想来,这跟他主张"把"字句跟受事主语句关系最为密切不太协调。

（14）a. 肚子笑得都疼了　　　　　b. 他叫老大哥

```
       肚子笑得都疼了                          他叫老大哥
      /            \                        /          \
   肚子  ←—θ—  笑得都疼了              他  ←—θ—  叫老大哥
              /      \                              /     \
          笑得      都疼了                         叫      老大哥
```

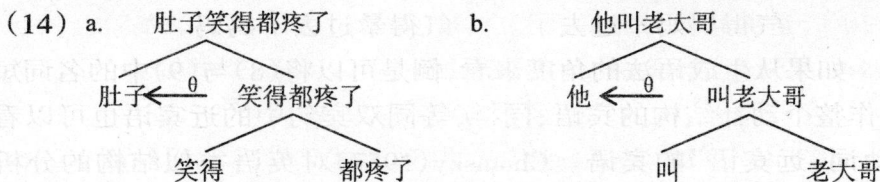

按照组合的层级性，所谓的受事主语跟其姊妹成分直接相关；按照题元指派的组合性，所谓的受事主语都由其姊妹成分指派题元（Chomsky 1981）。在这个结构中，不仅"肚子"的语义角色由整个动词短语"笑得都疼了"指派，而且"他"的语义角色也由"叫老大哥"指派；至于"肚子"是主语还是宾语，这是无关紧要的，在汉语学界，可依最终的位置确定，如在句首时为主语，在动词之后时为宾语。所以说，李临定将"肚子"看作跟整个动补结构相关的"名$_受$"非常重要，我们认为"他"也是"叫老大哥"的"名$_受$"，这种看法跟朱德熙（1982）是相通的。有些研究者将（14b）中的"老大哥"处理为"受事"，这可能有些不合适。

2　生成语法分析

Chomsky（1957）的复杂谓词分析不能表达两个宾语之间的述谓关系，也不好解释两个宾语能经受并列测试及其他句法行为。基于此，Bowers（1993、2001）提出谓素分析。考虑到汉语中的"把"字句，我们将根据Larson（1988）与熊仲儒（2004）提出功能范畴分析。

2.1　谓素分析法

Bowers（1993、2001）为了表达主谓关系，他在主谓之间引进了谓素（Pr）作为中介投射，如：

（15）a. [$_{PrP}$[NP][$_{Pr'}$[Pr][XP]]]

　　　b. [$_{IP}$ they consider [$_{PrP}$ John [$_{Pr'}$[$_{Pr}$ e][$_{AP}$ crazy]]]]

（15a）是谓素分析的图示。（15b）显示"John"与"crazy"构成句法体PrP，这很好地表达了它们之间的主谓关系。Bowers认为这种表达有很多理论上的优势，如统一处理了主句与小句中的外部论元，使它都处于Pr的指示语位置；给小句分析法（small clause analysis）中的小句（SC）找到了统一的范畴标记；使X'—图式统一呈现二层形式；为as找到了合适的句法位置;表达了主谓关系。这种主谓关系就是传统语法称crazy为宾语John的补足语原因。

在经验上,Bowers的谓素分析也有一些优势。

第一,可以解释并列测试。并列测试是学界常用的测试结构体的手段。范继淹(1986)称并列测试为"并立扩展法"。他说:"如果ABC组合的后两项能扩展为并立结构(BC+B'C'),则ABC=A(B+C);例如'他很高'可以扩展为'他很高,很瘦',所以层次组合是'他 | 很高'。反之,如果ABC组合的前两项能扩展为并立结构(AB+A'B'),则ABC=(A+B)C;例如'红的花'可以扩展为'红的和白的花',所以层次组合是'红的 | 花'。"Bowers(1993)发现英语中的"等同双宾句"中的两个宾语构成的符号串可以并列,所以他反对Chomsky(1957)的复杂动词分析而采用谓素分析,简单地说,在他看来这两个宾语并不是非连续性成分(17b,)而是连续性成分(17a):

(16)a. Mary considers John a fool and Bill a wimp.

　　b. John regards professors as strange and politicians as creepy.

(17)a. Mary considers [John a fool]

　　b. Mary—considers a fool —John.

汉语等同双宾句中的两个宾语所组成的符号串也可以并列,而且含"是/作"的构式的相应符号串也能并列。如:

(18)a. 张三骂李四草包,王五笨蛋。

　　b. 我们今天选张三班长,李四学习委员。

(19)a. 张三骂李四是草包,王五是笨蛋。

　　b. 我们今天选张三作班长,李四作学习委员。

这表明两个宾语应为连续成分。

英语没有相应的"把"字句,很难评判(17a)与(17b)孰优孰劣。汉语中相应的行为却造成了一种矛盾,"把"字句表明近宾语跟动词与远宾语的组合有关,而并列测试却表明近宾语与远宾语构成结构体。

第二,可以解释非相同范畴的并列,如:

(20)a. I consider John [$_A$ crazy] and [$_{DP}$ a fool].

　　b. Bill is [$_A$ unhappy] and [$_{PP}$ in trouble].

(21)[$_{PrP}$ I[$_{Pr'}$consider$_i$[$_{VP}$ John$_j$ t$_i$ [$_{PrP}$[$_{PrP}$ t$_j$ e crazy]and[$_{PrP}$ t$_j$ e a fool]]]]]

(20a)中形容词可以跟名词短语并列,(20b)中形容词可以和介词短语并列。在 Bowers 看来,其实并列的都是 PrP,如(21),遵守了相同范畴才能并列的限制。

第三,也解释了被动化。因为其中的近宾语,也就是小句 PrP 中的主语需要格,它的格由主动词 consider 指派。被动化意味着主动词失去格指派能力,所谓的近宾语为获得格只能进行提升。

Bowers 的句法投射根据的是经典的论元结构理论,在(15b)中,他将 consider 处理为二元谓词,小句是其中一个论元的实现形式。在汉语中,有些名词短语跟主动词之间有选择关系,有些名词短语跟主动词之间有没有选择关系不好判断。如:

(22)a. 爸爸骂弟弟大笨蛋。—— 爸爸骂弟弟。

b. 大家都夸她好孩子。—— 大家都夸她。

(23)a. 大家称他活雷锋。—— *大家称他。

b. 皇上封他襄阳王。——? 皇上封他。

(22)中的近宾语应该跟主动词有选择关系,(23)中近宾语跟主动词有无选择关系不好判断。对此,我们可以分别投射句法结构,如(24);也可以像 Sybesma(1999)那样指派统一结构,如(25):

(24)a. $[_{PrP}$爸爸$][_{Pr'}[_{Pr}][_{VP}$弟弟$_i[_{v'}[_v$骂$][_{PrP}$ PRO$_i$ $[_{Pr'}[_{Pr}$ e$][_{NP}$大笨蛋$]]]]]]]$

b. $[_{PrP}$大家$][_{Pr'}[_{Pr}][_{VP}$ $][_{v'}[_v$称$][_{PrP}$他 $[_{Pr'}[_{Pr}$ e$][_{NP}$活雷锋$]]]]]]]$

(25)a. $[_{CAUSEP}$爸爸$][_{CAUSE'}[_{CAUSE}$ $][_{VP}[$ $][_{v'}[_v$骂$][_{SC}$弟弟 $[_{NP}$大笨蛋$]]]]]]$

b. $[_{CAUSEP}$大家$][_{CAUSE'}[_{CAUSE}$ $][_{VP}[$ $][_{v'}[_v$称$][_{SC}$他 $[_{NP}$活雷锋$]]]]]]$

两种结构都能解释并列测试,也能解释"把"字句与"被"字句。对"把"字句来说,只要将(24b)中名词短语提前与谓素 Pr 实现为"把"即可;对"被"字句来说,只要实施被动化即可;对并列测试来说,只要(24)中主动词向高位 Pr 核心移位即可。(25)中小句(SC)主语进行提升,然后在 CAUSE 位置插入"把"即可得到"把"字句;被动化后,即可得到"被"字句。

谓素分析表达的是主谓关系。动词之后有次级谓词,谓素分析就让它投射成小句。这种分析跟小句分析颇为相近,差异在于动词是否变为非受格动词。这两种分析在汉语中都会受到二元补语谓词的挑战。如:

(26)a. 我把这段英文看懂了。

b. 我把他的意思听明白了。

（27）a. …[vp[v看][vp[我][v'[v懂][这段英文]]]]

　　 b. …[vp[v听][vp[我][v'[v明白][他的意思]]]]

（28）a. [pp[我ᵢ][pr'[pr][vp[这段英文ⱼ][v'[v看][pp PROⱼ [pr'[pr e][vp 懂 OP ⱼ]]]]]]]

　　 b. [pp[我ᵢ][pr'[pr][vp[　][v'[v听][pp PROⱼ [pr'[pr e][vp 明白他的意思]]]]]]]

（27）采用的是小句分析，（28）采用的是谓素分析。在（27）中，小句主语"我"因得不到格而需要移位，小句宾语由补语谓词指派格，不需要移位，这样的结构很难得到（26）中的"把"字句。（28a）可以很容易得到"把"字句，但其中的 PRO 却难以取得合适的解读；（28b）中的 PRO 虽然能很容易得到合适解读，但却很难得到"把"字句，因为"他的意思"因有格而不能移位。更为麻烦的是很难确定 Pr 什么时候可实现为"把"。基于这类情形，我们将放弃 Bowers 的谓素分析及类似的小句分析。

2.2　功能范畴分析

在汉语界，袁毓林（1998）和范晓、朱晓亚（1998）等都认为等同双宾句中的动词为三元动词。袁毓林认为其中的"称、夸、骂、封、定"是由谓词隐含造成的三元动词。如：

（29）a. 骂：爸爸骂弟弟是大笨蛋。——爸爸骂弟弟大笨蛋。

　　 b. 称：大家称他为活雷锋。——大家称他活雷锋。

　　 c. 封：皇上封他作襄阳王。——皇上封他襄阳王。

对于"大家称他为活雷锋"的"称"是不是三元动词，袁毓林没有探讨。陈昌来（2002）则认为它是三元动词，他说像"大家称老王为启蒙老师"一句，"大家称老王"是主述谓结构，"为启蒙老师"就是这个主述谓结构中的从属述谓结构，因而，这种结构中的"称、叫、骂"是三价动词，有施事、受事、补事（"为启蒙老师"）三个语义成分。这种主述谓与从属述谓的说法是否有必要，我们暂不论，至少它能告诉我们（29）左右两边都是三元动词。曹逢甫（2005）将"作"等词分析为同动词（coverb），这实际上也是认为其中的主动词为三元动词。

熊仲儒（2004）将动补结构跟与格句（给予双宾句的"连谓式"）归为致使句式，并认为其中动词由 Bec(ome) 与 Caus(e) 扩展。其结构如下：

（30）[_{CausP}[Spec][_{Caus'}[Caus][_{BecP}[Spec][_{Bec'}[Bec][_{VP}[XP][V]]]]]]

a. [_{CausP}[Spec 他][_{Caus'}[Caus][_{BecP}[Spec 眼睛][_{Bec'}[Bec][_{VP}[XP 红][V 哭]]]]]]

　　他哭红了眼睛。　　　　他把眼睛哭红了。

b. [_{CausP}[Spec 他][_{Caus'}[Caus][_{BecP}[Spec 眼睛][_{Bec'}[Bec −得][_{VP}[XP 通红][V 哭]]]]]]

　　他哭得眼睛通红。　　　　他把眼睛哭得通红。

c. [_{CausP}[Spec 他][_{Caus'}[Caus][_{BecP}[Spec 书][_{Bec'}[Bec][_{VP}[XP 给张三][V 送]]]]]]

　　他送书给张三。　　　　他把书送给张三。

等同双宾句跟动补结构句和与格句在句法行为上非常相似，所以也可以指派类似的结构。如：

（31）[_{CausP}[Spec][_{Caus'}[Caus][_{BecP}[Spec][_{Bec'}[Bec][_{VP}[XP][V]]]]]]

a. [_{CausP}[Spec 爸爸][_{Caus'}[Caus][_{BecP}[Spec 弟弟][_{Bec'}[Bec][_{VP}[XP 笨蛋][V 骂]]]]]]

b. [_{CausP}[Spec 大家][_{Caus'}[Caus][_{BecP}[Spec 他][_{Bec'}[Bec][_{VP}[XP 活雷锋][V 称]]]]]]

c. [_{CausP}[Spec 皇上][_{Caus'}[Caus][_{BecP}[Spec 他][_{Bec'}[Bec][_{VP}[XP 襄阳王][V 封]]]]]]

用 Bec 与 Caus 扩展动词，并让它们选择论元，可以有以下优势：

第一，可以解释等同双宾句中论元的选择。袁毓林的谓词隐含与陈昌来的主述谓、从属述谓的区分，实际上都是为了解决论元的来源问题。问题在于谓词隐含还得解决谓词不隐含的情形，从属述谓也得解决从属述谓是如何引进的。我们用 Bec 与 Caus 不仅可以解决等同双宾句中的论元引进，也能解决动补结构句和与格句中论元的引进。

第二，可以解释等同双宾句与动补结构句、与格句的平行性。双宾句与动补结构句、与格句都是由 Bec 与 Caus 扩展动词而成。

第三，可以解释并列测试。动词提升以后，两个所谓的宾语及一些隐性成分包括动词的语迹构成结构体，如 BecP，结构体可以并列。功能范畴分析类似于 Larson（1988）的 VP−shell 分析，差异在于"空动词"（功能范畴）的数目，Larson（1988）就是采用 VP−shell 来解释并列测试的，他还认为 VP−shell 分析跟 Chomsky（1957）的复杂动词分析是一致的。

第四，可以解释"把"字句与"被"字句的生成。"把"字句是因为 Caus 可以实现为"把"（熊仲儒 2004，2007），"被"字句是因为"被"可以扩展 CausP（熊仲儒 2003）。

需要注意的是，等同双宾句虽有"把"字句，参见（7），但在没有"作、为"等词时，等同双宾句并不全都有相应的"把"字句。如：

（32）a. 老王骂徒弟"懒骨头"。　　　　*老王把徒弟骂"懒骨头"。

　　　 b. 老王叫徒弟"小三儿"。　　　　老王把徒弟叫"小三儿"。

（33）a. 老王骂徒弟作"懒骨头"。　　　老王把徒弟骂作"懒骨头"。

　　　 b. 老王叫徒弟作"小三儿"。　　　老王把徒弟叫作"小三儿"。

实现"作、为"等词，可能是为了增强远宾语的结果义。试比较：

（34）a. 徒弟骂"懒骨头"。　　　　徒弟骂作"懒骨头"。

　　　 b. 徒弟叫"小三儿"。　　　　徒弟叫作"小三儿"。

（34a）中没有"作"时，"徒弟"为施事，"懒骨头"为"受事"；（34b）中没有"作"时，"徒弟"为受事，"小三儿"为结果。这可能是曹逢甫（2005:62）称（33b）为"中动语态"（middle-voiced）的原因。当主动词不在近宾语与远宾语之间时，两者表述关系明显，远宾语有属性结果义。如：

（35）a. 徒弟"懒骨头"。

　　　 b. 徒弟"小三儿"。

这类似于体词谓语句。远宾语或是近宾语的内容，如"叫她祥林嫂"；或是属性，如"夸他好孩子、骂他混蛋"。

从语义的组合性上来讲，用 Caus 与 Bec 来引进论元，也是可以的。按 Dowty（1979:224）对英语相关动词的语义分解来看，其中就含有 CAUSE 与 BECOME 这样两个语义原子：

（36）a. Mary appointed Bill chairman.

　　　 '玛丽委任比利为主席'

　　　 b. ∃p[say'（mary, p）CAUSE BECOME chairman'（bill）]

（36b）是说"玛丽说某件事 p 致使（CAUSE）比利达成（BECOME）主席这个身份"。从功能范畴假设来看，就是 appoint 受 Bec 与 Caus 扩展。如：

（36）c. [CausP[Spec Mary][Caus'[Caus][BecP[Spec Bill][Bec'[Bec][VP [XP chairman][V appointed]]]]]]

从组合性来看，Bill 位于动词（appointed）及其补足语（chairman）之外，可看作复杂动词的宾语。appointed 核心移位之后，包含 Bill 与 chairman 的结构是 BecP，这是"Bill chairman"这个符号串可以经受并列测试的原因。

3 等同范畴

3.1 句法位置

现在的问题是"作、为、是"等词的句法位置。"把"可以占据 Caus 位置，从可能性上讲，"作、为、是"等词要么占据 Bec 位置，要么占据 XP 中的某个位置。

将"作、为、是"确定为 Bec，会有以下一些问题：

第一，违反语义直觉。从语义直觉上讲，"作、为、是"没有达成义，只有等同义。

第二，句法操作不经济，涉及分解操作。从句法行为上讲，如果"作、为"占据 Bec 位置，在动词与它融合后还必须分解。如：

(37) $[_{CausP}[Spec\ ][_{Caus'}[Caus\ ][_{BecP}[Spec\ ][_{Bec'}[Bec\ 作/为\ ][_{VP}[XP\ ][\ V]]]]]]$

   a. 爸爸把弟弟<u>叫作</u>笨蛋。   我们把张三<u>选为</u>班长。

   b. *爸爸<u>叫作</u>弟弟笨蛋。   *我们<u>选为</u>张三___班长。

   c. 爸爸<u>叫</u>弟弟<u>作</u>笨蛋。   我们<u>选</u>张三<u>为</u>班长。

(37a)演示的是 V 与"作/为"的融合，(37b)演示的是假定融合体的核心移位，(37c)演示的是假定融合体的分解移位。这个案例表明"作/为"为 Bec 的语音实现，会牵扯到分解操作。分解操作不是不能用，而是最后一招(last resort)，不能优先考虑。

第三，分解操作面临的问题是"是"所形成的挑战。"是"既不能和主动词融合，也不能独立移位。如：

(38) a. 爸爸骂弟弟是笨蛋。

   b. $[_{CausP}[_{Spec}\ 爸爸][_{Caus'}[Caus\ ][_{BecP}[_{Spec}\ 弟弟][_{Bec'}[Bec\ 是\ ][_{VP}[_{XP}\ 笨蛋][_V\ 骂]]]]]]$

(39) a. *爸爸把弟弟骂是笨蛋。

   b. $[_{CausP}[_{Spec}\ 爸爸][_{Caus'}[Caus\ 把][_{BecP}[_{Spec}\ 弟弟][_{Bec'}[Bec\ 骂-是][_{VP}[_{XP}\ 笨蛋][_V\ 骂]]]]]]$

（40）a. *爸爸是弟弟____笨蛋骂。

b. [CausP[Spec 爸爸][Caus·[Caus 是][BecP[Spec 弟弟][Bec·[Bec 是][VP [XP 笨蛋][v 骂]]]]]]

（38b）的结构跟（37）相同。（37）中"作、为"可以和主动词融合，而（39）则显示"是"不能和主动词融合。如果说主动词向"作/为"核心移位是因为"作/为"的粘着性，则不能和主动词融合的"是"完全是非粘着的。按理这样的"是"可以满足 Caus 的形态/语音需要，而实际情况并非如此，如（40）。所以我们不将"作、为、是"等词处理作 Bec 的语音实现，也不会将它们处理作介于 Caus 与 V 之间任何功能范畴的语音实现。

根据上文的推理，"作、为、是"等词应该在 XP 的内部。根据 Jackendoff（1990）的描述，我们将它们定为功能范畴——等同（Ident）。如：

（41）a. Bill considers /finds Amy smart.

b. [THINK/FIND ([BILL], [BE_Ident([AMY], [AT[SMART]])])]

根据 Bowers 的描述，宾语补足语实际上是陈述宾语的谓词。如果确切的话，"作/为"就不会是谓词，这样一来，它就只能在宾语补足语的投射之外，如（42a）：

（42）a. …[IdentP[Ident 作][SC[NP PRO][XP 笨蛋]]]

b. … [PrP [NP 弟弟/PRO][Pr·[Pr 作][xP 笨蛋]]]

SC 的内部结构我们这里就不考虑了。按照我们上文的分析，"弟弟"位于 Bec 的指示语位置，如果"笨蛋"投射为小句的话，其主语只能是空范畴。（42b）是根据 Bowers（1993）所作的分析，"作"如"as"一样处于 Pr 位置，按照我们的研究，这个 Pr 应该具有[Ident]特征。PrP 的主语取有语音的名词短语形式，还是取空代词 PRO 形式，有赖于主动词的及物性。

等同短语受主动词的成分统制，其核心有可能跟主动词发生融合，融合后的核心要跟它引进的成分毗邻。如：

（43）a. 他把礼物送给李四。　　　他把李四骂作笨蛋。

b. *他送给礼物李四。　　　*他骂作李四笨蛋。

c. 他送礼物给李四。　　　他骂李四作笨蛋。

（44）a. [CausP[Spec 他][Caus·[Caus][BecP[Spec 礼物][Bec·[Bec][VP [PP 给李四][v 送]]]]]]

b. [CausP[Spec 他][Caus·[Caus][BecP[Spec 李四][Bec·[Bec][VP [IdentP 作笨蛋][v 骂]]]]]]

"给"与"作"都受主动词的成分统制,如(44)。受主动词成分统制的"给"与"作"都能跟主动词融合,如(43a);"给"与"作"都毗邻于所引进的成分,如(43a)与(43c),与所引进成分都不能被隔开,如(43b)。顺便说句,在这里等同双宾句的"连谓句"与给予双宾句的"连谓句"(也可称为"与格句")非常相似,都是由 Caus 与 Bec 选择论元。从这个角度看,也难怪范晓(2009)等试图将等同双宾句放到给予双宾句中进行讨论。

现在即使"是"跟"作/为"在范畴上不相同,我们也不必论证"作/为"是不是介于主动词与 Caus 之间某个功能范畴,如 Bec 了。其理由如下:

第一,"作/为"为等同范畴(Ident),符合我们的语义直觉。"近宾语和远宾语的所指在某一方面有同一性"(朱德熙 1982),可以看做是等同范畴的语义表现。根据语义的组合性,我们可以结合致使、达成与等同范畴,将"张三叫李四老大哥"诠释为"张三通过'叫'这样的行为致使李四达成等同于'老大哥'这样的结果"。"李四"可能本身不是老大哥,"李四等同于老大哥"是另一事件致使达成的结果。人们之所以将这一类归入等同类,考虑的可能是其中的等同范畴(Ident)。

第二,可以解释并列测试。因为在主动词上移到 Caus 之后,两个宾语或两个宾语包含等同范畴的语音实现"作/为"等构成的是 BecP,为一结构体,可以并列。

第三,可以解释"把"字句。因为"把"是 Caus 的语音实现。这里有个现象需要特别指出来,那就是当 Ident 实现为"作/为"后,能顺利地插入"把";当 Ident 没有语音实现时,要看位于 Bec 指示语位置的成分,如果该成分可理解为主动词的施事时,就不能插入"把",反之则能。

第四,也可以解释"被"字句。被动化后,不管是汉语动词有没有失去格,移位的通常都是 BecP 的指示语。按熊仲儒(2003)的研究,该位置的成分常常可以指派[+被动]特征。

3.2 "是"的句法行为

"是"这个词较特殊,从语义上来看,应该归为等同范畴 Ident。但在句法行为上,它与"作/为"不同,所造成的句法后果也不同。

第一,"是"不能跟主动词融合,请参见(39)。

第二,含等同"是"的句子没有相应的"把"字句与"被"字句。如:

(45)a. 张三骂李四是笨蛋。　　　　张三骂李四为笨蛋。

b.*张三把李四骂是笨蛋。　　　张三把李四骂为笨蛋。

c.*李四被张三骂是笨蛋。　　　李四被张三骂为笨蛋。

我们认为(45)的对立跟等同范畴跟动词融合与否有关。可以说,在汉语中动词和具有动词特征的核心毗邻时,融合与否会决定它们是否有相应的"把"字句与"被"字句。如:

(46)a. 张三派李四扫地。　　　　张三派李四去扫地。

b.*张三把李四派扫地。　　　张三把李四派去扫地。

c.*李四被张三派扫地。　　　李四被张三派去扫地。

(47)a. 张三买报纸看。　　　　张三买报纸来看。

b.*张三把报纸买看。　　　张三把报纸买来看。

c.*报纸被张三买看。　　　报纸被张三买来看。

"派"不能跟"扫"融合、"买"不能跟"看"融合,它们都没有相应的"把"字句与"被"字句;"派"可以跟"去"融合,"买"可以跟"来"融合,它们都有相应的"把"字句与"被"字句。如此看来,"是"虽然跟"作/为"在"把"字句与"被"字句上不同,但仍旧可以处理作等同范畴,因为这种不同是另有原因的,即"是"不能跟主动词融合。可以想见,如果"是"可以跟主动词融合,则也会有"把"字句、"被"字句。

曹逢甫(2005:247)将"当"当作"做/为"类。我们观察到:"当"跟"是"确实颇为相似,都没有相应的"把"字句与"被"字句;跟"作、为"也确实颇为相似,很多时候好像就是词汇替换。如:

(48)a. 我们选小王当班长。

　　*我们把小王选当班长。

b. 大家推举老王当工会主席。

　　*大家把老王推举当工会主席。

(49)a. 我们选小王作班长。

　　我们选小王当班长。

b. 大家推举老王为工会主席。

　　大家推举老王当工会主席。

但从语义直觉上讲，"当"并不表示等同，它更像个词汇范畴；从句法行为上讲，它跟"是、作、为"也不同，"当"前面可以加"来、去"，而"是、作、为"前面不可以。如：

(50)a. *我们选小王来作班长^①。

我们选小王来当班长。

b. *大家推举老王来为工会主席。

大家推举老王来当工会主席。

c. *大家骂李四来是笨蛋。

上级派老王去当顾问。

所以，尽管"当"与"是"在句法行为上有些相似，我们还是将"当"排除在等同范畴 Ident 之外。

4 结 语

等同双宾句是一种独立的双宾类型，既不同于取得双宾句，也不同于给予双宾句。在这种句式中，动词表现为三个论元，根据"功能范畴假设"，我们认为这三个论元是由 Caus 与 Bec 这两个功能范畴选择的，其中有一个论元实现为等同短语(IdentP)。等同短语的核心为等同范畴 Ident，它可以实现为"是、作、为"等语音形式，也可以没有语音形式。Ident 没有语音实现时，学界称之为等同双宾句；有语音实现时，学界称之为连谓句(兼语句)或"SVOC"句。"是"与"作/为"有不同的音韵特征，前者不能跟主动词融合，后者可以跟主动词融合。融合与否会造成不同的句法后果，融合时，Caus 可以实现为"把"，并且整个结构可以被动化；不能融合时，Caus 不能实现为"把"，也不能有相应的"被"字句。

主要参考文献：

[1] BOWERS J.1993. The syntax of predication[J]. Linguistic inquiry,

---

① "作"为"充任"时，相当于"当"，这句话像"我们选小王来当班长"一样合法；为"等同"义时，句子就不合法了。再如：

我们叫她作祥林嫂。　　　　　*我们叫她来作祥林嫂。

我们骂他作笨蛋。　　　　　　*我们骂他来作笨蛋。

(24): 591-656.

[2] BOWERS J. 2001. Predication[M]//BALTIN M, COLLINS C. The handbook of contemporary syntactic theory. Collins. Oxford: Blackwell.

[3] CHOMSKY N.1957. Syntactic structures[M]. Mouton, the Hague.

[4] CHOMSKY N.1981. Lectures on government and binding [M]. Foris, Dordrecht.

[5] DOWTY D.1979. Word meaning and Montague grammar: the Semantics of verbs and times in generative semantics and Montague's PTQ[M]. Reidel, Doredrecht.

[6] JACKENDOFF R.1990. Semantic structures [M]. Cambridge: MIT Press.

[7] LARSON R.1988. On the double object construction [J]. Linguistic inquiry, (19): 335-392.

[8] SYBESMA R. 1999. The Mandarin VP [M]. Dordrecht: Kluwer Academic Publishers.

[9] 曹逢甫. 2005. 汉语的句子与子句结构[M]. 王静, 译. 北京: 北京语言大学出版社.

[10] 陈昌来. 2002. 现代汉语动词的句法语义属性研究[M]. 上海: 学林出版社.

[11] 范继淹. 1986. 汉语语法结构的层次分析问题[M]//范继淹. 范继淹语言学论文集. 北京: 语文出版社.

[12] 范晓, 朱晓亚. 1998. 三价动作动词形成的基干句模[J]. 汉语学习, (6):1-6.

[13] 范晓. 2009. 汉语句子的多角度研究[M]. 北京: 商务印书馆.

[14] 黎锦熙. 1992. 新著国语文法[M]. 北京: 商务印书馆.

[15] 李临定. 1986. 现代汉语句型[M]. 北京: 中国社会科学出版社.

[16] 熊仲儒. 2003. 汉语被动句的句法结构分析[J]. 当代语言学, (3): 206-221.

[17] 熊仲儒. 2004. 现代汉语中的致使句式[M]. 合肥: 安徽大学出版社.

[18] 熊仲儒. 2007. 致使的语音实现及其句法蕴含[J]. 安徽师范大学学报: 人文社会科学版, (6):723-728.

[19] 袁毓林. 1998. 汉语动词的配价研究[M]. 南昌：江西教育出版社.

[20] 朱德熙. 1982. 语法讲义[M]. 北京：商务印书馆.

（原载《安徽师范大学学报（人文社会科学版）》2011年第3期）

第三部分
汉语中的被动中动构式

现代汉语中的"由"字被动句①

1 引 言

除了"被"字句,"由"字句也是一种被动句,王还(1983)指出:"介词'由',当其在句中的功能是引出施事时,可以和'被'一样译成英语的 by。整句也就可以译为被动句。"张谊生(2004)则直接称之为"由"字被动句。"由"字被动句、"被"字句跟英语被动句有相似之处,如内部论元做主语,外部论元似乎都是由介词引进;也有相异之处,如汉语中的两种被动句都可以有保留宾语,而且接应代词可以跟主语同指。"由"字被动句更是放大了汉语被动句与英语被动句的差异:

第一,保留宾语。"由"字被动句的保留宾语可以是直接内部论元,"被"字被动句虽也有这种情况,不过吕叔湘(1965)觉得这种情况"最特别"。保留宾语现象对"被"字句与"由"字被动句的被动化分析构成了很大的挑战。

第二,接应代词。"被"字句中虽也有接应代词,但比较受限,"由"字句的接应代词相对自由些。双宾句的间接宾语可以受"由"被动化,不能受"被"被动化,间接宾语的被动化必须留下接应代词。接应代词在约束理论中对"由"以及"被"的介词身份构成了很大的挑战。

冯胜利(1997)、Huang(1999)等采用 tough—移位分析"被"字句,虽然能够回答保留宾语与接应代词的存在,但很多现象的解释依赖于"被"的词汇特性,如"被"的不能后附时体助词与不能重叠,如内嵌句中主语的格与能愿动词、否定词的分布等。

从语法描写与解释上说,毋庸置疑,tough—移位分析要比被动化

① 本文的写作得到国家社科项目"英汉论元结构的对比研究"(项目编号:08BYY002)的资助,修改时得到《现代外语》编辑部及其审稿人的赐教,谨致谢忱! 文责自负。

分析相对充分些,它考虑到了汉语被动句与英语被动句的差异,汉语被动句有英语被动句所没有的保留宾语与接应代词。tough—移位分析与被动化分析都是在GB框架中进行的,也有着自身的局限性。本文将根据Chomsky(2001)对"由"字被动句的种种句法行为作出解释,并以此说明:语言存在共性,也存在个性,语言的共性在于运算机制,而不在于表面上的对应。我们认为"由"字句的研究方案可以扩展到"被"字句,"被"与"由"相同,都是扩展带完整论元结构v*P的功能范畴,它们不同于英语中的被动范畴–en,后者只扩展带不完整论元结构的vP。

2 "由"字被动句的语法特点

吕文华(1985)重点考察了"由"字句的内部构成,并发现了"由"字句的两种形式与施事、受事以及能愿动词在句中的特殊分布。张谊生(2004)主要比较了两种"由"字被动句的构成,并认定它们是相辅相成的一对互补句式,它们既可以转换,又互有分工。对本文来说,吕文华对特定成分的分布考察与张谊生关于两种不同的"由"字句为被动句的论证,都非常重要。特定成分的分布有助于讲清基础位置与移位位置,句式语义有助于探寻负载该语义的成分。在本节,我们将在各种学派都能接受的框架中根据"由"的范畴身份揭示"由"字被动句的语法特点,并将"由"字句与"被"字句进行比较。

2.1 "由"像个介词

朱德熙(1982)指出纯粹的介词,只能用在连谓结构中①,不能单独作谓语。从这方面看,"由"也像个纯粹的介词,如:

(1)a.张三由李四照顾。　　　　*张三由李四。

　　b.院长由国务院提名。　　　　*院长由国务院。

　　c.霍元甲由黄元申扮演。　　　*霍元甲由黄元申。

说"由"像个纯粹的介词,而不说它是个介词,是因为有些动词也有类似属性,如"张三让李四上学"中的"让"。持相反意见者完全可以

---

① 一般将动词前边的介词短语分析作状语,朱德熙(1982)的连谓结构可以包括一般著作中的状中结构。

说"由"不是介词而是特殊的动词。为描写顺利进行,我们只说"由""像"个介词,而不说它"是"个介词,后文中会做出解释。

朱德熙(1982)还指出介词在使用时不能重叠,也不能带"了、着、过"。"由"也如此。如:

(2)a.张三由李四照顾。 *张三由由李四照顾。

　　b.院长由国务院提名。 *院长由由国务院提名。

　　c.霍元甲由黄元申扮演。 *霍元甲由由黄元申扮演。

(3)a.张三由李四照顾。 *张三由了李四照顾。

　　b.院长由国务院提名。 *院长由过国务院提名。

　　c.霍元甲由黄元申扮演。 *霍元甲由着黄元申扮演。

汉语的介词不能悬空,特别是不能通过话题化悬空。"由"在使用中也是如此。如:

(4)a. 张三把玻璃打破了。 *玻璃,张三把＿＿打破了。

　　b. 张三被李四批评了。 *李四,张三被＿＿批评了。

　　c. 张三比李四高。 *李四,张三比＿＿高。

　　d. 张三由李四照顾过。 *李四,张三由＿＿照顾过。

"把"、"被"、"比"等介词在使用时,否定词与能愿动词只能位于它们之前,而不能位于它们之后。对"由"而言,也是如此。如:

(5)a. 张三没把玻璃(*没)打破。 张三能把玻璃(*能)打破。

　　b. 张三没被李四(*没)批评。 张三会被李四(*会)批评。

　　c. 张三不比李四(*不)高。 张三应该比李四(*应该)高。

　　d. 张三没由李四(*没)照顾。 张三该由李四(*该)照顾。

黄伯荣、廖序东(2002:124–125)谈到"'把'字短语和动词之间一般不能加能愿动词、否定词,这些词只能置于'把'字前……不过熟语性句子有例外",也谈到"能愿动词和表否定、时间等的副词只能置于'被'字前"。吕文华(1985)也认为"由"字被动句中的能愿动词与否定词必须用在"由"字之前。

2.2 "由"又不像个介词

"由"如果是个介词,它应该跟后边的施事构成一个句法成分(syntactic constituent)。但事实并非如此,这可采用并列测试验证。并列测试是生成语法学界常用的验证手段,汉语学界也用。范继淹

（1983）称并列测试为"并立扩展"，他说："序列中的两个成分能扩展为并立结构，而并立结构只能解释为一个整体跟第三个成分发生关系，所以原有的两个成分必然是一个整体。"如：

(6) a. 院长由[国务院提名]，[全国人民代表大会任命]。

b. 本书由[邓关林翻译]，[商务印书馆出版]。

c. 野炊大家都有任务，由[小王去拾柴火]，[小张去生炉灶]，[我自己来洗米菜]。

d. 他打算开一家体面的旅馆，由[大赤包出资本]，[他去经营]。

e. 本剧由[长篇小说《铁道游击队》的作者刘知侠担任编剧]，[上影场负责拍摄]。

f. 而且，闻先生还觉得远远不够过瘾，于是他为这次庆功会又挥笔创作了第三首歌曲题为《赛场人生》，由[马登弟谱曲]、[郑丽萍演唱]、[沈阳音乐舞蹈学院伴舞]。

并列测试显示"由"后边的符号串可以构成句法成分，这也进一步表明"由"跟后边的施事不能构成句法成分。所以，(6a)只能分析为(7a)，而不能分析为(7b)：

(7) a. 院长　由　国务院　提名　　b.　院长　由　国务院　提名

这表明"由"不是介词，因为它并非用在连谓结构中，或者说状中结构中，如(7b)。这里，我们只说"由"不像介词，因为持相反意见者完全可以说(6)后边的并列项删略了"由"。

在简单句中，宾语位置的代词不能跟主语同指，如(8)，而"由"字被动句的宾语却可以跟主语同指，如(9)：

(8) a. *张三ᵢ帮助他ᵢ。

b. 张三ᵢ帮助他ⱼ。

(9) a. 方先生ᵢ由王小姐供他ᵢ两顿饭。

b. 长孙媳妇ᵢ由她的丈夫送给她ᵢ一个名字——韵梅。

(8)中的"他"一定不能是"张三"，(9a)中的"他"一定是"方先生"，(9b)中的"她"一定是"长孙媳妇"。这种不同跟有没有介词短语无关，介词短语不会改变宾语代词的同指关系，如：

(10) a. *张三ᵢ替父亲帮助他ᵢ。　　张三ᵢ替父亲帮助他ⱼ。

b. *张三ᵢ在哪帮助他ᵢ? 　　　张三ᵢ在哪帮助他ⱼ?

c. *张三ᵢ跟别人帮助他ᵢ。 　　张三ᵢ跟别人帮助他ⱼ。

这种同指关系表明"由"不是介词。在生成语法中,这种同指关系属于约束理论(binding theory)的内容,它要求代词在管辖范畴内不受约束,即不同标(co-index)。换言之,将"由"定为介词,就会违反约束理论。

一个句法成分往往可以整体移位,但"由"和它后边的施事不能整体移位,这也表明"由"不像个介词。如:

(11)a.张三由李四照顾。 　　*由李四,张三____照顾。

b.院长由国务院提名。 　　*由国务院,院长____提名。

c.霍元甲由黄元申扮演。 　*由黄元申,霍元甲____扮演。

如果"由"不是介词,则"由"和它后边的施事不能整体移位是显然的,这是因为句法操作如移位只能对句法成分进行操作。

介词短语可以成为"的"字结构的主要组成部分(Tang 2001),而"由"跟后边的名词短语并没有这样的功能。如:

(12)a. 关于他的事

b. *由张三的说明

"由"像介词又不像介词,是说从一些语法特征来看它具有介词的属性,从另一些语法特征来看它又不具有介词的属性。碰到这种"边缘"现象,我们不能断然否定它是介词,因为持相反意见者完全有理由说它是个特殊的介词①。对此,生成语法认为可以做出多种假设,然后用评价程序做出选择(Chomsky 1957)。我们将在第3部分假定"由"为介词与动词,在第4部分假定"由"为表示被动的功能范畴,然后通过语言事实论证介词说与动词说不充分,而功能范畴说较充分,我们将由此选择功能范畴说。

2.3　跟"被"字句比较

"由"字被动句跟"被"字句颇为相似,施事都位于"由"或"被"的后边,受事都可以位于"由"或"被"的前边,都不能带表示时体助词"着、

---

① Huang(1999)、Tang(2001)等曾论证"被"为动词而非介词,石定栩、胡建华(2005)则通过对比认为"被"也可以定性为介词。这里涉及论证方法的问题。我们在这里只说"由"像介词又不像介词,而真正将"由"定为被动范畴则在第4部分。

了、过",都不能重叠,而且"被"、"由"在句子中的结构位置固定,句法作用非常单一,所以汉语界视"被"、"由"为介词的意见占了主流地位。但在我们看来,"被"跟"由"一样都不像介词。生成语法学界常用以下测试揭示"被"不是介词。

第一,"被"后边的符号串也能并列(Huang 1999)。如:

(13)他被[张三骂了两声],[李四踢了一脚]。

第二,"被"字句也会违反约束原则(冯胜利 1997,Huang 1999)。如:

(14)张三ᵢ被人打了他ᵢ一下。

第三,"被"与它后边的施事也不能出现在句首(Huang 1999)。如:

(15)a. *被李四,张三昨天_____打了。

    b. 张三昨天被李四打了。

第四,"被"与后边的施事也不能成为"的"字结构的主要组成部分(Tang 2001)。如:

(16)*被我的说明

"由"字被动句的主语跟"被"字句也颇多相似,一般是将动词的受事提前,也可以是别的语义成分,如工具、处所等。如:

(17)a. 那把刀被小王切了肉。   这间房子被公社堆了化肥。

    b. 那把刀由小王切肉。   这间房子由公社堆化肥。

"由"字被动句和"被"字句都可以带领属性主语,该领属性成分可以跟后边的保留宾语构成名词短语。如:

(18)a. 几经转折,不幸由他当了莫高窟的家,把持着中国古代最
       灿烂的文化。

    b. 几经转折,莫高窟不幸由他当了__家,把持着中国古代最
       灿烂的文化。

    c. 张三被土匪打断了[___一条腿]。

    d. 家里的房子又被突如其来的山洪把[___山墙]冲出了一个
       大洞。

不过,两种句式也有一个很大的差异,那就是现代汉语中"由"字被动句可以没有主语,如(19);而"被"字句必须带主语,否则接受性很差,或很特别。如(20):

（19）a. 由李四照顾张三。

b. 由黄元申扮演霍元甲。

c. 每年二月亥日，皇帝驾临，由当时的顺天府尹进鞭，……还要由两位老农牵牛。

d. 四个级别的冠军产生后，便由四个级别的冠军一起争夺这次比赛的全场冠军。

（20）a. 如今虽然被他们争回这个面子，我心里倒害怕起来。

b. 被他这一句话害死了两条性命。

（20）中句子没有主语，吕叔湘（1965）认为"最特别"，"像是一般的中性句头上加了被字，也可以说是应该作为被字句主语的词被安放在宾语的位置上"。

3 理论分析的困难

3.1 被动化分析

"由"字被动句很像"被"字句，它们又都很像英语中的被动句，都是受事（内部论元）提前作主语。如：

（21）a. Bill killed John.　　　　　John was killed by Bill.

b. 黄元申扮演霍元甲。　　　霍元甲由黄元申扮演。

此外，按照主流看法，"由"是介词。这又增加了几分相似，即都是通过介词介引外部论元。所以，采用被动化理论处理"由"字被动句可能是很自然的想法。

被动化理论有两个要点：一是外部论元被贬抑；二是内部论元没有格。Chomsky（1981：124）在管约论（GB）中的描述是：

（22）a. [NP, S]不接受题元角色。

b. 对VP内的NP做某种选择时，[NP, VP]在VP内部不接受格。

[NP, S]表示主语，在D—结构中外部论元占据主语位置，主语位置不接受题元角色，就意味着外部论元不能填入该位置，否则违反题元准则。（22a）就是贬抑外部论元，被贬抑的外部论元在句法结构中可以不出现，也可以由介词如by引进。[NP, VP]表示宾语，在D—结构中

内部论元占据该位置。(22b)就是让内部论元没有格。所以 Chomsky (1981:124)指出被动化就是"主语位置不能指派任何题元角色,宾语位置不能指派任何格"。据此,Chomsky 为"John was killed"指派如下的"D—结构":

(23)[_{NP}e] was killed John

因为主语位置不能指派任何的题元角色,该位置只能被非论元(non-argument)填充。

为了保证推导的合法性,Chomsky(1981:49)还提出"格过滤式"(Case Filter),即:

(24)*NP,如果NP有语音内容而没有格。

像(23)中的"John"在宾语位置,不能被指派任何格,为了满足"格过滤式",它只能移位。根据投射原则和题元准则,它只能移位到主语位置。在主语位置,它接受格,并以题元位置的语迹为中介获得题元角色(Chomsky 1981:124)。Chomsky(1981:124–125)认为被动句的这两个属性是相关的。所以他给出更一般的概括:如果被 V 管辖的 NP 不能被指派任何格,则以该 V 为核心的 VP 不能指派任何题元角色。

如果不考察更多语料的话,现代汉语中的"由字句"也可以采用"被动化"处理。如:

(25)a. 霍元甲由黄元申扮演。

　　　b. 黄元申扮演霍元甲。

(25b)中的宾语作了(25a)的主语,(25b)的主语成了(25a)中的介词"由"的宾语。这跟英语中的被动句很像,所以我们可仿被动化指派如下的句法结构:

(26)a. [_{NP}e][_{VP} [_{by-phrase} 由黄元申][_{VP}扮演 霍元甲]]

　　　b. [_{NP}霍元甲][_{VP} [_{by-phrase} 由黄元申][_{VP}扮演 霍元甲]]

(26a)是(25a)的D—结构,因为主语位置不能被指派题元角色,该位置只能被非论元填充;"扮演"的外部论元因被贬抑,只能通过"介词"引进,如"由黄元申";根据投射原则,"霍元甲"作为内部论元投射在宾语位置,并在此得到题元角色。由于动词不能向"霍元甲"指派格,为了满足"格过滤式","霍元甲"移位到能够指派格给它的主语位置,如(26b)。

被动化分析中内部论元会提升,这可以很方便地解释"由"字被动句主语跟动词的语义关系;被动化分析中"由"是介词,这可以很方便地解释时体助词的分布与禁止介词悬空现象,如(3)与(4)。需要指出的是被动化分析是不充分的。

第一,它违反了"格过滤式"。被动化操作的核心之一是内部论元没有格,没有格的名词短语为遵守"格过滤式",必须移位,而"由"字被动句的内部论元可以不移位,如(19)。

第二,它违反了约束理论。约束理论要求代词在管辖范畴内不受约束。Chomsky(1981:211)关于管辖范畴(governing category)的定义是"β为α的管辖范畴,当且仅当β是一个包含α、α管辖者及可及于α的主语的最小范畴"。按此定义,"由"字被动句的标记范畴IP就是其宾语代词的管辖范畴。如:

(27)a. [ᵢₚ[方先生ᵢ][ᵥₚ[由王小姐][供他ᵢ两顿饭]]]

　　　b. [ᵢₚ[长孙媳妇ᵢ][ᵥₚ[由她的丈夫送给她ᵢ一个名字——韵梅]]]

(27a)的IP是包含"他","他"的管辖者"供"以及可及于"他"的主语"方先生"的最小范畴,所以IP为"他"的管辖范畴,按理"他"是不能受"方先生"约束的。同样,(27b)中"她"的管辖范畴也是IP,按理"她"也是不能受"长孙媳妇"约束的。可见,被动化分析使(27)违反了约束理论。

第三,在被动化分析中"由"是介引外部论元的介词,但并列测试、移位测试等都表明"由"不像个介词。

第四,"由"若不是介词,则被动化分析也不充分。因为被动化的另一要点是要求外部论元被贬抑,被贬抑的外部论元需要借助介词引进。如果"由"不是介词,则需要回答被贬抑的外部论元是如何引进句法结构的。

3.2　tough—移位分析

"被"字句有两种形式:一是长被句;二是短被句。长被句跟"由"字被动句很像,"由"字后边有施事,"被"字后边也有施事。用被动化处理"由"字被动句有问题,用被动化处理长被句同样也有问题。被动化分析要求内部论元没有格,原因是被动范畴吸收了动词的格指派能力。邓思颖(2004)认为被字句中没有被动范畴,"被"为动词,为了吸收动词的格指派能力,他提出作格化(ergativization)策略。作格化吸

收了动词的格指派能力,如:

(28)a. 张三被土匪杀了＿＿＿＿   b. 张三被土匪＿＿＿＿杀了父亲

他认为(28a)中动词经过作格化失去指派格的能力,其宾语"张三"前移;(28b)中谓语"杀了父亲"经过作格化,其主语"张三"也只能前移。最近,邓思颖(2008)放弃了作格化,转而回到Huang(1999)、Tang(2001)等的tough—移位分析。Huang(1999)、冯胜利(1997)等指出汉语的"被"字句不涉及"格吸收":

(29)a. 张三ᵢ被李四打了他ᵢ一下。

b. 小王ᵢ被警察打伤了他ᵢ之后就失踪了。

c. 小王被炸弹炸掉了左腿。

针对动词的格指派能力,当然还有其他的事实,如约束理论,Huang(1999)等建议仿照tough—移位处理汉语中的"被"字句。如:

(30)a. The problem is easy for you to solve.

b. This problemᵢ is easy [CP NOPᵢ for you to solve tᵢ].

(31)a. It is easy for you to solve the problem.

b. [NP e] is easy [CP for you to solve the problem].

(32)a. 张三被李四打了。

b. [IP[NP张三]···[v·[v被][IP[NOPᵢ][IP[NP李四][···[v·[v打了][NP tᵢ]]]]]]]

(31)是tough—移位,涉及空算子(NOP)的移位,这种移位主要是将easy的补足语CP由从句变为谓词。tough—移位不涉及被动化操作,宾语位置可以接受格,如(31)中的"the problem"可以留在"solve"的宾语位置。如果汉语的"被"字句所涉及的也是tough—移位而不是被动化操作,当然可以留下接应代词这样有语音形式的名词短语,如(29)①。

既然"由"字被动句的主动词的宾语可以留在原位,根据"格过滤式",该宾语就能够获得格。这说明"由"字被动句也可以仿照"被"字句采用tough—移位。如:

---

① tough—句的动词虽然没有丧失格指派能力,但不允许接应代词(resumptive pronoun),所以Ting(1998)建议采用补足语宾语删略句(Complement Object Deletion Construction)处理:

a. *The book is tough for us to read it in a night. b. The book is too long for us to read it in a night.

补足语宾语删略句的计算方式也采用tough—移位。

(33)a. <u>霍元甲</u>由黄元申扮演。

b. [IP [NP 霍元甲]···[v'[v 由][IP[NOPi][IP[NP 黄元申][···[v'[v 扮演][NP ti]]]]]]]

(34)a. 由黄元申扮演霍元甲。

b. [IP[NP e]···[v'[v 由] [IP[NP 黄元申][···[v'[v 扮演][NP 霍元甲]]]]]]

(33)类似于(30),(34)类似于(31)。从句中的动词并没有失去指派格的能力,所以(34)中内部论元"霍元甲"可以留在"扮演"的宾语位置。

"由"字被动句中宾语的格问题可以通过tough—移位解决,即它既不涉及被动化,也不涉及作格化,所以宾语可以留在动词后边。另外,tough—移位分析也可以解决约束问题。如:

(35)a. [IP[方先生 i]···[v'[v 由][IP[NOPi][IP[NP 王小姐 j][···[v'[v 供][他 i][两顿饭]]]]]]]

b. [IP[长孙媳妇 j] ··· [v'[v 由][IP[NOPi][IP[NP 她的丈夫 j][···[v'[v 送给][她 i][一个名字——韵梅]]]]]]]

(35a)中内嵌句的IP是包含"他","他"的管辖者"供"以及可及于"他"的主语"王小姐"的最小范畴,所以内嵌句IP为"他"的管辖范畴。在这个管辖范畴内"他"不受约束,如跟"王小姐"不同标。(35b)也是如此。代词在管辖范畴之外得到约束是允许的,所以"他"可以跟"方先生"同指,"她"可以跟"长孙媳妇"同指。

tough—移位,也可以非常方便地解释1.2节的其他观察。因为"由"是个主动词,它选择一个从句作补足语。在这里,"由"后边是个从句补足语,自然"由"后边的成分可以并列,如(6);"由"和后边的施事不构成句法成分,自然它们也不能经受移位测试,如(11);"由"和后边的施事不构成句法成分,自然它们也就不能是介词短语,连个句法成分都不是,自然也就不能出现于"的"字结构中,如(12)。

值得指出的是,有的时候,有的介词短语可能既不能构成"的"字结构的主要组成部分,也不能整体移位;有的介词后边的成分也能并列。如:

(36)a. *从北京的客人

b. *从小路小偷可能＿＿＿逃走了

c. 按照规定我们要在[1号上午上一次课],[3号下午上一次

课],[5号晚上辅导一次]。(石定栩、胡建华 2005)

对此,生成语法界一般这样处理,即认为反例没有说服力,因为造成反例的原因是多方面的(Adger 2003:66)①。但有一点是肯定的,即如果"由"不跟后边的名词短语构成句法成分,则一定不能跟它一起作"的"字结构的主要组成部分,并一定不能整体移位;"由"后边的成分是句法成分,则应该(不是一定)能够经受并列测试。这就是我们将1.2节列为"'由'又不像个介词"的原因。所有的观察都是在特定的框架中进行的,将"由"处理作介词的学者,对类似的现象可作特殊解释,如认为"由"是个特殊的介词。在tough—移位分析中,"由"并不特殊,这些现象可以获得简单的解释。这是理论的魅力。

毋庸讳言,tough—移位分析也有不充分的地方。

第一,动词后边一般可以后附时体助词,也可以重叠。如果"由"是动词,则需要回答"由"的后边为什么不能后附时体助词,而且"由"也不能重叠,如(2)与(3)。

第二,tough 的内嵌句是非限定句,非限定句的主语没有格,要么表现为没有主语,要么表现为引进标句词for,如(37)。如果"由"的内嵌句跟tough 的内嵌句一样,也是非限定句,则需回答"由"为什么可以不借助标句词而有主语。

(37)a. The problem is easy for you to solve.

　　b. The problem is easy to solve.

　　c. *The problem is easy you to solve.

这两个问题或许不难回答,可归结为"由"的特殊,这使之不能后附时体助词、不能重叠,而且使之能够指派例外格(EC)。我们的问题是能不能推导出它的相关属性。

第三,非限定句并不排斥能愿动词与否定词(Xu 1985),问题是为什么"由"字被动句的内嵌句排斥这些成分。如:

(38)a. 我准备明天要参加一个会。

　　b. 我劝他应该来。

　　c. 我劝他不要来。

(39)a. 这件事情应该由你来处理。

---

① "从"字短语是可以前移的,如"从那里,她带回很多纪念品";时间成分也可以不经由介词引进,如"按照规定我们要[1号上午]上一次课,[3号下午]上一次课,[5号晚上]辅导一次"。

b. *这件事情由你应该来处理。

第四,tough—移位分析认为主动词有双重性,当且仅当补足语进行内部移位(空算子移位)时主语位置才是题元位置(Chomsky 1981:310)。问题是"由"字被动句没有补足语进行内部移位时,为什么主语位置也能占据实义成分,如(18)。

4 本文的主张

4.1 功能范畴分析

相较而言,tough—移位分析比被动化分析要充分些,前者能通过句法推导解释"由"字被动句的结构特性,如"由"后边的符号串是句法成分,"由"跟后边的施事不能构成句法成分,宾语的格以及宾语代词的约束问题等。但也有不及被动化分析的地方,如时体助词的分布,介词悬空等现象。在这一节我们准备采用功能范畴分析,即将"由"当作功能范畴,让它对动词性短语进行继续扩展。

用tough—移位分析取代被动化分析,在很大程度上是由格理论激发的。换句话说,如果某种分析可以使宾语的格不成为问题,则也可以取代tough—移位分析。根据Chomsky(2001)的层阶性推导理论,我们可以假定汉语中的"由"字被动句有两种扩展途径,一是由phi—特征集不完整的v进行扩展,一是由phi—特征集完整的v^*进行扩展。两种扩展途径的后果不同,前者表现为动词的论元结构不完整,或者说外部论元被贬抑;后者表现为动词的论元结构完整,即施事或经验者能够得到实现。如:

(40)a. T [$_{vP}$[由黄元申][$_{vP}$[v⌃][$_{VP}$[v 扮演][$_{DP}$ 霍元甲]]]]

b. T [$_{FP}$[$_F$ 由][$_{v^*P}$[黄元申][$_{v^*'}$[$_{v^*}$⌃][$_{VP}$[v 扮演][$_{DP}$ 霍元甲]]]]]

当v的phi—特征集不完整时,外部论元会被贬抑,所以"黄元申"只能由介词"由"引进,如(40a);当v^*的phi—特征集完整时,v^*引导的论元结构完整,"黄元申"实现作动词短语的内部主语,所以

"由"只能处理为上层的功能范畴,如(40b)。在这两个结构中,宾语都能概无例外地获得格。(40a)中"霍元甲"的格虽然不能由phi—特征集不完整的v定值,但可以由T定值,这是多重协约(Agree)操作;(40b)中"霍元甲"的格可以由phi—特征集完整的v^*定值,相应的,"黄元申"的格则由T定值。应该说,在这两种推导中,格都不会成为问题。

既然在Chomsky(2001)的理论框架中,格不再成为问题,那现在的问题就是,哪种推导会更充分些。从描写和解释的充分性上,我们认为是(40b),它不仅可以直接推导出tough—移位分析所推导出的结构属性,而且可以推导出tough—移位分析所不能推导的属性。

第一,"由"跟后边的施事不能构成句法成分,所以"由"跟施事不能整体移位,不能出现于"的"字短语中;"由"后边的成分是句法成分,则应该(不是一定)能够经受并列测试。如:

(41)a. 由 [$_{VP}$黄元申 [扮演 霍元甲]]　　b. 霍元甲 由 [$_{VP}$黄元申 扮演]

第二,内部论元的格也不成为问题,可由轻动词v^*核查。

第三,接应代词受主语约束也不成为问题。如:

(42)a. [$_{TP}$···方先生$_i$由[$_{v*P}$王小姐$_j$供他$_{*i}$两顿饭]]

　　b. [$_{TP}$···长孙媳妇$_i$由[$_{v*P}$她的丈夫$_j$送给她$_i$一个名字——韵梅]]

(42a)中v^*P是包含"他","他"的管辖者"供"以及可及于"他"的主语"王小姐"的最小范畴,所以v^*P为"他"的管辖范畴。在这个管辖范畴内"他"不受约束,如跟"王小姐"不同标。(42b)也是如此。

第四,"由"是个功能范畴,不是动词,自然也就不能重叠,也不能后附时体助词。

第五,"由"是个高于v^*P的功能范畴,能推导出能愿动词与否定词的分布。石定栩、胡建华(2005)指出:按照生成句法目前的一般做法,否定成分Neg也假定为功能性成分,也有自己的短语NegP,Neg同其他成分的关系由它们之间的相对位置所决定。"由"是附着在动词短语上的标记,与动词短语v^*P的关系自然要紧密一些,而否定成分与动词短语的关系要疏远一些,其结构位置便应该在FP(PassiveP)之上,这就使得否定分布在"由"之前。能愿动词也是如此。

需要指出的是,"由"的分布特性跟其他功能范畴相同,没有特异之处,这也是我们不信任从词库规定的原因。在汉语中目前被确定的功能范畴①有"把"(Huang 1992,Sybesma 1999,熊仲儒 2004)、"比"(熊仲儒 2007)、"被"(吴庚堂 1999、2000,熊仲儒 2003)等,从本文的分析来看,"由"也可以确定为跟"被"一样的功能范畴。"由"跟这些功能范畴有很多相似性,这些相似性足以让我们确信它也是功能范畴。

相似性之一是否定词、能愿动词都位于这些功能范畴之前,而不能位于这些范畴之后,对"由"而言,也是如此。如:

(43)a. 张三没把玻璃(*没)打破。　　张三能把玻璃(*能)打破。

b. 张三没被李四(*没)批评。　　张三会被李四(*会)批评。

c. 张三不比李四(*不)高。　　张三应该比李四(*应该)高。

d. 张三没由李四(*没)照顾。　　张三该由李四(*该)照顾。

相似性之二是时体助词只能出现于主动词上,而不能出现于这些功能范畴上,对"由"而言,也是如此。如:

(44)a. 张三把玻璃打破了。　　*张三把了玻璃打破。

b. 张三被李四批评了。　　*张三被了李四批评。

c. 张三比李四高了三厘米。　　*张三比了李四高三厘米。

d. 张三由李四照顾过。　　*张三由过李四照顾。

相似性之三是受这些功能范畴成分统制且毗邻的成分都不可以话题化,对"由"而言,也是如此。如:

(45)a. 张三把玻璃打破了。　　*玻璃,张三把＿＿＿打破了。

b. 张三被李四批评了。　　*李四,张三被＿＿＿批评了。

c. 张三比李四高。　　*李四,张三比＿＿＿高。

d. 张三由李四照顾过。　　*李四,张三由＿＿＿照顾过。

相似性之二与三,似乎也表明"把"、"比"、"被"、"由"等是介词,因为一般认为不带时体助词与禁止悬空是介词的属性,但也可归结为功

---

① 功能范畴是扩展词汇范畴的范畴,如扩展 V 的 v、T、C,扩展 N 的 D 等。功能范畴可以粘着,如属于 T 的-es、-es 等;也可以不粘着,如属于 C 的 that、for 等。

能范畴的属性①。上文的分析已经显示如果将"被"、"由"分析为介词会造成很多问题。此外,有些词的分布文献上已有解释,如"把"与"了"的相对位置,Sybesma(1999)等将"了"等时体范畴设置在"把"所实现的功能范畴之下,根据核心移位,自然是下位的核心向其移位并融合(incorporation)。

4.2 "由"为被动范畴

在"被"字句中,学者们采用被动化分析,可能觉得它是个被动句;采用被动化分析后又找不到被动范畴,所以采用作格化分析(邓思颖2004);或者设置一个被动范畴与一个介引被贬抑外部论元的介词(Shi 1997)。在我们看来,这种语义直觉是对的,只是管约论不能描写这种直觉而已,所以理论才需要更新。

在功能范畴分析中,"由"可以确定为被动范畴。Chomsky(1995:349-355)在放弃 Agr 的时候指出引进的功能范畴应该有意义。这意味着,将"由"设置为功能范畴也得考虑其意义。王还(1983)指出:"介词'由',当其在句中的功能是引出施事时,可以和'被'一样译成英语的 by。整句也就可以译为被动句。"如果王还关于"由"字句为被动句的看法可信,根据上文的探讨,我们可以将"由"看作一种表示被动的功能范畴。"由"这个表示被动的功能范畴,可标记作 Passive,它扩展 v*引导的带完整论元结构的动词短语,如(40b),重写如下:

(46)C [TP [[T] [PassiveP [Passive 由][v*P[黄元申][v*·[v*][VP[v 扮演][DP 霍元甲]]]]]]]

根据协约操作,"霍元甲"由 v*定宾格,"黄元申"由 T 定主格,这两个名词短语为各自的探针 v*与 T 消除不可解释的 phi—特征集。各得其所。与 T 建立协约操作的"黄元申"不能移位,这可能跟"that trace

---

① 禁止悬空也不一定就是介词的属性,Huang(1999)认为动词也可以这样,如"*张三,我使___生气了"。本文认为禁止悬空也可能是功能范畴的属性。生成语法史上有个有名的"that-trace效应"(Chomsky and Lasnik:1977),它限制标句词(complementizer)悬空,标句词也是功能范畴,如:
  a. Who do you think __ will arrive on time?   What do you think Lee bought __?
  b. *Who do you think that __ will arrive on time?   What do you think that Lee bought __?
对"that-trace效应"有过很多解释,但都不很成功(Culicover 1997:199,260)。如果关联起汉语的相关现象,会发现这是很有趣的现象:功能范畴C实现作自由语素"that、whether"之后,毗邻主语不能提升;汉语功能范畴实现作"把、被、比、由"等之后,毗邻的"主语"也都不能移位。这两者之间可能有某种关联,暂称之为广义的"that-trace效应"。

效应"或别的不明原因有关。"霍元甲"在强层阶v*P中已经被定值,也不能再跟T建立协约关系。换句话说,"霍元甲"的移位只能跟"由"或C有关。我们认为首先是"由"激发移位,后来有可能因话题化而移向C的指示语位置作话题。在这里我们只谈"由"激发的移位。如:

(47)a. 是霍元甲由黄元申扮演(,而不是陈真由黄元申扮演)。

　　　b. 应该霍元甲由黄元申扮演。

　　　b. 应该是霍元甲由黄元申扮演。

根据黄正德(1990)的研究,"应该"、"是"这样的词位于I(T)与"由"之间。这样一来,"霍元甲"只能位于"由"的指示语位置。

在GB中,被动范畴起着吸收动词的格指派能力,格起着激发名词短语移位的作用。为了解释汉语被动句中内部论元的移位,自然就会从格、从被动范畴的角度探讨。在Chomsky(2001)中,格不再起激发移位的作用,起激发移位作用的是探针(Probe)的EPP特征。(47)表明"由"可以激发移位,所以我们可以假定"由"所实现的被动范畴有EPP特征,即有主语要求,"由"是被动范畴,有可解释的[被动]特征,与之匹配的目标(Goal)有不可解释的[被动]特征。探针与目标匹配之后消除目标的不可解释的特征,并通过移位消除探针的不可解释特征。这种移位不是为了格,而是类似于C所激发的移位。C所激发的移位可以是论元,如(48),也可以是附加语,如(49):

(48)a. Who did you meet?

　　　b. What did you see?

(49)a. When did you arrive?

　　　b. Where did you see him?

　　　c. How did you fix the car?

　　　d. Why did you buy those knives?

被动范畴也可以激发论元与附加语移位。如:

(50)a. 这是一口气,这口气由我传给我的儿子孙子＿＿＿,永远不能磕膝盖儿着土。

　　　b. 小明每月由学校补贴＿＿＿一些生活费。

(51)a. 大会首先由省体委领导介绍我省健儿征战七运,奋勇夺魁的经过……

　　　b. *大会首先省体委领导介绍我省健儿征战七运,奋勇夺魁的经过……

张谊生(2004)认为"由"的使用有完句作用,不宜随意省略,(51b)没有用"由",所以不合法。这是个很有趣的例子,它说明"大会"不是一个随意附加的成分。从直觉上讲,"大会"应该是由"介绍"选择的,按照选择的局域性,它必须实现在"介绍"投射的VP或v*–VP构型的某个句法位置。如:

(52)a. 首先由[省体委领导<u>向大会</u>介绍我省健儿征战七运,奋勇夺魁的经过]。

　　b. <u>大会</u>首先由[省体委领导＿＿＿＿介绍我省健儿征战七运,奋勇夺魁的经过]。

　　c. 我省健儿征战七运,奋勇夺魁的经过首先由[省体委领导向大会介绍＿＿＿＿]。

(52a)表明"大会"是个附加语。有的时候,"由"的主语还会跟保留宾语构成领属关系,即可以构成名词短语,如(18),重抄如下:

(53)a. 几经转折,<u>莫高窟</u>不幸由他当了＿＿家,把持着中国古代最灿烂的文化。

　　b. 几经转折,不幸由他当了<u>莫高窟的家</u>,把持着中国古代最灿烂的文化。

(53b)表明"莫高窟"是"家"的"定语"。

如果"由"字被动句的主语确实来源于附加语,而不是内部论元的话,tough—移位就失去了基础。这时候采用功能范畴分析就比较方便了。因为跟"格"无关的移位,其移位成分可以是论元,也可以是附加语。在功能范畴分析中,"由"的补足语v*P是个强层阶,所有名词短语的格特征都可以获得核查,成分向"由"的主语位置移位也都与格无关[①]。如果"大会"、"莫高窟"能够通过某种方式分析为论元,如轻动词分析,将"由"分析作功能范畴也没有什么不妥。关键问题在于确定什么样的名词短语会被指派不可解释的[被动]特征。

---

① (53)中领属者提升在早先是禁止的,因为它违反了左分枝限制(Left Branch Condition),但Chomsky(1995:263)认为"左分枝限制"没有独立性,它可由D的形态属性进行推导。

5 结 语

　　语言存在共性也存在个性。语言的共性在于运算机制,而不在于表面上的对应,即不能因为英语中被动句存在格吸收就认为所有语言都存在格吸收(Goodall 1993)。从管约论来看,汉语"由"字被动句与"被"字句都违反了"格过滤式"与关于代词的"约束原则"。为维护 GB 的理论模块,Huang(1999)等采用 tough—移位来处理汉语中的"被"字句,而不是被动化。不过从 Chomsky(2001)来看,英汉两种语言中被动句的不同在于被动语素的范畴选择不同。英语中被动语素–en 选择的是以 phi—特征集不完整的 v 为核心的 vP 或以 phi—特征集不完整的 v 的身份直接扩展论元结构不完整的 VP,汉语中被动语素"由"("被")选择的是以 phi—特征集完整的 v* 为核心的 v*P。Phi—特征集不完整,不能给宾语核查格,表现出格吸收,如英语;反之,就不会出现格吸收,如汉语。此外,v* 引导的是完整的论元结构,v*P 就自然地成为接应代词的管辖范畴,这也就维护了约束理论。在理论的选择上,我们可以作出不同的假设,如被动化分析、tough—移位分析与功能范畴分析,然后输入相关语料,根据充分性做出合理的选择。

主要参考文献:

[1] ADGER D. 2003. Core syntax: a minimalist approach [M]. Oxford: Oxford University Press.

[2] CHOMSKY N, LASNIK H.1977. Filter and control [J]. Linguistic inquiry, (8): 425-504.

[3] CHOMSKY N. 1981. Lectures on government and binding [M]. Foris, Dordrecht.

[4] CHOMSKY N. 1995. The minimalist program[M]. Cambridge, Mass: MIT Press.

[5] CHOMSKY N. 2000. Minimalist inquiries: the framework[M]// MARTIN R, MICHAELS D, URIAGEREKA J. Step by step: essays on minimalist syntax in honour of Howard Lasnik. Cambridge, MA: MIT Press.

[6] CHOMSKY N. 2001. Derivation by phase[M]//KENSORTWICZ M. Ken Hale: a life in language. Cambridge, MA: MIT Press.

[7] CHOMSKY N. 2004. Beyond explanatory adequacy [M]// BELLETTI A. Structures and beyond: the cartography of syntactic structures (vol.3).Oxford: OUP.

[8] CHOMSKY N.1957. Syntactic structures [M]. Mouton, the Hague.

[9] CULICOVER W. 1997. Principles and prameters: an introduction to syntactic theory[M]. New York: Oxford University Press.

[10] GOODALL G.1993. On case and the passive morpheme [J]. Natural Language & Linguistic Theory , (11): 31–44.

[11] HUANG C-T. 1982. Logical relation in Chinese and the theory of grammar [D]. Ph. D. dissertation of MIT, Massachusetts.

[12] HUANG C-T. 1992. Complex predicates in control [M]//LARSON R, IATREDOU S, HIGGINBOTHAM J. Control and grammar. Dordrecht: Kluwer Academic Publishers.

[13] HUANG C-T. 1997. On lexical structure and syntactic projection [J]. Chinese languages & linguistics, (3): 45–89.

[14] HUANG C-T. 1999. Chinese passives in comparative perspective [J]. Tsing Hua journal of Chinese studies, (29): 423–509.

[15] RADFORD A. 2004. Minimalist syntax: exploring the structure of English [M]. Cambridge: Cambridge University Press.

[16] SHI D-X. 1997. Issues on Chinese passive[J]. Journal of Chinese linguistics, (25): 41–70.

[17] SOBIN N. 1985. Case assignment in Ukrainian morphological passive constructions [J]. Linguistic inquiry, 16: 649–662.

[18] SYBESMA R. 1999. The Mandarin VP [M]. Dordrecht: Kluwer.

[19] TANG S-W. 2001. A complementation approach to Chinese passives and its consequences [J]. Linguistics, 39: 257 – 295.

[20] TING J. 1998. Deriving the bei–construction in Mandarin Chinese [J]. Journal of East Asian linguistics, 4:319 – 354.

[21] XU L-J. 1985. Towards a lexical–thematic theory of control[J]. The Linguistic Review ,5:345–376.

[22] 邓思颖. 2004. 作格化和汉语被动句[J]. 中国语文,(4):291-301.

[23] 邓思颖. 2008. 汉语被动句句法分析的重新思考[J]. 当代语言学, (4):308-319.

[24] 范继淹. 1983. 汉语语法结构的层次分析问题[M]//语法研究与探 索(1). 北京:北京大学出版社.

[25] 冯胜利. 1997. "管约"理论与汉语的被动句[M]//中国语言学论丛 (1). 北京:北京语言文化大学出版社.

[26] 黄伯荣,廖序东. 2002. 现代汉语. 下册[M]. 北京:高等教育出版社.

[27] 黄正德. 1990. 说"是"和"有"[M]//"中央研究院"历史语言研究所 集刊,59:43-64.

[28] 黄正德. 2007. 汉语动词的题元结构与其句法表现[J]. 语言科学, (4):3-21.

[29] 黄正德. 2008. 从"他的老师当得好"谈起[J]. 语言科学,(3):225-241.

[30] 吕叔湘. 1965. 把字句、被字句动词带宾语[J]. 中国语文,(4).

[31] 吕文华. 1985. "由"字句——兼及"被"字句[J]. 语言教学与研究, (2):17-28.

[32] 石定栩. 1999. "把"字句和"被"字句研究[M]//徐烈炯. 共性与个性 ——汉语语言学中的争议. 北京:北京语言文化大学出版社.

[33] 石定栩. 2005. "被"字句的归属[J]. 汉语学报,(1):38-48.

[34] 石定栩,胡建华. 2005. "被"的句法地位[J]. 当代语言学,(3):213-224.

[35] 王还. 1983. 英语和汉语的被动句[J]. 中国语文,(6).

[36] 王力. 1980. 汉语史稿[M]. 北京:中华书局.

[37] 吴庚堂. 1999. "被"字句的特征与转换[J]. 当代语言学,(4):25-37.

[38] 吴庚堂. 2000. 汉语被动式与动词被动化[J]. 现代外语,(3):249-260.

[39] 熊仲儒. 2003. 汉语被动句句法结构分析[J]. 当代语言学,(3): 206-221.

[40] 熊仲儒. 2004. 现代汉语中的指使句式[M]. 合肥:安徽大学出版社.

[41] 熊仲儒. 2007. 现代汉语与方言中差比句的句法结构分析[J]. 语言 暨语言学,(4):1 043-1 062.

[42] 张谊生. 2004. 试论"由"字被动句[J]. 语言科学,(3):38-53.

[43] 朱德熙. 1982. 语法讲义[M]. 北京:商务印书馆.

（原载《现代外语》2010年第1期）

被动范畴"给"的句法语义特征[①]

词类是重要的理论构件,不同的学派可能会采用不同的方式进行确定。在生成语法中,词类是作为词项的特异信息登录于词库之中的。虽然词类不可预测,但为词项所假定的词类可以通过相关的句法操作进行评价,本文将以"给"作为案例进行说明。目前生成语法学界对"给"的词类有不同的看法:一是熊仲儒(2006)的被动范畴(PAS-SIVE)说;二是邓思颖(2008)的达成范畴(BECOME)说。沈阳、司马翎(2010)虽然也对"给"进行了研究,却坦言"不能标示'给'的确切位置"。"给"的位置不能确定,相关的词类问题及语义属性也就很难确定。

1 "给"的问题

1.1 "给"的语义

从表面上看,"给"有被动用法与处置用法。对于被动用法,朱德熙(1982:179)的表述是"在受事主语句里引出施事来,作用与'叫、让、被'相似";对于处置用法,朱德熙(1982:180)的表述是"'给'的作用是引出与事,'把'的作用是引出受事。有的时候我们可以把受事当作与事来看待"。如:

(1)a. 房子给土匪烧了。 衣服给雨水打湿了。
　　 b. 我给电视机修好了。 我给电视机弄坏了。

(1a)可以看作"给"的被动用法,(1b)可以看作"给"的处置用法。对于(1b),朱德熙(1982:181)指出:"'电视机'在形式上是与事,在语

---

① 谨以此文怀念导师方立教授! 本研究得到国家社科项目"英汉论元结构的对比研究"(编号:08BYY002)的资助;文章修改得到《现代外语》编辑部匿名审稿人和编辑的大力帮助,谨致谢忱,文责自负。

义上仍是受事。因为它本来是受事,所以这两句里的'给'都能换成'把'。"也就是说,不管标记的话,(1b)实际上就是处置式。

被字句有长短被字句之分,长被句中"被"有介引的对象,短被句中"被"没有介引的对象,如(2a)。"给"也有类似的用法,如(2b):

(2)a. 房子被土匪烧了。　　　房子被烧了。

　　b. 房子给土匪烧坏了。　　房子给烧了。

"给"可以跟"把"共现,如(3a);也可以跟"被"共现,如(3b);还可以跟"把"、"被"同时共现,如(3c):

(3)a. 土匪把房子给烧了。　　　张三把他给骗了。

　　b. 房子被土匪给烧了。　　　他被张三给骗了。

　　c. 房子被土匪把它给烧了。　他被张三把他给骗了。

没有"被"时,可根据"给"与"被"的替换认为"给"有被动用法,如(1a);没有"把"时,可根据"给"与"把"的替换认为"给"有处置用法,如(1b)。有了被动标记"被"、处置标记"把"之后,"给"表示什么却显得有些模糊,如(3)。人们似乎不好再说它表示被动或处置了,这时往往采用强调或焦点等说法。我们的问题是"给"本身的意义是什么。

1.2　"给"的词类

朱德熙(1982:179–181)认为(1)中的"给"为介词,引进施事和与事,所引进的成分可以省略,如(2b)。我们认为将长给句与短给句中的"给"一致地处理作介词是有问题的。

第一,理论上,违反了介词悬空限制。在生成语法学中,汉语的介词不允准悬空。就目前的研究而言,标准的介词也都不允准悬空。如:

(4)a. 他从潜山带回很多瓜蒌子。　他对汉语语法很熟。

　　b. 从潜山他带回很多瓜蒌子。　对汉语语法他很熟。

　　c.*他从＿＿带回很多瓜蒌子。　*他对＿＿＿＿很熟。

人们一般认为,(4a)中的"从"和"对"为介词;(4b)中的移位测试表明"从"和"对"可以和后边的成分构成结构体,这也反过来证明"从"和"对"可处理为介词;(4c)表明这类介词不能悬空。如果将"给"一致性地处理为介词,则短给句会违反介词悬空限制。

第二,经验上,"给"有时并没有介引成分,如(3a)与(3c),它既不

能引进施事,也不能引进所谓的与事。如:

　　(5)*土匪把房子给它烧了。　　　　*张三把他给他骗了。

　　　　*房子被土匪把它给它烧了。　*他被张三把他给他骗了。

从理论和事实两方面来讲,都不太好将(3a)、(3c)与(5)中的"给"处理作介词。

吕叔湘(1980:196-198)认为介引名词性成分的"给"为介词,而直接用在动词前的"给"为助词。助词说可以弥补介词说的缺陷,挽救"介词悬空限制"。不过,助词不能对应于生成语法中的词类系统,而且大多助词都可以处理为某种功能范畴。我们准备具体地探讨"给"的范畴问题,并且试图一致性地处理以上各种"给",而不是分成介词与助词两类。

2　"给"的句法位置

2.1　从时体范畴看"给"的句法位置

在谓词分解理论中,谓词常被分解为一些语义原子,如CAUSE与BECOME等。像CAUSE这样的语义原子目前已被处理做了句法范畴的语义,如Hale & Keyser(1993)就将V-VP构型中的空动词(empty V)处理做了致使动词(CAUSE),如(6a)。Chomsky(1995),Radford(2009)进一步将其中的致使动词处理作轻动词,并让轻动词概念扩展到单及物动词以及非作格类不及物动词的投射构型中,其构型统一为v-VP,如(6b)。

　　(6)a. $[_{VP}[_{NP}][_{V'}[\ V\ ][_{VP}\cdots]]]$

　　　　b. $[_{VP}[_{NP}][_{V'}[\ v\ ][_{VP}\cdots]]]$

Chomsky(1995:315)假定v-VP构型能用来表达外部论元的施事性角色或致使性角色,实际上就是认为其中的轻动词v具有DO义或CAUSE义。含CAUSE义的轻动词,熊仲儒(2004)称之为致使范畴(标记作Caus)。在Hale & Keyser(1993)与Chomsky(1995)所构造的句法构型中,并没有表示BECOME义的句法范畴的句法位置。Lin(2001)、熊仲儒(2004)、邓思颖(2008)、Ramchand(2008)等都在其句法结构中设置了相当于BECOME的轻动词,熊仲儒(2004)称该范畴为达成范畴(标记作 Bec)。熊仲儒(2004)认为所有的论元包括动词的内部论元都完全由功能范畴引进。本文将采信熊仲儒(2004:35)的功能范畴假设,让功能范畴为动词选择论元。

在只考虑论元层的情况下,动词受致使范畴扩展的句式,为致使句式;动词只受达成范畴扩展的句式,为达成句式。达成句式与致使句式中都可以出现"给",即"给"可以实现在达成句式中的动词短语前,也可以实现在致使句式中的动词短语前,如:

(7)a. 米饭煮糊了。　　　　米饭给煮糊了。

　　b. 张三把米饭煮糊了。　　张三把米饭给煮糊了。

对此,我们可以初步假设"给"为达成范畴,实现于 Bec 位置,如:

(8)a. …[$_{BecP}$ [$_{NP}$ 米饭] [$_{Bec'}$[$_{Bec}$(给)][$_{VP}$ [pro 糊][$_v$煮]]]]

　　b. …[$_{CausP}$[$_{NP}$ 张三][$_{Caus'}$[$_{Caus}$ 把] [$_{BecP}$ [$_{NP}$ 米饭] [$_{Bec'}$[$_{Bec}$(给)][$_{VP}$ [pro 糊] [$_v$煮]]]]]

邓思颖(2008)考虑的也是类似于(8a–b)的结构,所以他将"给"处理作达成范畴。

如果不考虑时体范畴(如"了")的句法位置及相关的问题,将"给"处理作达成范畴,问题并不大;但考虑时体范畴及相关的句法行为后,就很难说了。从可能性上说,时体范畴可以扩展 BecP,也可以扩展VP。如果时体范畴扩展 BecP,则"给"必须高于 BecP 而不能为 Bec 的语音实现,如(9a);反之,如果时体范畴扩展 VP,则"给"可以为 Bec,也可以不是,如(9b):

(9)a. …[$_{FP}$ [$_F$给][$_{AspP}$[$_{Asp}$ –了][$_{BecP}$ [$_{NP}$ 米饭] [$_{Bec'}$[$_{Bec}$][$_{VP}$ [pro 糊][$_v$煮]]]]]]

　　b. … [$_{BecP}$ [$_{NP}$ 米饭] [$_{Bec'}$[$_{Bec}$(给)] [$_{AspP}$[$_{Asp}$ –了] [$_{VP}$ [pro 糊][$_v$煮]]]]]

仅从(9)来看,还是很难确定"给"的确切位置。但从役事(客体论元)的复指代词来看,时体范畴要高于役事。有了高于役事的时体范畴,就可以为役事的移位提供新的位置,即可以有两个位置容纳役事及其复指代词。如:

(10)a. 一个人把<u>这夫人</u>恰待要勒死<u>他</u>,恰好撞着小人。

　　b. 还把<u>身心</u>细认<u>之</u>。

　　c. 船者乃将<u>此蟮</u>以油煎<u>之</u>。

役事的复指代词要求时体范畴高于役事。为动结式顺利地跟时体范畴"了"融合,"给"必须高于时体范畴"了"。"给"要高于时体范畴

"了",就不能为达成范畴,而只能为别的功能范畴。这种功能范畴的定位可以很轻松地解释所谓的介词悬空现象,即"给"本身并非介词,而只是被误认为是介词。如果成立的话,则短给句并不存在真的介词悬空现象。

2.2　从达成范畴"得"看"给"的句法位置

汉语学界一般认为状态补语句中的"得"为结构助词,也有认为是词缀的(朱德熙1982:126)。在生成语法中,Huang(1982:49)先采用的是标句词(C)说,后采用的是词缀说(Huang 1988)。"得"在句法上粘附于动词,将"得"处理作词缀是没有问题的,关键是"V—得"不像词法生成的词。Lin(2001:272–273)认为如果从词法上将"得"粘附于"V",那会在汉语中是孤例,所以他将"得"处理作引进CP的动词。Lin的理由是,"得"在古汉语中曾为动词。不过需要注意的是,"得"这个动词不同于一般的动词,属于功能范畴,为轻动词。我们认为Lin的方向是对的。但对于"得"是个什么样的功能范畴,Lin并没有细致地探讨。此外,用"得"扩展CP,也比较难以理解,因为通行的做法是用语势层的范畴扩展CP中的范畴(Rizzi 1997)。

其实,状态补语句与结果补语句是相通的,其主动词也可以由达成范畴或达成范畴与致使范畴扩展,分别构成达成句式与致使句式。如:

(11)a. 我走得累死了。

　　　b. 这段路把我走得累死了。

根据熊仲儒(2004),我们可以为(11)指派以下的句法结构:

(12)a. …[BecP [NP 我] [Bec·[Bec 走-得][VP [pro 累死了][V 走]]]]

　　　b. …[CausP[NP 这段路][Caus·[Caus 把][BecP[NP 我][Bec·[Bec 走-得][VP[pro 累死了][V 走]]]]]]

"得"为达成范畴的语音实现,成分统制主动词"走",吸引动词核心移位可以得到"走-得"。将"得"处理作达成范畴的语音实现,是基于以下两点考虑的。

第一,在状态补语句中,动词受达成范畴扩展。也就是说,达成范畴为"得"提供了句法位置。说状态补语句中有达成范畴,一是基于熊仲儒(2004)的"功能范畴假设",二是基于句式语义。"功能范畴假设"

认为论元由功能范畴选择,如:

(13)a. 这孩子吃得西瓜直淌水。

这孩子把西瓜吃得直淌水。

b. 这辣菜吃得嘴唇都肿起来了。

这辣菜把嘴唇吃得都肿起来了。

c. 他吃得大碗啪啪响个不停。

他把大碗吃得啪啪响个不停。

d. 那些政客吃得这家饭店声名鹊起。

那些政客把这家饭店吃得声名鹊起。

这里的役事在"吃"的事件图景中充当不同的参与者角色,如"西瓜"是"吃"的对象,"嘴唇"是"吃"的伴随物,"大碗"是"吃"的工具,"这家饭店"是"吃"的场所,但它们都是由达成范畴引进的。状态补语句的句式语义大致可以描述"达成"义,如(11a)表示"我达成累死了这种状态";也可以描述为"致使–达成"义,如(11b)表示"这段路致使我达成累死了这种状态"。从语义的组合性来看,句式中应该有表示致使与达成这样的范畴,如(12)。

第二,"得"本身具有"达成"义。王力(1980:304)指出:"这三种性质的动词词尾'得'字是同一来源的,就是由原来的'获得'意义转化为'达成',由'达成'的意义更进一步的虚化,而成为动词的词尾。"刘子瑜(2003)也说:"'V得C'述补结构中的'得'来源于'达成'义'得'的进一步语法化,'V得C'述补结构也是由此形成的。"

如果上文的讨论正确,即"得"为达成范畴,"给"为高于达成范畴的功能范畴,则可以很简单地解释"给"与"得"的共现。如:

(14)a. 衣服淋得很湿。

b. 衣服给淋得很湿。

c. 雨把衣服给淋得很湿。

d. 雨给衣服淋得很湿。

e. 衣服被雨把它给淋得很湿。

f. 衣服给雨淋得很湿。

"得"为达成范畴,它跟"给"的共现也表明"给"不能为达成范畴。

3 "给"的句法语义

3.1 "给"为被动范畴

Chomsky（1981：124）认为英语中的被动句表现出两个重要属性：一是[NP，S]不能获得题元角色；二是[NP，VP]在VP内部不能获得格。这两种属性，Jaeglli（1986）与Baker，Johnson & Roberts（1989）认为它们跟被动语素有关，Jaeglli（1986）认为被动语素吸收了外部题元角色与动词的格；Baker，Johnson & Roberts（1989）则认为被动语素为论元，获得了外部题元角色与动词指派的格。问题是有些句式如非受格动词句没有被动语素仍有这两项属性。如：

（15）a. John broke the window.

b. The window broke.

（15b）中主语位置不能获得题元角色，the window在宾语位置也不能获得格。Chomsky（2001，2008）认为被动句与非受格动词句的属性跟v的phi—特征集有关。v的phi—特征集完整，就能给DP的格特征定值，也能引进外部论元；反之，则既不能给DP的格特征定值，也不能引进外部论元。Richards（2010：57-59）把phi—特征集完整的v称为及物性v，把phi—特征集不完整的v称为不及物性v。这很直观，不过及物性还是由phi—特征集决定的。在致使句式中，有两个轻动词对动词进行扩展。可以想见，如果只受Bec扩展，则论元结构不完整，如（16b）；如果接着受Caus进行扩展，则论元结构完整，如（16a）：

（16）a. ···$[_{CausP}[$ John $][_{Caus'}[_{Caus}][_{BecP}[$the window$][_{Bec'}[_{Bec}][_{VP}[$break$]]]]]]$

b. ···$[_{BecP}[$the window$][_{Bec'}[_{Bec}][_{VP}[$break$]]]]$

Caus就是Phi—特征集完整的v，它能给（16a）中的the window的格特征进行定值；（16b）缺乏Phi—特征集完整的v，所以the window的格特征在BecP中不能被定值。根据Chomsky（2001，2008），我们可以假定英语中的被动语素-en扩展引导不完整论元结构的v，如：

（17）a. The window was broken.

b. ···$[_{PassP}[_{Pass}$-en$]$··· $[_{BecP}[$the window$][_{Bec'}[_{Bec}][_{VP}[$break$]]]]$

The window的格特征不仅在BecP中得不到定值，在PassP中也得不到定值,因为被动语素的 phi——特征集也不完整(Chomsky 2001:46)。

根据功能范畴引进论元的观点,我们在 2.1、2.2 节发现"给"位于 Bec 之上的 Asp 与 Caus 之间,这跟(17)类似。所以,我们假定"给"是类似于–en 的被动范畴,也扩展引导不完整论元结构的 v,如:

(18)a. 事情给忘了。　…[PassP[Pass 给]…[BecP[事情][Bec'[Bec][VP[忘]]]]

　　　b. 衣服给淋湿了。　…[PassP[Pass 给]…[BecP[衣服][Bec'[Bec][VP[pro 湿][淋]]]]]

将"给"识别为被动范畴,也就解释了"给"介于"把"、"了"之间,以及高于"得"的位置特点。顺便说一下,将原来处理为介词的成分重新处理为被动范畴,在国外的生成语法学文献上也有,如 Collins(2005)就将英语被动句中的"by"处理作被动范畴①。

3.2　"给"的移位

汉语中的被动范畴除了"给"之外,还有"被"等。尽管都是被动范畴,但"被"扩展的是引导完整论元结构的 v(熊仲儒 2003),如:

(19)a. 衣服被雨淋得很湿。

　　　b. …[PassP[Pass 被] [CausP[雨][Caus'[Caus]…[BecP[衣服][Bec'[Bec –得][VP[pro 很湿][淋]]]]]]

宾语的格特征可以被 Caus 定值,所以在一定条件下可以留下复指代词(Huang & Li 2009)。

"给"与"被"在激发移位对象上也存在差异。"被"不能激发[–Doer]

---

① Collins(2005)认为英语中的被动句跟主动句相似,其中轻动词 v 能够给外部论元指派题元角色,宾格由实现作 by 的 Voice 核查。如:

a. The book was written by John.

b. …[VoiceP[[Voice by][vP John [v'[v [PartP [Part –en][VP[write][the book]]]]]]]

v 不能核查 the book 的格,在他看来是因为 v 的格核查特征可以被分离,并可以附加给别的核心,如 Voice。其中–en,Collins 处理作过去分词,同于"I have seen (see-en) him"中"–en"。不考虑细节,该分析跟熊仲儒(2003)对"被"字句的分析相同,熊仲儒也将"被"处理作被动语素,并认为 v 引导完整的论元结构。如:

c. …[VoiceP[ ][Voice 被][vP 张三 [v'[v][PartP [Part –了][VP[李四][v'[v 打][一下]]]]]]→李四被张三打了一下。

根据这种分析,我们完全可以假定"给"也为被动语素,扩展带不完整的论元结构的 VP。如:

d. …[VoiceP[ ][Voice 给] [PartP [Part –了][VP[李四][v'[v 打][一下]]]]]→李四被打了一下。

本文没有采用 Collins 的分析,是因为我们不太清楚:v 的不可解释的特征[uF]是否可以被分离并附加给 Voice。此外,本文采用 Chomsky(2001, 2008)的框架,是可以说清楚"给"的句法语义属性的。

特征的名词短语移位(熊仲儒 2003);"给"扩展的是 BecP,其役事可以毫无例外地被动化。如:

(20)a. 他喝醉了。　　　他给喝醉了。　　　*他被喝醉了。

　　b. 鸟儿飞了。　　　鸟儿给飞了[①]。　　*鸟儿被飞了。

(20)中"他"是"喝者","鸟"是飞者,都是各自事件图景中的 Doer,但它能被"给"被动化,却不能被"被"被动化。

"被"扩展引导完整论元结构的 v,"给"扩展引导不完整论元结构的 v。这意味着"给"类被动范畴在被 Caus 扩展之后有可能继续被"被"类被动范畴扩展。确实如此。如:

	Pass 被/[ ]		Caus 把/[ ]		Pass 给		AspP···BecP
a 衣服淋得很湿							衣服淋得很湿
b 衣服给淋得很湿					衣服	给	$t_{衣服}$ 淋得很湿
c 雨把衣服给淋得很湿			雨	把	衣服	给	$t_{衣服}$ 淋得很湿
d 雨给衣服淋得很湿			雨	给	衣服	$t_{给}$	$t_{衣服}$ 淋得很湿
e 衣服被雨把它给淋得很湿	衣服	被	雨	把	它$_{衣服}$	给	$t_{衣服}$ 淋得很湿
f 衣服给雨淋得很湿	衣服	给	雨	$t_{给}$	$t_{衣服}$	$t_{给}$	$t_{衣服}$ 淋得很湿

上表中,(a)是动词受 Bec 扩展之后受 Asp 扩展的结果,(b)表示动词在(a)的基础上继续受"给"类被动范畴的扩展,(c、d)是动词在受"给"类被动范畴扩展后受致使范畴的扩展,(e、f)是动词在受致使范畴扩展后受"被"类被动范畴的扩展。"给"是形态独立的被动范畴,不像英语中的–en,后者需要同动词融合,前者不能同动词融合。形态独立的"给"一方面阻止受其成分统制的核心发生核心移位,如(b–f),它阻止了"淋得"的核心移位,所以没有"淋得–给";另一方面为满足上层核心的形态需要而发生移位。致使范畴与"被"类被动范畴在没有实现语音形式时,为满足这两个范畴的形态需要,"给"可以不断地核心移位,移到致使范畴位置与"被"类被动位置,使"给"表现出"把"的用法与"被"的用法,如(d、f);致使范畴与"被"类被动范畴在实现为

---

① Baker, Johnson & Roberts(1989)指出英语、德语中非受格动词、提升动词与被动动词不能被动化,而土耳其语、梵语与爱尔兰语中非受格动词、提升动词与被动动词可以被动化。汉语中的"给"可以对非受格动词进行操作,如"小鸟给飞了、老伴给死了"等。

"把"与"被"时,"把"、"被"可以阻止"给"的核心移位,这可以得到"被"、"把"与"给"的共现句,如(c、e)。

3.3 再谈"给"的范畴

沈阳、司马翎(2010)否定"给"为被动范畴的重要证据是"给"不同于"被"。"给"不同于"被"是事实,但不能因此认为"给"不是被动范畴。相同范畴的词在句法行为上不一定相同,因为决定句法行为的不仅仅是范畴。在范畴相同时,别的因素也会造成句法行为的不同。"被"与"给"所扩展的对象不同以及所激发移位的对象不同,这使得它们表现出一系列的差异;由于"给"可以移到"被"类被动范畴位置,这又使得它们表现出某种平行性。

第一,"被"类被动范畴对移位对象有[-Doer]要求,这使得有些"给VP"不能替换成"被VP"。

(21)a. 小狗病了。　　　　　小孩学坏了。

　　　b. 小狗给(*被)病了。　　小孩给(*被)学坏了。

(21a)是达成句式,只能受"给"扩展,而不能受"被"扩展。即使这类达成句式能被扩展为致使句式也不能经受"被"类被动范畴的扩展,因为"小狗"是"病"的主体,"小孩"是"学"的施事,而"被"类被动范畴对移位对象有[-Doer]要求。

第二,"给"移到"被"类被动范畴的位置,要像"被"一样遵守激发[-Doer]移位的要求。

(22)a. 老伴死了。　　　老伴给死了。

　　　b. 他死了老伴。　　*老伴被/给他死了。

(22a)是达成句式,可以被"给"扩展;(22b)是致使句式,可以受"被"类被动范畴扩展,但由于"老伴"是"死"的主体,不能满足"被"类被动范畴的移位要求。移位而来的"给"也要遵守该限制。

第三,"被"类被动范畴扩展的是CausP,这使得"被"后总有致事,短被句属于致事删略现象(熊仲儒 2004)。"给"向"被"类被动范畴移位,也使得"给"后可以出现致事。如:

(23)a. [PassP 衣服给淋湿了]

　　　b. [CausP 雨给衣服淋湿了]

　　　c. [PassP 衣服给雨淋湿了]

第四，"给"在移位中可以被复制，所以"给"在致使范畴或"被"类被动范畴位置时，其初始位置的"给"可以不被删除。如：

（24）a. 好人[Passive给]坏人[Passive给]骗了

b. 这一回[Passive给]他爸爸[Caus给]他[Passive给]骂哭了

致使范畴可实现为"把"，"被"类被动范畴可实现为"被"，所以（24）可改写为：

（25）a. 好人[Passive被]坏人[Passive给]骗了

b. 这一回[Passive被]他爸爸[Caus把]他[Passive给]骂哭了

第五，"被"为上层被动范畴，如扩展CausP，"给"为下层被动范畴，这使得"被"在线性上前于"给"。所以在"给NP给VP"中，只有前一个"给"可以替换成"被"，后一个"给"不能替换为"被"。如：

（26）a. 衣服给雨给淋湿了。

b. 衣服被雨给淋湿了。

c. *衣服给雨被淋湿。

第六，被"给"类被动范畴激发移位的成分不能留复指代词，被"被"类被动范畴激发移位的成分可以留复指代词。这是因为前者扩展带不完整论元结构的vP，后者扩展带完整论元结构的v*P。v不能给内部论元的格定值，而v*可以给内部论元的格定值，如：

（27）a. 事情[-en给][忘了]

*事情$_i$[-en给][它$_i$忘了]

b. 好人给坏人[-en给][骗了]

*好人$_i$给坏人[-en给][他$_i$骗了]

（28）a. 雨把[衣服给淋湿了]

衣服$_i$[被被][雨把它$_i$给淋湿了]

b. 老师把[张峰给批评了一顿]

张峰$_i$[被被][老师把他$_i$给批评了一顿]

第七，否定词、情态词高于"被"类被动范畴，所以在"给NP给VP"中，否定词与情态词只能位于前一个"给"之前，而不能位于第二个"给"之前。如：

（29）a. 衣服没给雨给淋湿。

*衣服给雨没给淋湿。

b. 衣服应该给雨给淋湿了。

*衣服给雨应该给淋湿了。

3.4 "给"的语义

"给"是被动范畴,表达被动意义。沈阳、司马翎(2010)否定"给"为被动范畴,这使得他们必须要回答"给"的真正作用。他们认为"给"的作用在于使整个结构引入了语义上的外力。如"孩子给吃饱了",他们认为增加了造成"孩子吃饱了"的外力;"犯人给跑了",他们认为增加了"犯人跑了"的外力。他们的例子是:

(30)a. 孩子给吃饱了。

这顿饭把孩子给吃饱了。

b. 犯人给跑了。

看守不小心把犯人给跑了。

他们的意思可能是"孩子给吃饱了"这些句子可以有相应的"把"字句。其实,没有"给"字也可以有相应的"把"字句。如:

(31)a. 孩子吃饱了。

这顿饭把孩子吃饱了。

b. 犯人跑了。

看守不小心把犯人跑了。

从"把"字句的角度看,如果(30)中"孩子给吃饱了"有外力,则(31)中的"孩子吃饱了"也有外力。这种外力作用实际上来自致事,没有致事谈不上存在外力。致事由致使范畴引进,如:

(32)a.[$_{CausP}$[这顿饭] [$_{Caus'}$[$_{Caus}$ 把][$_{PassiveP}$孩子 给 吃饱了]]]

b.[$_{CausP}$[这顿饭] [$_{Caus'}$[$_{Caus}$ 把] [$_{AspP}$ 孩子 吃饱了]]]

沈阳、司马翎(2010)之所以将短给句(达成句式的被动句)中的"给"看作引进外力,在我们看来,就是它可以接受致使范畴的扩展。外力跟"给"没有关系,而是跟致使范畴有关。达成句式的被动句跟达成句式一样,都可以接受致使范畴的扩展,都有外力(致事)。

从句法的角度看,致使句式包含着致使范畴,达成句式及其被动句不包含致使范畴。所以,从组合性原则来看,只有致使句式有外力,它表示某种外力(致事)致使役事达成某种结果状态;达成句式没有外力,它只表示役事达成某种结果状态。所以,一般用以下语义表达式来分别表达致使句式与达成句式的语义:

（33）a. [[x ACT]CAUSE [BECOME[y <STATE>]]]

　　 b. [BECOME[y <STATE>]]

从语义表达式来看，"孩子给吃饱了"与"孩子吃饱了"都表达"孩子达成饱这种结果状态"。它们既无句法上的外力，也无语义上的外力。

4　结　语

在功能范畴假设中，致使句式由达成范畴、时体范畴、致使范畴等扩展。役事的复指代词表明时体范畴介于达成范畴与致使范畴之间；"给"与时体范畴、致使范畴的共现表明"给"介于时体范畴与致使范畴之间。"致使 > 给 > 时体 > 达成"的序列表明"给"不能处理为达成范畴。达成范畴"得"与"给"的共现也进一步佐证了这一点。我们认为"给"为被动范畴，突显的是所在句式的被动义。"给"可以受致使范畴和"被"类被动范畴的扩展，这使得"给"在核心移位后表现出"把"与"被"的用法属性，但它绝不是"把"与"被"。"被"与"给"虽然都是被动范畴，但扩展的对象不同，而且"给"可移到"被"的句法位置，这使得它们表现出一系列的共性和差异。

主要参考文献：

[1] BAKER M，JOHNSON K，ROBERTS I.1989. Passive arguments raised [J]. Linguistic inquiry，(20): 219-251.

[2] CHOMSKY N. 1981. Lectures on government and binding [M]. Foris，Dordrecht.

[3] CHOMSKY N. 1995. The minimalist program [M]. Cambridge，Mass: MIT Press.

[4] CHOMSKY N. 2001. Derivation by phase[M]//KENSTOWICZ M. Ken Hale: a life in language[C]. Cambridge，MA.: The MIT Press.

[5] CHOMSKY N. 2008. On phases [M]//FREIDIN R，CARLOS P，ZUBIZARRETA M L. Foundational issues in linguistic theory: essays in honor of Jean-Roger Vergnaud . Cambridge，MA: MIT Press.

[6] COLLINS C. 2005. A smuggling approach to the passive in English

[J]. Syntax , (8): 81-120.

[7] HALE K, KEYSER S J. 1993. On argument structure and the lexical expression of syntactic relations [M]// HALE K, KEYSER S. The view from building 20: essays in linguistics in honor of Sylvain Bromberger. Cambridge, MA.: The MIT Press.

[8] HUANG C-T. 1982. Logical relation in Chinese and the theory of grammar [D]. Ph. D. dissertation, MIT, Massachusetts.

[9] HUANG C-T. 1988. Wo pao de kuai and Chinese phrase structure. Language, 64: 274-311.

[10] HUANG C-T. 1999. Chinese passives in comparative perspective [J]. Tsing Hua Journal of Chinese Studies, 29: 423-509.

[11] JAEGGLI A. 1986. Passive[J]. Linguistic Inquiry, 17: 587-622.

[12] KRATZER A. 1996. Severing the external argument from its verb [M]//ROORYCK J, ZARING L. Phrase structure and the lexicon. Dordrecht: Kluwer.

[13] LARSON R. 1988. On the double object construction [J]. Linguistic Inquiry, 19: 335-392.

[14] LIN T-H. 2001. Light verb syntax and the theory of phrase structure [D]. Ph. D. dissertation, University of California, Irvine.

[15] MARANTZ A. 1984. On the nature of grammatical relations [M]. Cambridge, MA: MIT Press.

[16] RADFORD A. 2009. An introduction to English sentence structure [M]. Cambridge: Cambridge University Press.

[17] RAMCHAND G. 2008. Verb meaning and the lexicon: a first-phase syntax [M]. Cambridge: Cambridge University Press.

[18] RICHARD N. 2010. Uttering trees[M]. Cambridge, MA.: MIT Press.

[19] RITTER E, ROSEN S. 2000. Event structure and ergativity [M]// TENNYC, PUSTEJOVSKY J. Events as grammatical objects. Standford: CSLI.

[20] RIZZI L. 1997. The fine structures of the left periphery[M]//HAE-GEMAN L. Elements of grammar. Dordrecht, Netherlands: Kluw-

er Academic Publishers.

[21] 邓思颖. 2008. 轻动词在汉语句法和词法上的地位[J]. 现代中国语研究,(10):11-17.

[22] 刘子瑜. 2003. 也谈结构助词"得"的来源及"V得C"述补结构的形成[J]. 中国语文,(4):379-381.

[23] 陆俭明. 2004. 有关被动句的几个问题[J]. 汉语学报,(2):9-15.

[24] 吕叔湘. 1980. 现代汉语八百词[M]. 北京:商务印书馆.

[25] 沈阳,司马翎. 2010. 句法结构标记"给"与动词结构的衍生关系[J]. 中国语文,(3):222-237.

[26] 王力. 1980. 汉语史稿[M]. 北京:中华书局.

[27] 熊仲儒. 2003. 汉语被动句句法结构分析[J]. 当代语言学,(3).206-221.

[28] 熊仲儒. 2004. 现代汉语中的致使句式[M]. 合肥:安徽大学出版社.

[29] 熊仲儒. 2006. 汉语的被动范畴"给"[M]. 外语学刊,(2):65-70.

[30] 张谊生. 2009. 介词悬空的方式与后果、动因和作用[J]. 语言科学,(3):288-303.

[31] 朱德熙. 1982. 语法讲义[M]. 北京:商务印书馆.

（原载《现代外语》2011年第2期）

评价性"V—起来"句的句法语义分析

1 引 言

吕叔湘(1980)认为"V—起来"有一种用法是"做插入语或句子前一部分,有估计或着眼于某一方面的意思。不能加'得、不'"。例子如下:

(1)a. 看起来,这件事他不会同意的。

算起来,他离开我们已经三年了。

b. 这种收音机携带起来很方便。

这篇文章读起来很耐人寻味。

c. 论起成本来,这种电视是最低的。

他说起话来,总那么不慌不忙的。

(1a)中的"V—起来",学界多称之为"插入语";(1b)近年来学界关注较多,被称为"中动句"(宋国明1997,曹宏2004a/2004b/2005及其参考文献);(1c)就我们所知学界讨论较少。正如吕叔湘的处理,我们也认为这三组句子具有共性,为方便起见,可称之为评价性"V—起来"句。

引发我们兴趣的是曹宏(2005)对第二组评价性"V—起来"句(1b)的语义概括及其所提供的理据。曹宏认为这类句子的句式意义是"在'V''NP'的时候,'NP'通常'AP'",她的理据是"VP中的后附成分'起来'表示起始意义,在中动句中具体化为'在……的时候'一类时间性条件意义。"在我们看来,她对句式意义的概括可能存在两个方面的问题。第一,她忽略了(1b)中AP的语义指向的不同,如:

(2)a. 这种收音机携带起来很方便。

*……,"这种收音机"通常"很方便"。

b. 这篇文章读起来很耐人寻味。

……,"这篇文章"通常"很耐人寻味"。

从(2a)可以看出,"很方便"这个 AP 并不能跟"这种收音机"这个 NP 构成一个表述,其原因在于 AP 在语义上并非指向 NP,而是指向 V。如果换成以下表述,就通顺了。如:

(3)这种收音机携带起来很方便。

……,"'携带这种收音机'通常'很方便'"。

第二,她轻视了"V—起来"的非时体义。按吕叔湘的看法,(1b)的"V—起来"是估计义,而非表示"起始意义"。从逻辑语义学的角度看,(1b)中这类句子的语义可表达成:

(4)a. 这种收音机携带起来很方便。

GEN e [这种收音机携带起来很方便 (e)]

b. 这篇文章读起来很耐人寻味。

GEN e [这篇文章读起来很耐人寻味 (e)]

GEN 是通指性量词(generic quantifier),约束事件变量(e),表达的是曹宏的"命题的通指性"。据曹宏(2005)报道,Ji(1995)采用以下的方式对这种通指性进行阐释:

(5)"奔驰"车开起来很舒服。

通常的情况是,"奔驰"车开起来很舒服。

在我们看来,这种表述比曹宏的表述可能更好些,一能克服语义表述因语义指向所造成的不合语法性,二能表达主语的"永恒属性"(individual-level property)或者说"命题的通指性"。

曹宏的这种语义概括源于她(2004a)对该类句的结构概括(也可能是反向的),她认为(1b)"V—起来 AP"是以"V—起来"修饰"AP"的状中结构,所以她(2004b)在对相关句进行阐释时将"V—起来"翻译作时间状语从句,如:

(6)a. 这本书念起来很容易。

<u>When anyone reads the book</u>, he feels it is easy to read it.

b. 这辆车开起来很顺手。

<u>When anyone drives the car</u>, he feels it is easy to drives it.

由此看来,在概括语义时,"V—起来"是不是时间状语非常重要。如果它不是时间状语,则句式语义中自然也就没有"在'V''NP'

的时候"这一部分了。为了维护我们的语义直觉(4),本文将以"V—得"句为基础竭力证明"V—起来 AP"是个述补结构。为此,我们将在第二部分将它跟"V—得"类述补结构进行平行性比较,为表述方便,"V—起来"后面的 AP 将被称为补语。在第三部分,我们将构拟"V—起来"句的句法结构,并对它的句法行为进行解释,另外还一致性地处理(1)中的三组评价性"V—起来"句。第四部分是结语。

2 "V起来"句与"V得"句

2.1 语义指向上的平行性

"V—起来"句跟"V—得"句在语义指向上具有平行性,即其补语都能指向名词短语与动词。据 Li(1990)研究,国外学者一般将"V—得"句分为两类:一是结果句;二是描写句。Li 用以下测试表明它们的对立:

(7)a. 他跑得很累。　　　　他跑得人很累。

　　 b. 他跑得很快。　　　*他跑得腿很快。

在她看来,结果句中补语可以有词汇性 NP 作主语,如(7a)中"很累"可以以"人"作主语;描写句中补语不可以有词汇性 NP 作主语,如(7b)中"很快"不能以"腿"作主语。所以她建议结果句中补语用 S 标记,描写句中补语用 AP 标记。

从语义指向的角度看,可以认为结果句中补语指向于名词短语,描写句中补语指向于动词。据熊仲儒(2004)观察,这两类区别可以通过"V 得"移位进行测试,结果句中"V 得"可以前移,而描写句中"V 得"不能前移,如:

(8)a. 他<u>跑得</u>很累。　　　　<u>跑得</u>他很累。

　　 b. 他<u>跑得</u>很快。　　　*<u>跑得</u>他很快。

所以从语义指向的角度也可以将"V—得"句分成两类:一类是补语指向名词短语的,另一类是补语指向动词的,分别对应于 Li 的结果句与描写句。

"V—起来"句也有这么两类语义指向,也大致可以通过移位进行测试。"V—起来"能够移位的是补语指向名词短语的,"V—起来"不能移位的一般是补语指向动词的。如：

(9)a. 这篇文章<u>读起来</u>很耐人寻味。

　　　<u>读起来</u>这篇文章很耐人寻味。

　　　这话<u>听起来</u>很有点不对味。

　　　<u>听起来</u>这话很有点不对味。

　　　这些事<u>听起来</u>也有十几年了。

　　　<u>听起来</u>这些事也有十几年了。

　b. 这种收音机<u>携带起来</u>很方便。

　　　*<u>携带起来</u>这种收音机很方便。

　　　那种脚手架<u>安装起来</u>很麻烦。

　　　*<u>安装起来</u>那种脚手架很麻烦。

　　　磨去尖顶的法螺壳<u>吹起来</u>很响。

　　　*<u>吹起来</u>磨去尖顶的法螺壳很响。

（9a）中"很耐人寻味"在语义上指向"这篇文章"，其中"读起来"像（8a）中"V—得"一样可以前移;（9b）中"很方便"在语义上指向"携带"，其中"携带起来"也像（8b）中"V—得"一样不可以前移。需要注意的是"V—起来"能否移位跟有无安置它的位置有关。如：

(10)a. 这种蛋糕<u>吃起来</u>很松软。

　　　　*<u>吃起来</u>这种蛋糕很松软。

　b. 这东西<u>点起来</u>味道很呛。

　　　　*<u>点起来</u>这东西味道很呛。　　　（曹宏：2004a）

这里的"V—起来"虽然不能前移，但也都是补语指向名词短语的。"V—得"句中也存在补语指向名词短语时，"V—得"不能前移的现象。如：

(11)a. 她长得很高。　　　*长得她很高。　　　她很高。

　b. 她学得很精。　　　*学得她很精。　　　她很精。

"V—起来"句中语义指向还可以通过别的方式进行测试。像指向动词的可以用补语陈述动词跟NP构成的动词短语，指向名词短语的直接用补语陈述该名词短语。如：

(12)a. 这篇文章<u>读起来</u>很耐人寻味。　*<u>读</u>这篇文章很耐人寻味。

　b. 这种收音机<u>携带起来</u>很方便。　<u>携带</u>这种收音机很方便。

(13)a. 这篇文章<u>读起来</u>很耐人寻味。　<u>这篇文章</u>很耐人寻味。

b. 这种收音机携带起来很方便。　*这种收音机很方便。

指向名词短语的,不能陈述动词短语,如(12a),而能陈述其指向的名词短语,如(13a);指向动词的,能陈述动词短语,如(12b),而不能陈述名词短语,如(13b)。

(10)中的"V—起来"虽然都不能前移,但其补语都可以陈述所指向的名词短语,而不能陈述动词短语,跟(12-13)的测试相同,这是因为这些补语都可以指向名词短语。如:

(14)a. 这种蛋糕吃起来很松软。　*吃这种蛋糕很松软。

　　b. 这东西点起来味道很呛。　*点这东西味道很呛。

(15)a. 这种蛋糕吃起来很松软。　这种蛋糕很松软。

　　b. 这东西点起来味道很呛。　这东西味道很呛。

(1a)中被当插入语的"看起来"、"算起来"跟(1b)中的"读起来"并无二致,差异在于前者采取的是前移而已,它们也能后移到(1b)中的"V—起来"位置,与(9a)相同,其中的补语也都能陈述所指向名词短语,与(13a)与(15)相同。如:

(16)a. 这件事看起来他不会同意的。

　　→看起来,这件事他不会同意的。

　　→这件事他不会同意的。

　　b. 他离开我们算起来已经三年了。

　　→算起来,他离开我们已经三年了。

　　→他离开我们已经三年了。

这样看来,(1a)与(1b)可以统一处理,即将(1a)看作"V—起来"前移的情况。

2.2　结构上的平行性

语义指向及由此造成的句法行为上的平行性有助于我们从句型的角度将所谓的中动句归为述补谓语句。既然结构平行,可以想见它们在句法行为上也应该相当平行。这表现在以下几个方面:

第一,主动词之前都可以有"是不是"式正反重叠。如:

(17)a. 他是不是跑得很累?

　　　这篇文章是不是读起来很耐人寻味?

　　b. 他是不是跑得很快?

这种收音机是不是携带起来很方便？

第二，主动词不能采用"A不A"式正反重叠。如

（18）a. *他跑不跑得很累？

　　　　*这篇文章读不读起来很耐人寻味？

　　b. *他跑不跑得很快？

　　　　*这种收音机携带不携带起来很方便？

第三，补语部分都可以有"A不A"/"是不是"式正反重叠。如：

（19）a. 他跑得是不是很累？

　　　　这篇文章读起来是不是很耐人寻味？

　　b. 他跑得快不快？

　　　　这种收音机携带起来方便不方便？

第四，否定词出现在补语部分。如：

（20）a. 他跑得不很累。

　　　　这篇文章读起来不是很耐人寻味。

　　b. 他跑得不快。

　　　　这种收音机携带起来不方便。

第五，否定词"不"不能出现于主动词之前。如：

（21）a. *他不跑得很累。

　　　　*这篇文章不读起来很耐人寻味。

　　b. *他不跑得很快。

　　　　*这种收音机不携带起来很方便。

第六，"V—得"与"V—起来"之间不能插入任何成分。如：

（22）a. *他<u>跑–了–得</u>很累。

　　　　*这篇文章<u>读–了–起来</u>很耐人寻味。

　　b. *他<u>跑–了–得</u>很快？

　　　　*这种收音机<u>携带–了–起来</u>很方便？

第七，NP与其后的成分之间有语音停顿，并可增添语气词。如：

（23）a. 他（啊），跑得很累。　这篇文章（啊），读起来很耐人寻味。

　　b. 他（啊），跑得很快。　这种收音机（啊），携带起来很方便。

这些平行性进一步显示"V—起来"句可以处理成跟"V—得"句相似的述补结构。但曹宏（2004a）认为"V—起来"句中的谓语是谓词性的偏正结构，即状中结构，不是述补结构。她也是从平行性角度考虑

的,"因为有的(少数)状语可以前置于句首(即处于主语之前),有的(多数)不能;有的状语删除后不影响原有的主语和谓语核心在结构上成立并且在意义上可以搭配(大多数),有的不可删除(较少数)。"如果按曹宏的方式进行类比的话,则"V—得"句也会类比为状中结构而不是公认的述补结构,因为这种结构中"V—得"可以像"V—起来"及状语一样前置于句首,如(8a);"V—得"也可以像"V—起来"及状语一样可删除,如(11)。重复如下:

(8) a. 他<u>跑得</u>很累。　　　<u>跑得</u>他很累。

(11)a. 她长<u>得</u>很高。　　　她很高。

　　b. 她学<u>得</u>很精。　　　她很精。

据曹宏(2004a)研究,Sung(1994)曾提出几项证据,说明是VP而不是AP充当了句子的主要谓语,Ji(1995)也认为AP是补足语(complement)。曹宏逐项进行了否定并提出几项经验证据:第一是"A不A"式正反重叠;第二是模态词的分布;第三是受事的分布。上文已经指出补语部分可以有"A不A"式正反重叠,但曹宏认为AP可以有"A不A"式正反重叠这一点,不足以证明它是补语而不是主要谓语,我们需要补充的是这也不足以肯定它不是补语。因为能不能有"A不A"式正反重叠,关键在于它能不能遵守空范畴原则(ECP),请参见Huang(1988)的论证。我们现在来看她的其他两项证据。如:

第二项证据,"应该"等模态词在"V—得"句与"V—起来"句中分布不同。如:

(24)a. 你<u>应该</u>跑得更快一点儿。

　　　? 你跑得<u>应该</u>更快一点儿。

　　b. 你<u>要</u>把衣服洗得干干净净的。

　　　*你把衣服洗得<u>要</u>干干净净的。

　　c. ?? 这辆车应该<u>开起来</u>很平稳。

　　　这辆车<u>开起来</u>应该很平稳。　　　(曹宏 2004a)

第三项证据,受事在"V—得"句与"V—起来"句中分布不同。如:

(25)a. <u>那孩子</u>吓得直哭。

　　　(枪声)吓得<u>那孩子</u>直哭。

　　b. <u>她</u>愁得睡不着觉。

　　　(论文)愁得<u>她</u>睡不着觉。

  c. <u>轿车</u>开起来很稳。

    *(新路)开起来<u>轿车</u>很稳。

  d. <u>挂面</u>煮起来很快。

    *(电炉)煮起来<u>挂面</u>很快。   （曹宏 2004a）

  根据上文的研究，"受事"与"V—得"或"V—起来"的分布关系跟补语的语义指向及有无容纳"V—起来"的句法位置等因素有关，(25c、d)中受事之所以不能位于"V—起来"之后，是因为补语在语义上指向动词。这种语义指向根据(12–13)可作如下测试：

  (26)a. <u>轿车</u>开起来很稳。 *<u>轿车</u>很稳。 <u>张三开轿车很稳</u>。

    b. <u>挂面</u>煮起来很快。 *<u>挂面</u>很快。 <u>煮挂面很快</u>。

  此外，如果补语指向名词短语且有容纳"V—起来"的句法位置，则"受事"也是可以位于"V—起来"之后的。(9a)表明受事可以处于"V—起来"之后，可重复如下：

  (9)a. 这篇文章<u>读起来</u>很耐人寻味。

    <u>读起来</u>这篇文章很耐人寻味。

    这话<u>听起来</u>很有点不对味。

    <u>听起来</u>这话很有点不对味。

    这些事<u>说起来</u>也有十几年了。

    <u>说起来</u>这些事也有十几年了。

  通常的述补结构中补语之所以不能用模态词，这是因为"得"选择的是已然状态，而模态词表达的是未然状态或应有的状态，这造成了"得"的语义选择与模态词在语义上的不匹配。而"V—起来"句表示的是具有或可能具有某种属性，模态词自然就能跟描写属性的补语组合。这样看来，曹宏的最后两项重要证据并不能否定"V—起来"句的谓语部分为述补结构。

3 句法分析

  如果以上的类比研究可信的话，根据朱德熙(1982)对"V—得"及状态补语的分析，我们也可以得出跟朱德熙相似的结论：像"得"一样，"起来"也是动词词缀，附着于 V 后；AP 也是补语。至于(1a)中的"这件事"这样的成分，也可仿照"走得我累死了"中的"我"进行分析，朱德熙将"我"分析作"走得"的宾语,"这件事"可分析作"看起来"的宾语,而不分析作"他不会同意的"的主语。朱德熙的这种思想跟黄正德(Huang 1988)将"V—得"处理作主要谓语的看法在本质上是相同的,所以我们在下文中将从正反两方面进行论证。

3.1 "V—起来"为主要谓语

根据 Huang(1988),"V—得"句中"V—得"为主要谓语(primary predicate),而补语是次要谓语(secondary predicate)。根据"V—得"句与"V—起来"句的平行性及补语的语义指向,我们可以为"V—起来"句指派以下的句法结构:

(27)a. [$_{CP}$ [IP [$_{VP}$ [这篇文章]$_i$[$_{V'}$[$_V$读起来][$_{CP}$ Pro$_i$很耐人寻味]]]]]

b. [$_{CP}$ [IP [$_{VP}$ [这种收音机] [$_{V'}$[$_V$携带$_i$起来][$_{CP}$Event$_i$很方便]]]]]

在(27a)中,"很耐人寻味"在语义上指向名词短语,实际上就是以Pro为论元。根据 Huang(1992)的最短距离原则(MDP),Pro跟"这篇文章"同指。在(27b)中,"很方便"在语义上指向动词,实际上就是以事件(Event)为论元。这个事件就是主动词所表达的事件,即"携带"事件。Condoravdi (1989:18) 曾采用三分枝结构表达相关句的语义。如:

(28)a. This bread cuts smoothly.

b. GEN [e : bread(x), cut(e), Patient(e, x)] [smooth(e)]

从语义图示中可以看出,smooth 与 cut 都以事件e为论元,即描述事件e。根据曹宏(2005)的研究,(27b)也可以采用相似的语义表达式,如(29a):

(29)a. GEN [e : 收音机 (x), 携带(e), 受事(e, x)] [很方便(e)]

b. GEN e [这种收音机携带起来很方便 (e)]

(29b)是我们最初采用的语义表达式,在这个表达式中句子是以事件为论元的谓词,跟(29a)可以对译。(29a)中 GEN 是个非选择性的通指性量词,不仅约束事件变量e,也约束受事变量x。换句话说,在(29a)中,不仅事件具有通指性,而且受事主语也具有通指性。

在(27a–b)中"这篇文章"与"这种收音机"都位于VP的指示语位置,都可以提升到主语位置(IP的指示语位置),甚至提升到话题位置[CP的指示语位置],所以这些名词短语的后面都能有停顿或添加语气词,如(23)。因为"V—起来"中"起来"处理为词缀,附着于"V",所以中间不能插入任何成分,如(22)。从(27)的图示还可以看出主句与补语小句在句法行为上应该相同,因为它们的范畴标记都可以是CP。但实际上主句与补语小句在否定与正反重叠形式的分布上却存在差异:一是主动词不能被否定而补语可以被否定,如(20-21);二是动词不能采用"A不A"正反重叠而补语可以,如(18-19)。这两种差异是同一个问题,因为"正反重叠"涉及的也是否定问题,如"你去不去?"涉及的是"你去"与"你不去"这两个正反命题。对于"V—得"句的主动词不能被否定与正反重叠,Huang(1988)提出一个原则,该原则认为"否定语素'不'跟紧随其后的V构成一个直接成分"。对于"V—得"句来说,主动词之所以不能被否定或采用正反重叠形式,是因为它一方面断言事件有某种状态,而另一方面又预设该事件的不存在或质疑该事件的存在(Huang 1988)。在我们看来,"V—起来"句中也是这样,一方面补语谓词断言事件具有某种属性,另一方面被否定主动词又预设着该事件的不存在,或被正反重叠的主动词又质疑着该事件的存在。如果成立的话,"V—起来"句跟"V—得"句一样,主动词既不能被否定也不能采用正反重叠形式。

补语的范畴标记为CP,还能产生其他效应。朱德熙(1980)发现形容词的简单形式不能单独构成谓语,需对举出现;而复杂形式则能自由出现。"V—得"句与"V—起来"句中简单形式也需对举着说,而复杂形式也能自由出现(沈家煊2006,曹宏2004b)。如:

(30)a. 攀得<u>高</u>,跌得<u>重</u>。

　　b. 站得<u>高</u>,看得<u>远</u>。

　　c. 什么事情都是说起来<u>容易</u>,做起来<u>难</u>。

　　d. 这个问题说起来<u>简单</u>,实际应用起来却很<u>复杂</u>,与许多因素有关。

(31)a. 早已走得<u>远远的</u>。

　　b. 早就想得<u>很透彻</u>。

　　c. 很旧了,但看起来<u>还结识</u>。

　　d. 这是什么烟,抽起来<u>那么费劲</u>。

沈家煊从有界无界的角度解释"V—得"句补语要求,曹宏从复杂形式的评价义上解释"V—起来"句的AP要求。这两种解释都太好直接移用到另一种结构上,因为"V—起来"句是无界的,描述的是主语的永恒属性(individual-level property),而"V—得"句也不需要评价。但从CP的角度看,形容词只要构成CP,不管是在主句还是子句中,要求都是一样的。所以"V—起来"句与"V—得"句中的补语中的形容词与形容词谓语句中的形容词一样,简单形式需对举,复杂形式可独立成句。

随着理论的发展,功能范畴在生成语法中地位越来越重要,我们还可以拓展(27)的句法结构。熊仲儒(2004)假定在"V—得"句中扩展动词的功能范畴为Bec(ome),并认为"得"是该功能范畴的语音实现,如果可行的话,我们不妨假定在"V—起来"句中扩展动词的功能范畴为v,并假定"起来"是该功能范畴的语音实现,可指派如下的句法结构:

(32) a. [$_{CP}$ [$_{IP}$ [$_{VP}$ [这篇文章] $_i$ [$_{v'}$ [$_v$ 读–起来][$_{VP}$[$_{CP}$ Pro$_i$ 很耐人寻味][$_v$ 读]]]]]]

b. [$_{CP}$ [$_{IP}$ [$_{VP}$ [这种收音机] [$_{v'}$ [$_v$ 携带 $_i$–起来] [$_{VP}$[$_{CP}$ Event$_i$ 很方便][$_v$ 携带 $_i$]]]]]]

跟(27)不同的是,V与"起来"分属两个词项,这可能更符合母语说话者的语感,由于"起来"具有粘着性,激发着动词向其核心移位,融合成一个句法词。忽略语迹,(32)中的图示跟(27)相同。假定"V—得"句与"V—起来"句由不同的功能范畴扩展,还有一个好处:能区分"V—得"句与"V—起来"句在语义上的不同。如:

(33) a. 张三跑得很累。

b. 这篇文章读起来很耐人寻味。

(33a)描述的是状态的变化,它描述的是由"不很累"到"很累"的状态变化;(33b)描述的是永恒状态。前者是有界的,后者是无界的。沈家煊(2006)指出"早已、已经"是强调动词有界的修饰词,它们可以修饰(33a),但不能修饰(33b)。如:

(34) a. 张三早已/已经跑得很累。

b. *这篇文章早已/已经读起来很耐人寻味。

这表明"V—起来"句是无界的,换句话说,"V—起来"句描述的是主语的永恒属性或者说"命题的通指性"。曹宏(2005)发掘的一些真实语料可以证明这一点。如:

（35）a. 不管围墙的式样如何，看起来<u>总是</u>眼目一新，事了心平。

b. 当时的我，是初出茅庐的一个十四岁未满的乡下少年，突然间闯入了省府的中心，周围万事看起来<u>都</u>觉得新异怕人。

c. 什么事情<u>都是</u>说起来容易做起来难。这个问题高材生解决起来比较轻松。

曹宏在概括句式意义时采用了组合原则，她说："中动句的每一部分的意义，在整个句子的句式意义中都得到了体现。"并解释道："VP中的后附成分'起来'表示起始意义，在中动句中具体化为'在……的时候'一类时间性条件意义。"从理论上来说，采用组合原则并不错。在我们看来，问题可能出在"起来"的句法位置或意义的判定上。如果"V起来"是吕叔湘（1980）的"估计"或王健慈（1997）的"评判"等，则是另种概括。如：

（36）a. 这种收音机携带起来很方便。

→按通常情况估计/评判，"这种收音机"具有"携带起来很方便"的属性。

b. 这篇文章读起来很耐人寻味。

→按通常情况估计/评判，"这篇文章"具有"读起来很耐人寻味"的属性。

在我们看来，"起来"是个轻动词 v，而不是时体助词，另外整个结构是述补结构，所以这类句子的句式语义可以简单地概括为"在所有的事件中，主语 NP 都具有'V—起来 CP'这样的属性或状态"。

3.2 "AP"为主要谓语

上文中通过"V—起来"与"V—得"的平行性假定"V—起来"是主要谓语，而且很多语言事实也支持这一假设。现在我们反过来观察，假定补语部分是主要谓语。则可指派如下的句法结构：

（37）a. 这篇文章读起来很耐人寻味。

[IP 这篇文章 [读起来] 很耐人寻味]

b. 这种收音机携带起来很方便。

[Topic 这种收音机i [[IP pro 携带 ei 起来] 很方便]]

简单地说，（37a）是一般的主谓句，其中"读起来"是独立成分或修饰语;(37b)是主谓谓语句,其中"携带起来"为小主语。从句法理论上来说,"耐人寻味"是主要谓语,必然投射其个体论元"这篇文章","读起来"只能当作修饰语或独立成分处理;"方便"是主要谓语,也必然投射其事件论元"携带这种收音机","起来"只能处理为附着于"携带"的词缀或词尾,"这种收音机"最后话题化。主语位置的受事话题化在汉语中也是允许的。如:

(38)a. 张三说这句话不合适。　　　　这句话$_i$张三说 e$_i$不合适。

b. 张三吃螃蟹不好。　　　　螃蟹$_i$张三吃 e$_i$不好。

理论只是提供一种可能。在同一种理论中,我们可以为"V—起来"句指派(37)与(27)这样两种句法结构。在两种句法结构中如何选择,那需要通过语料进行评判。在上一节,我们通过否定词的句法位置和正反重叠形式看出"V—起来"不允许否定也不允许正反重叠,两者相关。当然,从理论上来说,(37)中"V—起来"不能采用正反重叠形式也是可以解释的。根据 Huang(1988),"正反重叠"(正反问)要遵守空范畴原则。主语部分与附加语部分的正反问不能遵守空范畴原则,这两个部分都不能采用正反问。如:

(39)a. 他看的时候,张三睡着了。*他看不看的时候,张三睡着了?

b. 张三说这句话不合适。　*张三<u>说不说</u>这句话不合适?

c. 张三吃螃蟹不好。　*张三<u>吃不吃</u>螃蟹不好?

所以(37a-b)中附加语部分的"V—起来"与主语部分的"V—起来"都不允许正反重叠。问题是(37b)中主语部分为什么不能被否定,因为主语从句本来是可以被否定的。如:

(40)a. [张三说这句话]不合适。　　[张三<u>不</u>说这句话]不合适。

b. [张三吃螃蟹]不好。　　[张三<u>不</u>吃螃蟹]不好。

如果(37a)中"读起来"是一般的附加语,否定词也可以前于它,但事实不可以,如:

(41)a. 张三在上海读书。

张三不在上海读书。

b. 这篇文章读起来很耐人寻味。

*这篇文章不读起来很耐人寻味。

在"V—起来"为主要谓语的假设中,主动词不能被否定也不能正反重叠,这种对应关系非常谨严;而在 AP 为主要谓语的假设中,这种谨严的对应关系却消失了。基于此,我们不选 AP 为主要谓语的假设。即使在该分析中,"起来"也不是时体助词。

3.3 另一论元的引进

宋国明(1997)、曹宏(2004a、2004b、2005)等都认为第二组"V—起来"句是对应于英语的中动句。这种句子在语义属性上确实有许多相似点,不过需要注意的是,像"V—得"一样,"V—起来"还可以引进另一个论元。如:

(42)a. 那种机器操作起来很简单。

　　　那种机器<u>孩子们</u>操作起来很简单。

　　 b. 这篇文章翻译起来很困难。

　　　这篇文章<u>初学者</u>翻译起来很困难。

　　 c. 这种官僚贿赂起来很容易。

　　　这种官僚<u>包工头</u>贿赂起来很容易。

　　 d. 这种障碍跨越起来不容易。

　　　这种障碍<u>矮个子</u>跨越起来不容易。

　　 e. 语言课教起来特别困难。

　　　语言课<u>他</u>教起来特别困难。

这些语料说明汉语的"V—起来"句并不直接对应于英语中的中动句。根据熊仲儒(2004),这些句子可以在(32)的基础上引进另一个 v 引进新的论元。句法结构如(43b):

(43)a. …[ᵥₚ [那种机器]ᵢ[ᵥ′[ᵥ 操作—起来][ᵥₚ[cₚ Event 很简单][ᵥ 操作]]]]

　　 b. …[ᵥₚ<u>孩子们</u>][ᵥ′[ᵥ][ᵥₚ [那种机器][ᵥ′[ᵥ —起来][ᵥₚ[cₚ Event 很简单][ᵥ 操作]]]]]]

"很简单"在语义上指向动词,致使"V—起来"不能前移至"那种机器"前面的 v 位置。在 v 的语音不能获得实现的时候,由其协约操作的成分"那种机器"在汉语中常常话题化,所以"那种机器"在线性上前于"孩子们","V—得"句也是这样:

(44)a. …[ᵥₚ<u>他</u>][ᵥ′[ᵥ][ᵥₚ[饭][ᵥ′[ᵥ –得][ᵥₚ[cₚ Pro 干干净净][ᵥ 吃]]]]]]

　　 b. 他把饭吃得干干净净。

　　 c. 饭,他吃得干干净净。

  d.？ 他饭吃得干干净净。

  （44b)用"把"实现 v；(44c)采用"饭"的话题化；(44d)中 v 没有语音实现，需焦点化"饭"，或对举使用。沈家煊(1999)曾指出 AOV 中的 O 一定有对比性，实际上就是因为 v 没有语音实现。顺便说句，(44a)中引进外部论元的 v 可以实现为"把"，而(43b)中引进外部论元的 v 不能实现为"把"。不同的轻动词(v)致使"V—得"句与"V—起来"句在"把"字句上反应不同，一个有"把"字句，一个没有"把"字句。

  由于(43b)中补语指向动词，"V—起来"不能继续向上核心移位。如果要实现上层轻动词 v 的语音，可通过"V—起来"的分解操作（excorporation)，即将"V-起"移位，而留下"来"。关于分解操作，请参看何元建(2000)对"跑进来"的处理。如：

  (45)···[_{vP}[<u>孩子们</u>][_{v'}[_v][_{vP} [那种机器][_{v'}[_v –起来][_{vP}[_{CP} Event 很简单][_v操作]]]]]

  →···[_{vP}[<u>孩子们</u>][_{v'}[_v][_{vP} [那种机器][_{v'}[_v操作–起来][_{vP}[_{CP} Event 很简单][_v操作]]]]]

  →···[_{vP}[<u>孩子们</u>][_{v'}[_v 操作–起][_{vP} [那种机器][_{v'}[_v操作—起来][_{vP} [_{CP} Event 很简单][_v操作]]]]]]

  首先是动词"操作"像"起来"核心移位，生成"操作起来"，然后"操作起来"进行分解，将"操作起"移进 v。这种移位方式可以使指向动词的补语和 NP 隔开，更多例证如下：

  (46)a. 那种机器孩子们操作起来很简单。
    孩子们<u>操作起</u>那种机器来很简单。

    b. 这篇文章初学者翻译起来很困难。
    初学者<u>翻译起</u>这篇文章来很困难。

    c. 这种官僚包工头贿赂起来很容易。
    包工头<u>贿赂起</u>这种官僚来很容易。

    d. 这种障碍矮个子跨越起来不容易。
    矮个子<u>跨越起</u>这种障碍来不容易。

  上文提到，曹宏(2004a)曾根据"V—起来"句中受事不能出现在"V 起来"和 AP 之间而否定 AP 为补语，我们指出这跟语义指向有关系。对于指向动词的补语来说，也可以利用分解操作将受事夹在"V起"与"来 AP"之间，再以(25)为例进行说明：

(25)c. 轿车开起来很稳。

　　*(新路)开起来轿车很稳。

　　d. 挂面煮起来很快。

　　*(电炉)煮起来挂面很快。　　（曹宏：2004a）

(47)c. 轿车开起来很稳。

　　（新路）开起轿车来很稳。

　　d. 挂面煮起来很快。

　　（电炉）煮挂面起来很快。

第三组评价性"V—起来"句(1c)中的句子也可以按照分解操作进行推导，如：

(48)a. 论起成本来，这种电视是最低的。

　　…[vP [v·[v][vP [成本] i [v·[v −起来][vP[cPPro i 这种电视是最低的][v论]]]]]]

　　b. 他说起话来，总那么不慌不忙的。

　　…[vP话[v·[v][vP [他] i [v·[v −起来][vP[cPPro i 总那么不慌不忙的][v说]]]]]]

在(48a)中，"这种电视是最低的"指向"成本"。在句法表达上，这种语义指向关系可通过论元关系进行描述，然后通过控制理论使得"成本"跟CP中的话题Pro同指。"这种电视"也可以成为话题，如：

(49)a. 论起这种电视来，成本是最低的。

　　b. …[vP [v·[v][vP [这种电视] i [v·[v −起来][vP[cPPro i 成本是最低的][v论]]]]]]

在(48b)中，补语指向"他"，为遵守最短距离原则（Huang 1992），"他"在低于"话"的节点合并。"说起来"为内嵌受事"话"，它在相对于(45)更高的节点进行分解。"他"话题化后得到(50b)。如果"他"不进行话题化，则得到：

(50)说起话来，他总那么不慌不忙的。

毋庸讳言，将补语处理为主要谓语也能推导出(46)中相应的句子；但如果要推导(1c)，则需将"V起NP来"整个处理为附加语。如：

(51)a. 那种机器操作起来很简单。

　　[Topic那种机器 i [[IP pro 操作起 e i 来] 很简单]]

　　b. 孩子们操作起那种机器来很简单。

[[ɪₚ 孩子们操作起那种机器来] 很简单]]

c. 那种机器孩子们操作起来很简单。

[Topic那种机器ᵢ [[ɪₚ 孩子们操作起 eᵢ 来] 很简单]]

（52）a. 论起成本来，这种电视是最低的。

[ɪₚ [pro 论起成本来]，这种电视是最低的]

b. 他说起话来，总那么不慌不忙的。

[ɪₚ他 [pro 说起话来]，总那么不慌不忙的]

从否定与正反重叠的相关性来说，我们否定了补语为主要谓语的可能性；从一致性上来说，我们也要否定这种可能性。在补语为主要谓语的框架里，（1）中的"V—起来"将被分立为三种情况，一为主语，二为词性附加语，三为短语性附加语，如：

（53）a. 主语

这种收音机携带起来很方便。

b. 词性附加语

看起来，这件事他不会同意的。

算起来，他离开我们已经三年了。

这篇文章读起来很耐人寻味。

c. 短语性附加语

论起成本来，这种电视是最低的。

他说起话来，总那么不慌不忙的。

在"V—起来"为主要谓语的框架中，这些句子都得到了一致性的处理。V由功能范畴进行扩展，并由功能范畴选择论元进行合并，在合并时遵守最短距离原则。这样看来，主语是什么样的语义角色并不重要，只要能得到完全解释即可。所以施事也可以充当"V—起来"句的主语，如：

（54）a. 这狗叫起来好像饿狼一样。

b. 我要骂起来比你们可花式多了。

c. 她跑起来比羚羊还快。

d. 她……走动起来轻得像羽毛。

e. 阳光照上去像黄琉璃似的。

f. 她哭起来尖声尖气。

这些句子也是由NP+VP+AP三部分构成的，其中AP也是描述主语NP的性质或状态的。这一语料也说明汉语的"V—起来"句并不对应于英语的中动句式。曹宏因为这些句子的语义不能描述为"在V NP的时候,NP通常AP",将它们排除在所谓的"中动句"(1b)之外。不能描述为"在VNP的时候",是语义角色造成的。如果真的有时间意义,不妨表述做"在(NP)V(NP)的时候,NP通常AP"。这类句子跟(1b)中的所谓中动句并无二致,如:

(55)a. 这狗叫起来<u>不</u>像饿狼一样。

这狗叫起来<u>像不像</u>饿狼一样?

b. *这狗<u>不</u>叫起来好像饿狼一样。

*这狗<u>叫不叫</u>起来好像饿狼一样。

能被否定也能正反重叠,如补语小句;反之,不能否定也不能正反重叠,如主句。

4 结　语

"V—起来"句跟"V—得"句在语义指向与句法行为上非常平行,所以本文将谓语部分处理作述补结构。在语义指向上,它们的补语既可以指向名词短语又可以指向动词;在否定与正反重叠形式上,它们的补语部分与主句部分正好相反,补语部分可以采用否定与正反重叠形式而主句部分不可以;在论元引进上,它们都可以引进一个或两个名词性论元。"V—起来"句跟"V—得"句在语义与句法行为上也有不平行的地方。在语义上,"V—起来"句描述的是永恒属性,而"V—得"句描述的是状态变化;在句法行为上,"V—起来"句没有相应的"把"字句,而"V—得"句可以有相应的"把"字句。平行与不平行都跟扩展动词的功能范畴有关。在"V—起来"句中,扩展动词的轻动词有两个,一个可语音实现为"起来",一个没有语音实现;在"V—得"句中,扩展动词的轻动词也有两个,一个可语音实现为"得",一个可实现为"把"。平行在于扩展主动词的轻动词数目相同以及实现为"起来"与"得"的轻动词有相同的范畴选择且都能激发主动词的核心移位,不平行在于上层轻动词在语音实现上的不同以及实现为"起来"与"得"的下层轻动词有不同的语义。

主要参考文献：

[1] ACKEMA P, SCHOORLRMMER M.1995. Middle and nonmovement [J]. Linguistic inquiry, 26: 173-197.

[2] CONDORAVDI C.1989. The middle: where semantics and morphology meet [J]. MIT Working Papers in Linguistics, 11:16-30.

[3] FAGAN S.1988. The English middle [J]. Linguistic Inquiry , 19: 181-203

[4] HUANG C-T. 1988. Wo pao de kuai and Chinese phrase structure [J]. Language, 64: 274-311.

[5] HUANG C-T. 1992. Complex predicate in control [M]//HIGGIBOTHAM J, LARSON L. Control and grammar[C]. Kluwer Academic Publishers, Dordrecht.

[6] KEYSER S, ROPER T.1984. On the middle and ergative construction in English [J]. Linguistic Inquiry, 15: 381-416.

[7] LI Y-H. 1990. Order and constituency in Mandarin Chinese [M]. Kluwer Academic, Dordrecht.

[8] STROIK T. 1992. Middle and movement [J]. Linguistic inquiry, 23: 127-137.

[9] STROIK T. 1995. On middle formation: a reply to Zribi-Hertz [J]. Linguistic inquiry, 26: 165-171.

[10] ZRIBI-HERTZ A.1993. On Stroik's analysis of English middle construction [J]. Linguistic inquiry, 24: 583-589.

[11] 曹宏. 2004a. 论中动句的层次结构和语法关系[J]. 语言教学与研究,(5):42-52.

[12] 曹宏. 2004b. 论中动句的句法构造特点[J]. 世界汉语教学,(3):38-48.

[13] 曹宏. 2005. 论中动句的语义表达特点[J]. 中国语文,(3):205-213.

[14] 何文忠. 2004. 中动结构的认知阐释[D]. 上海外国语大学.

[15] 何元建. 2000. 论元、焦点与句法结构[J]. 现代外语,(2):111-124.

[16] 吕叔湘. 1980. 现代汉语八百词[M]. 北京:商务印书馆.

[17] 沈家煊. 1999. 不对称与标记论[M]. 南昌:江西教育出版社.

[18] 沈家煊. 2006. 认知与汉语语法研究[M]. 北京:商务印书馆.

[19] 宋国明. 1997. 句法理论概要[M]. 北京:中国社会科学出版社.

[20] 宋玉柱. 1996. 现代语法语法论集[M]. 北京:北京语言学院出版社.

[21] 王健慈. 1997. 汉语评判动词的语义类[J]. 中国语文,(6):432–438.

[22] 熊仲儒. 2004. 现代汉语中的致使句式[M]. 合肥:安徽大学出版社.

[23] 殷树林. 2006. "NP+(状)+V起来+AP"格式与英语中动句的比较 [J]. 语言教学与研究,(1):59–65.

[24] 朱德熙. 1980. 现代汉语语法研究[M]. 北京:商务印书馆.

（原载《语法研究和探索》(15),商务印书馆2010年版）

"NP+好V"的句法分析^①

"好V"常常同一个"受事"性名词短语NP同现,构成"NP+好V"句式。这种句式学界有的称之为"受事主语句"的(吕叔湘 1984[1946]:453;詹人凤 1997:248),也有的称之为中动句(古川裕 2005:28—29)或难易句(曹宏 2005:63)的。引发我们兴趣的是"好V"的词身份。邵敬敏(2001:126)有一道叫学生判断"好看"是不是词的练习题,他希望学生通过扩展法的测试证明"好看"为词。我们发现不管是表示"效果好"的"好V"还是表示"容易"的"好V",它们都不能被扩展。按扩展法测试,两种"NP+好V"中的"好V"都是词。这种结果很有趣,因为如果"好V"是词,则NP应该跟"好V"有关,而不应该跟V有关,但目前的各种研究都表明NP跟V有关,NP是V的"受事"。为解决这一问题,本文准备采用生成语法理论,因为该理论的一些技术手段,能直观地反映NP与V的选择关系及"好V"的形容词性。本研究的另一主旨是想说明,一种语言的句式跟另一种语言的相应句式只是大同小异,而非完全对应。

1 各种可能的处理策略

1.1 难易句

吕叔湘(1984:453)、詹人凤(1997:248)等认为"NP+好V"句中NP是V的"受事",这反映了NP与V之间的选择关系,这跟英语中难易句(tough construction)颇为相似。如:

(1)a. 这个问题好回答。　　　　The problem is easy to answer.

---

① 本文的写作得到国家社科项目"英汉论元结构的对比研究"(08BYY002)的资助,修改时还得到《当代语言学》编辑部及其审稿人的赐教,谨致谢忱! 文责自负。

b. 这个问题<u>难回答</u>。　　　The problem is hard to answer.

c. 这个门<u>容易打开</u>。　　　The door is easy to open.

利用难易句也很容易推导出"NP+好V"中NP与V之间的选择关系。如：

(2)a. [$_{TP}$ [the problem]$_i$ is easy [OP$_i$ [$_{TP}$ PRO to answer t$_i$]]]

b. [$_{TP}$ [这个问题]$_i$ 好 [OP$_i$ [$_{TP}$ PRO 回答 t$_i$]]]

"这个问题"虽然处于非题元位置，但它可以在LF中获得题元角色。据此可以解释"这个问题"跟"回答"之间的选择关系。

"NP+好V"句跟英语中难易句也不完全对应，英语中难易句的主语可以回到动词的后面，而"NP+好V"句中NP不能回到V的后面。如：

(3)a. *好回答这个问题。　　　It is easy to answer the problem.

b. *难回答这个问题。　　　It is hard to answer the problem.

c. ? 容易打开这个门。　　　It is easy to open the door.

从结构特性上来讲，将"NP+好V"当作难易句并不好，尽管表面它们很对应，即都是将表示难易的形容词放在动词性成分之前，但实际上动词在格的指派能力上并不相同。英语难易句中动词并没有丧失指派格的能力，所以NP可以回到V后位置；汉语中的NP不能回到V的后面位置，按GB理论就是动词不能指派格。

詹人凤(1997：248)也认为"这种受事主语句不能变换词序。把谓词放在受事前面，或者不通顺，或者意思变了"[①]。他的例子有：

(4)a. 小曲好唱口难开。————*好唱小曲难开口。

b. 小孩好蒙。————*好蒙小孩儿。

c. 屈原难演。————? 难演屈原。

d. 群众容易召集。————……容易召集群众。

对于(4c)，詹人凤指出："'刘先生难演屈原'则意思变了，原指不易演好，这里指可能性不大。"对于例(4d)，詹人凤指出："只有'容易'变换后仍然通顺，但要求施事出现。"这说明"NP+好V"句式跟难易句不同：一方面英语难易句中NP可以还原到V后位置，而汉语一般不能；另一方面，英语的"施事"（内嵌动词的外部论元）是不能出现的，除

[①] 奥田宽(2000)也认为"好V"后边绝对不能带宾语。动词带宾语时"好"是助动词，如"宰相肚里好撑船"中的"好"表"可以"，"我开着门，你们好进来"中的"好"表"为了使得……可能"(赵元任1979)。

非借助于介词(标句词for)的介引,才可以出现于难易动词的补足语中,例(4d)虽然可以引入施事,但它也不会出现在"容易"之后的补足语中。

纪小凌(2006:124)将这类句式归为难易句,其理由是:"英文的难易结构只允许少数的形容词,如easy,difficult,tough等。汉语的难易结构也是如此。"她的例子是:

(5)a. *这辆车很平稳开。

   b. *橄榄球很刺激打。

从词的使用角度来判断句式的类,在笔者看来不是很好的做法。

综上所述,"NP+好V"跟英语难易句有相似的一面,如动词外部论元常常没有语音形式,或借助标句词等方式引入,NP跟V有选择关系,"好"有难易义;也有不同的一面,难易句中NP可以还原到V后位置,而"NP+好V"中NP不能还原到V后位置。

1.2　中动句

"NP+好V"中NP与V之间的选择关系,除了跟英语中的难易句相似之外,跟英语中的中动句(middle construction)也颇为相似①。如:

(6)a. 这个问题<u>好回答</u>。　　　The problem answers easily.

   b. 这个问题<u>难回答</u>。　　　The problem answers hard.

   c. 这个门<u>容易打开</u>。　　　The door opens easily.

利用中动句也能很容易推导出"NP+好V"中NP与V之间的选择关系。如:

(7)a. [$_{TP}$ the problem $_i$ [$_{T'}$[$_T$ [$_{VP}$ pro [$_{V'}$ answers t_i easily]]]]]

   b. [$_{TP}$ 这个问题 $_i$ [$_{T'}$[$_T$ [$_{VP}$ pro [$_{V'}$ 好 回答 t_i]]]]]

从图示来看,这比难易句更能直接地反映主语与动词之间的选择关系,因为"这个问题"是直接由"回答"的宾语位置移出的。由于中动操作跟被动操作相似,都涉及动词失去指派格能力与外部论元的贬

---

① 学界一般将评价性"V起来"句看作中动句,(6)中的英语也都可以用"V起来"句进行翻译。再如:

Butter cuts easily.　　　　黄油切起来很容易。　　　黄油好切。

Greek translates easily.　　希腊语翻译起来很容易。　　希腊语好译。

Porcelains sink cleans easily.　磁水槽清洗起来很容易。　磁水槽好清洗。

Poetry doesn't translate well.　诗歌翻译起来很难。　　　诗歌好译。

我们想指出的是:不能根据翻译文本研究语言。

抑,这也就很方便地解释了"NP+好V"的句法特性,如NP不能出现在V后,参见例(3-4),及施事性成分需借助介词短语引进。如:

(8)a. The problem answers easily for John.

b. 对张三来说,这个问题好回答。

看来将"NP+好V"处理作中动句比处理作难易句更充分些,不仅可以直接地解释NP与V之间的选择关系,也可以回答NP为什么不能出现于V之后。

中动句离不开修饰词,这一修饰词可以是副词,也可以是否定词、情态词(助动词)等成分(Roberts 1986:422-424)。如果汉语的"NP+好V"也是中动句的话,从类比角度看,则应将"好"或处理为副词或处理为助动词。"好"不像副词,副词是附加语,按理不会影响动词的论元实现,而"好"所在句的动词论元有特殊的实现,如动词的内部论元实现作主语,外部论元被贬抑。如:

(9)a. 张三回答这个问题。

b. *张三好回答这个问题。

c. 这个问题好回答。

d. 对张三来说,这个问题好回答。

例(9b)与(9a)的对比说明"好"会影响论元的实现,例(9c)是说内部论元实现作主语;例(9d)是说贬抑的外部论元需借助于介词实现。看来,"好"不像副词,至少不像典型的副词。朱德熙(1982:66)认为"好"是助动词。他举的例子是:

(10)a. 日语好不好学? 好学。

b. 日语容易学,阿拉伯语难学。

(10a)是个非常有趣的例子。赵元任(1979:330)曾用类似的例子否定"好"为助动词。他说:"这件事好做不好做? 这个'好'不是助动词,从答话可以看出来:只能回答'好做',不能回答'好'。"我们认为赵元任的理由很充分,朱德熙归纳的助动词的特点里有一条是"可以单说",这条特点虽然不能适合所有助动词,如"得(dé)""甭"等就不能单说,但它适合于所有能构成正反提问的助动词。如:

(11)能不能吃? 能! 　　可以不可以动手? 可以。

你该不该受到批评? 该。 　　你想不想上大学? 想!

你愿意不愿意去? 愿意。 　　你敢不敢做? 敢!

（12）*你得不得去？　　　　*你甭不甭去？

"得""甭"等不能用来正反提问，也不能单说。赵元任（1979:330）将"好"看作副词的理由可能是"好V"的正反重叠形式："问话'好做不好'跟'好不好做'都少见。"不过现在例（10a）倒不少见。

综上所述，"NP+好V"与中动句也有相似的一面，如V的外部论元的被贬抑，需借助介词介引才能出现；NP与V之间虽有选择关系，但NP因V失去赋格能力而不能还原到V后位置。它们也有不同的一面，中动句离不开一个修饰词，这一修饰词可以是副词，也可以是一个否定词、情态词（助动词）等成分；而汉语中的"好"不像是副词或助动词。

2　本文的处理

2.1　NP的"受事性"

"NP+好V"被学界称为"受事主语句"，这意味着NP实际上是V的受事性成分。如果宽泛地理解，确实如此。袁毓林（1998:114-120）将"语义格"分成"核心格"与"外围格"，我们发现NP除了由通常的核心格充当外，一些诸如"工具、材料、方式、处所"的外围格也可以，比如说：

（13）　　　a　　　　　　　　b　　　　　　　　　　c

飞机票好买。　　（他）买飞机票。　　　　受事客体

他们好教。　　　（我）教他们体育课。　　与事客体

道理好懂。　　　（他）懂道理。　　　　　对象客体

戏好写。　　　　（她）写戏。　　　　　　结果客体

任务好完成。　　（我们）完成了任务。　　使动客体

这笔不好写。　　（你）写这支笔。　　　　工具

细毛线好织。　　（他）织细毛线。　　　　材料

男中音好唱。　　（他）唱男中音。　　　　方式

这条路好走。　　（我们）走这条路。　　　处所

例（13b）表明NP与V之间有选择关系。"工具、材料、处所、方式"这样的"外围格"是如何成为动词宾语的呢？袁毓林（1998:135-142）用"述题化"进行解释，他认为外围格通过述题化占据宾语位置。

我们现在不仅要回答"外围格"的 NP 如何成为动词的宾语(如 13b),还要回答在"NP+好 V"句式中它何以不能回到 V 后位置,即宾语位置。这两个问题实际上是相关的,按 Chomsky(2001:43)的看法就是为动词选择外部论元的轻动词 v 在 phi—特征集不完整。因为它 phi—特征集不完整,就不能选择外部论元,其表现是"外部论元被贬抑";也不能为宾语的格特征定值,其表现是"动词失去赋格能力"。"动词失去赋格能力"就是 NP 不能回到 V 后位置;"外部论元被贬抑",对"NP+好 V"而言,就是 V 的"施事性"成分不能以"主语"的身份出现:

(14)a. 借助介词引进而出现:对王宁来说,这本英文小说好翻译。

  b. 出现在 NP 的修饰语中:老搞阶级斗争,你的日子不会好过。

  c. 出现在上下文语境之中:这件事女人家出面,话还好说些。

Lin(2001:235)认为"汉语句子的所有论元都是 VP 的指示语,由主谓关系允准",像"外围格"(工具、材料、处所、方式)这样的非常规论元要由轻动词引进。如工具由 USE 引进:

(15)…[v DO][vp[这支笔][v'[v USE][vp[v'[v 写]]]]]

在这个图示中,"这支笔"由轻动词 USE 选择,"写"有自己的论元,如"字",为了阻止"写这支笔字"Lin(2001:235)提出四条限制,包括最小效应(The minimality effect)。因为"写"移到 DO 以后,由于存在 USE,使得语链(写,t)不能遵守最小效应,而且"字"不能识别为主语,所以"字"不能出现。熊仲儒(2004:1)则进一步认为所有的论元都由功能范畴引进,他称之为"功能范畴假设"。如果这种看法可接受的话,我们将根据熊仲儒(2004)为"这支笔好写"指派如下结构:

(16)a. [vp [ ][v'[v][vp[这支笔][v 写]]]]

  b. [vp[张三][v'[v][vp[这支笔][v 写]]]]

根据 Chomsky(2001:43),假定扩展 V 的轻动词 v 在 phi—特征集上可以完整,也可以不完整。完整时,引导完整的论元结构,如例(16b);不完整时,引导的是不完整的论元结构,即没有施事、经验者这样的外部论元,如例(16a)。在例(16a)中,不仅 v 所选择的外部论元被贬抑,而且还使得"这支笔"的格特征不能被定值,需要从 vP 中移出。这将有助于说明 V 与 NP 之间的选择关系,也有助于说明 NP 不能还原到 V 后位置的事实。

Lin(2001:201–251)用汉语的介词如"用、在"等来证明轻动词的

存在,我们还可以通过别的方式证明它的存在。如:

(17)a. 他写这支笔。　　　　　他写的是这支笔。

　　 b. 他织细毛线。　　　　　他织的是细毛线。

　　 c. 他唱男中音。　　　　　他唱的是男中音。

　　 d. 他走这条路。　　　　　他走的是这条路。

　　根据朱德熙(1978),只有"向"成分才可以被提取。这表明(17)中的这些"外围格"确实是论元。

　　"外围格"和"核心格",它们只是在事件图景中充当不同的参与者角色,在句法上都可以被功能范畴选择作论元,甚至可以被相同的功能范畴选择并被置放于相同的句法位置。如:

(18)　　　　a.　　　　　　　　　　b.

　　我把花儿浇了水。　　　我把水浇了花儿。

　　我把窗户糊了纸。　　　我把纸糊了窗户。

　　我把箱子捆了绳子。　　我把绳子捆了箱子。

　　我把门顶了杠子。　　　我把杠子顶了门。

　　(18a)中"把"后名词语都是受事,而(18b)中"把"后名词语是"外围格",它们或为材料"水、纸",或为工具"绳子、杠子"。如果(18b)中的动词宾语——核心格是论元,则例(18a)中的动词宾语——外围格也为论元;同样,如果(18a)中"把"后的名词性成分——核心格为论元,则例(18b)中"把"后的名词性成分——外围格也为论元。根据功能范畴假设(熊仲儒 2004:1),我们可以为(18)中的句子指派如下结构:

(19)a. [$_{CausP}$ 我 [$_{Caus'}$ [$_{Caus}$ 把][$_{BecP}$ 花儿 [$_{Bec'}$ [$_{Bec}$][$_{VP}$[水][$_v$ 浇了]]]]]]

　　→ [$_{CausP}$ 我 [$_{Caus'}$ [$_{Caus}$ 把][$_{BecP}$ 花儿 [$_{Bec'}$ [$_{Bec}$ 浇了][$_{VP}$[水][$_v$ 浇子]]]]]]

　　 b. [$_{CausP}$ 我 [$_{Caus'}$ [$_{Caus}$ 把][$_{BecP}$ 水 [$_{Bec'}$ [$_{Bec}$][$_{VP}$[花儿][$_v$ 浇了]]]]]]

　　→ [$_{CausP}$ 我 [$_{Caus'}$ [$_{Caus}$ 把][$_{BecP}$ 水 [$_{Bec'}$ [$_{Bec}$ 浇了][$_{VP}$[花儿][$_v$ 浇子]]]]]]

　　(19)中的图示表明:"花儿"与"水"都由相同的功能范畴Bec选择,在两个句子中又被放置在相同的句法位置[Spec, BecP]。所以,虽然在事件图景中"花儿"与"水"是不同的参与者,但它们可以拥有相同的句法行为,即既可以有"把"字句,又可以话题化。当Caus实现为"把"时,有相应的"把"字句,如(19);当Caus没有实现为"把"时,BecP

的指示语可以话题化，如（20）①：

（20）a. [CausP我[Caus'[Caus][BecP花儿[Bec'[Bec][vP[水][v浇了]]]]]]

   → 花儿…[CausP我[Caus'[Caus][BecP花儿[Bec'[Bec 浇了][vP[水][v浇了]]]]]]

   b. [CausP我[Caus'[Caus][BecP水 [Bec'[Bec][vP[花儿][v浇了]]]]]]

   → 水…[CausP我[Caus'[Caus][BecP水 [Bec'[Bec 浇了][vP[花儿][v浇了]]]]]]

（18）中相关的成分都可以话题化。如：

（21）　　　a.　　　　　　　　　　b.

　　花儿，我浇了水。　　　　水，我浇了花儿。

　　窗户，我糊了纸。　　　　纸，我糊了窗户。

　　箱子，我捆了绳子。　　　绳子，我捆了箱子。

　　门，我顶了杠子。　　　　杠子，我顶了门。

BecP指示语位置的成分虽然"语义格"不同，分属"核心格"与"外围格"，但它们的句法行为是相同，都可以有"把"字句，如（18）；都可以话题化，如（21）。之所以有相同的句法行为，是因为汉语的功能范畴在论元的选择上有着重要的价值。据此，（17）中的句子可以指派如下的句法结构：

（22）a. [vP[他][v'[v][vP[这支笔][v写]]]]

　　　b. [vP[他][v'[v][vP[细毛线][v织]]]]

　　　b. [vP[他][v'[v][vP[男中音][v唱]]]]

　　　b. [vP[他][v'[v][vP[这条路][v走]]]]

由此可见：功能范畴可以引进各种"语义格"作论元，这使得"NP+好V"中NP具有了宽泛的"受事性"，即它除了由常规的"受事性"论元充当之外，还可以由"工具、材料、方式、处所"这样非常规的"外围格"论元充当。

---

① 不是所有的动词都可以有交替句式，如"我把橘子剥了皮"就没有"我把皮剥了橘子"的对应说法。原因可能很多，其中一个重要原因是"皮"为"一价"名词，其投射为[pro 皮]。pro的解由成分统制它的最近成分决定，"我把皮剥了橘子"违反了黄正德（Huang 1992）最短距离原则（Minimal Distance Principle）。如：

a. [CausP我[Caus'Caus][BecP橘子ᵢ[Bec'Bec][vP[proᵢ皮][v剥了]]]]]]

b.*[CausP我[Caus'Caus][BecP proᵢ皮][Bec'Bec][vP[橘子ᵢ][v剥了]]]]]]

2.2 "好V"是句法派生的形容词

前面解决的是NP与V的选择关系,这种"选择关系"是宽泛的,不仅有常规的"受事性"论元,还有非常规的"外围格"论元,它们都是扩展动词的功能范畴(轻动词)为动词选择的。本节要解决的问题是:"好"是如何引进的及相应的句法后果。从可能性上说,"好"可以作为形容词(A)也可以作为助动词(Mod)或副词(Adv)。如:

(23)a. ···[$_A$ 好] [$_{vP}$ [   ][$_{v'}$[$_v$ USE][$_{vP}$[这支笔][$_v$写]]]]

b. ···[$_{Mod}$ 好] [$_{vP}$ [   ][$_{v'}$[$_v$ USE][$_{vP}$[这支笔][$_v$写]]]]

c. ···[$_{AdvP}$好] [$_{vP}$ [   ][$_{v'}$[$_v$ USE][$_{vP}$[这支笔][$_v$写]]]]

"好"作形容词或助动词,都可以选择vP作补足语,如例(23a)与例(23b);作副词,投射为副词短语作vP的附加语,如例(23c)。在这三个结构中,"这支笔"都是轻动词v为"写"选择的论元,这回答了NP与V的"选择性关系";"这支笔"移位作主语,也是跟v相关,因为v的phi—特征不完整,不能为"这支笔"核查格,也不能通过引进外部论元以满足T的EPP特征。也就是说,这三个结构最终都能推导出"这支笔好写"。选择哪种结构,取决于"好V"是词还是短语及汉语普通话的特点。如果"好V"是词,则只能选择例(23a)与(23b),因为作为核心的"好"成分统制"写","写"能通过核心移位跟"好"融合;如果汉语普通话的动词移位不高(邓思颖2003:108),则"写"不会或很难向助动词"好"移位,最后只能选择例(23a)。如果"好V"是短语,则可能选择例(23c),也可能是例(23b),甚至可能是例(23a),只要V不向"好"核心移位或移位不高。

2.2.1 "好V"是词

"词"的判别不容易。布龙菲尔德(1985:221)曾用"隔开法"判别词,他说:"一个词不能被其他形式隔开的原则,几乎适用于一切语言。比方说black——I should say, bluish black——birds(一些黑色的——或者说,带点蓝黑色的——鸟),但是我们却不能以同样的方式隔开复合词blackbirds。这个原则的例外情况是稀罕得跟胡闹似的。"赵元任(1979:84)也重申了这一原则,他说:"如果说到一个多音节词的中间迟疑(吞吞吐吐)起来,那么,重新说下去的时候一定从一个词的起头重说,务必使整个词无停顿地说出来。"例如:

（24）今天 a，我 ia，要——上——，·那·个·那·个——理发——，理
　　发铺——，去理——理——理发。（赵元任 1979：84）

由于"理发铺、理发"是个词，中间无论怎么迟疑、拉长下去，最后
还得连在一起说。用隔开法来观察"好 V"，同样也能发现它中间的不
可停顿性。如：

（25）这个问题嘛，好——好研究！

由此看来，"好 V"也应该是词。不仅"NP+好 V"中"好 V"的两个
成分之间不能插入任何成分，而且"好"后的动词也不能重叠①。如：

（26）a. 这支笔好写。

　　　　*这支笔好写写。

　　　b. 你摁紧纸，我好写这个字。

　　　　你摁紧纸，我好（端端正正地）写（写）这个字。

例（26a）表明词根"好"跟 V 融合成了一个词，例（26b）则反映助动
词"好"跟其后的 V 不能融合成一个词。

从结构主义的隔开法（语音停顿）和扩展法来看，"好 V"应该是个
词，所以我们选择句法结构例（23a），其中"好"为形容词。"V"向"好"
移位，通过融合产生如下复合词：

（27）[$_A$[$_A$好][$_v$写]]

因为 V 向"好"移位，结构保持"好"的范畴标记。该结构表明"好
V"是个形容词 A。

2.2.2 "好 V"为形容词的证据

古川裕（2005：28）也认为"好 V"是形容词，但他并没有给出任何
理由。朱德熙（1982：55）给出的形容词标准是"凡受'很'修饰而不能
带宾语的谓词是形容词"，下面我们按此标准并以"好吃、好玩、好使、
好研究、好走、好学"等词为例进行测试。

（28）a. 加"很"：

　　　（苹果）很好吃　　　　　（公园）很好玩

　　　（这把刀）很好使　　　　（这个问题）很好研究

　　　（这条路）很好走　　　　（英语）很好学

　　　b. 测试二（带宾语）：

---

① 邵敬敏（2002：103）将"好看"与"快看"对比，后者中的"看"可以重叠，如"快看看"，前者不能类似
扩展，所以他们认为前者是词，后者是短语。

*好吃苹果	*好玩公园
*好使这把刀	*好研究这个问题
*好走这条路	*好学英语

通过以上测试，可见"好V"完全可以接受"很"的修饰，而在它后面是不能接受宾语成分的。根据朱德熙的标准，我们可以把"好V"看作形容词。

郭锐（2002：196-197）认为形容词除了可以做谓语与受"很"修饰之外，还有其他一些典型特征。这些特征，"好V"也都能满足。如：

（29）a. 可以受"不"的否定，不能受"没"的否定。如：

不好吃	*没好吃	不好看	*没好看
不好玩	*没好玩	不好研究	*没好研究

b. 能受其他状语的修饰。如：

特别好吃　非常好玩　十分好使　最好学

c. 可以带补语。如：

好看得很　好玩得很　好研究得很　好学极了

d. 可以做补语。如：

饭做得好吃　头扎得好看　书编得很好学　路修得很好走

这表明"好V"确实是个形容词。

2.2.3 "好"不是助动词

"好"是形容词，选择小句vP作补足语，因"V"向"好"核心移位，生成的"好V"自然是形容词。这说明吕叔湘（1980：225-227）将"好V"中的"好"处理为形容词是可取的，也难怪赵元任（1979：345）用 easy to V 对译"好V"。在"好V"为形容词这一点上，"好"为形容词是关键。曹宏（2005：64）曾反对将"好"处理作形容词，其理由是"由'很、挺'一类程度副词加上形容词构成的组合作修饰语时必须加上后缀'地'"，而"好V"前加"很"时，不能伴随"地"，如"很好（*地）写"。曹宏的批评对作为复合词的"好V"不适用，因为"好V"如果是词的话，则"很好写"中的"很"修饰的只能是"好写"不能是"好"，否则会违反词的完整性假设（Lexical Integrity Hypothesis）。

按照邓思颖（2003：108），汉语普通话中动词不能移位太高，"好"不大可能是助动词；按照熊仲儒（2002：379）的"嫁接与移位同向假设"，"好"则绝对不能是助动词。熊仲儒（2002：381）为满足"嫁接与移位同向假设",他要求在句法设置时词汇范畴核心在后,功能范畴核心在前。汤志真(Tang 1990:44)也说:"在汉语中,词汇范畴左向指派补足语角色(C-role),功能范畴右向指派题元角色。"按熊仲儒(2002)或Tang(1990),作为词汇范畴的形容词"好",在结构上应位于右侧;作为功能范畴的助动词"好",在结构上应位于左侧。如:

(30)a. … [AP[vP [v·[v   ][vP[这支笔][v写]]]][A 好]]

→… [AP[vP [v·[v 写][vP[这支笔][v写]]]][A 好]]

→… [AP[vP [v·[v 写][vP[这支笔][v写]]]][A 好–写]]

b. … [Mod好] [vP [v·[v   ][vP[这支笔][v写]]]]

→… [Mod写–好] [vP [v·[v 写][vP[这支笔][v写]]]]

(30a)中词汇核心"好"成分统制补足语vP及其词汇核心"写",(30b)中功能核心"好"也成分统制补足语vP及其词汇核心"写"。根据"嫁接与移位同向假设","写"向右侧的"好"移位,嫁接于"右侧",得"好–写",如(30a);"写"向左侧的"好"移位,嫁接于左侧,得"写–好",如(30b)。要得到"好写"序列,"好"就只能是词汇范畴,如形容词,而不能是功能范畴,如助动词。

曹宏(2005:64)曾用朱德熙(1982:61)关于助动词的语法特征论证"好"为助动词,她认为"好"符合助动词的四项特征:(1)只能带谓词宾语,不能带体词宾语;(2)不能重叠;(3)不能带后缀"了""着""过";(4)可以放在"~不~"的格式里。其实"好"并不符合助动词的第一个特征。如果仔细考察的话,就会发现"好V"中的V算不上"好"的谓词宾语,因为"好V"中的V不能像其他助动词后边的V那样可以自由地带宾语:

(31)a. 张三能喜欢。   张三能喜欢这部影片。

b. 好研究。   *好研究这个问题。

至于其他三项特征,普通的双音节形容词也都可作类似比较。如:

(32)a. 漂亮   *漂漂亮   好研究   *好好研究

b. 漂亮   *漂了亮   好研究   *好了研究

c. 漂亮   漂不漂亮   好研究   好不好研究

能说的"好好研究"跟"好研究"没有关系,"好好研究"是劝勉人努力、认真研究,而"好研究"是容易研究。正反重叠形式可以由谓词性合成词的第一个语素采用正反重叠形式。"漂亮"中的"漂"与"好V"

中的"好"非常平行,人们之所以将"好V"中的"好"看作助动词而不将"漂亮"中的"漂"看作助动词,其原因可能就在于"好V"是句法生成的词。在我们看来,与其说"好V"是"助动词+谓词宾语"的结构,倒不如说它是形容词。

3 结 语

用难易句和中动句来处理"NP+好V"句式都可以比较方便地说明NP与V之间的选择关系(语义选择与范畴选择)。两种分析各有缺陷,如难易句很难解释NP为什么不能还原到V后位置,而中动句则很容易说明;中动句能简单解释NP不能还原到V后位置,却不能说明"好V"的词身份。我们认为"NP+好V"是介于难易句与中动句之间的一个句式,跟难易句相似的是难易词根作谓词,选择补足语,不同的是难易句中难易谓词选择phi—特征集不完整的TP而"好"选择phi—特征集不完整的vP;跟中动句相似的是动词也失去了赋格能力,不同的是"好"不是副词或修饰语而是谓词。可归纳为:

		有难易谓词	动词失去赋格能力
英语	难易句	√	
	中动句		√
汉语	"NP+好V"句	√	√

本研究表明:一种语言的句式跟另一种语言的相应句式不是完全对应的,虽然大同但存在小异。

主要参考文献:

[1] CHOMSKY N. 2001. Derivation by phase[M]// KENSTOWICZ M. Ken Hale: a life in language. Cambridge, MA: The MIT Press.

[2] HUANG C. T. 1992. Complex predicates in control[M]//LARSON R, IATRIDOU S., LAHIRI U., HIGGINBOTHAM J. Control and grammar. Kluwer.

[3] LIN T. H. 2001. Light verb syntax and the theory of phrase structure [D]. Doctoral Diss., University of California, Irvine.

[4] TANG C. C.1990. Chinese phrase structure and the extended X'–theory

[D]. Doctoral Diss., Cornell University, Ithaca, NY.

[5] 奥田宽. 2000. 作为助动词的"容易"和"好"[M]. 中国语文杂志社.语法研究和探索(十). 北京:商务印书馆.

[6] 布龙菲尔德. 1985. 语言论[M].袁家骅,等译. 北京:商务印书馆.

[7] 曹宏. 2005. 中动句的语用特点及教学建议[J]. 汉语学习,(5):61–68.

[8] 邓思颖. 2003. 汉语方言语法的参数理论[M]. 北京:北京大学出版社.

[9] 古川裕. 2005. 现代汉语的"中动语态句式"——语态变换的句法实现和词法实现[J]. 汉语学报,(2):22–32.

[10] 郭锐. 2002. 现代汉语词类研究[M]. 北京:商务印书馆.

[11] 纪小凌. 2006. 再论现代汉语的中间结构[J]. 上海师范大学学报,(6):123–30.

[12] 吕叔湘. 1946. 从主语宾语的分别谈国语句子的分析[M]//吕叔湘. 汉语语法论文集.北京:商务印书馆.

[13] 吕叔湘. 1980. 现代汉语八百词[M]. 北京:商务印书馆.

[14] 邵敬敏. 2001. 现代汉语通论[M]. 上海:上海教育出版社.

[15] 邵敬敏. 2002.《现代汉语通论》教学指导[M]. 上海:上海教育出版社.

[16] 熊仲儒. 2004. 现代汉语中的致使句式[M]. 合肥:安徽大学出版社.

[17] 熊仲儒. 2002. 自然语言的词序[J]. 现代外语,(3):372–86.

[18] 袁毓林. 1998. 汉语动词的配价研究[M]. 南昌:江西教育出版社.

[19] 詹人凤. 1997. 现代汉语语义学[M]. 北京:商务印书馆.

[20] 赵元任. 1979. 汉语口语语法[M]. 吕叔湘,译. 北京:商务印书馆.

[21] 朱德熙. 1978. "的"字结构和判断句[M]//朱德熙. 现代汉语语法研究. 北京:商务印书馆.

[22] 朱德熙. 1982. 语法讲义[M]. 北京:商务印书馆.

（原载《当代语言学》2011年第1期）

后　记

　　我将这个集子命名为《论元结构与汉语构式》，有两重意思：一是用构式的方法研究论元结构，二是根据论元结构研究汉语特定的构式。

　　构式语法的重要研究者Goldberg，她也采用构式的方法研究论元结构，但在她那儿，构式是个基本的语言单位（basic unit of language），像语素一样具有不可预测性。所以，她将"构式"定义为这样的一种偶对，即它的形式和意义的某些方面既不能完全从其组成成分推导出来，也不能由业已建立的其他构式推导出来。在我所采信的乔姆斯基的生成语法中，构式具有可推导性。

　　在生成语法中，论元结构的表征有两种方法，一是采用投射的方法（projectionist approach），一是采用构式的方法（constructionist approach）。投射的方法是假定动词、名词、形容词等谓词在词库中被登录了论元结构、题元角色等信息，然后通过一些原则把这些词库信息投射到句法结构中去。随着研究的深入，人们发现外部论元并非动词的真正论元，所以也就提出了以轻动词短语（vP）为基础的构式方法。这十几年来，我一直在采用构式的方法研究汉语的动词、名词、形容词的论元结构。

　　文集第一部分的内容为"论元结构的构式理论"，探讨的是轻动词短语的构型与轻动词的句法语义作用。我的轻动词短语的构型不同寻常，既不是核心在前的设置，也不是核心在后的设置，而是词汇核心在后功能核心在前的设置。这样的设置，使轻动词的引进在汉语句法中成为必需。乔姆斯基自上个世纪九十年代中期也引进轻动词，一开始是为了向外部论元指派题元，后慢慢地强化了它的核查或协约作用。我引进轻动词，一开始是纯技术的要求，后赋予了它引进论元、激发移位与协约的作用，现在认为它还有协助语义计算的作用。让轻动词为谓词引进论元,论元与谓词间的关系就被消解了,什么样的事件参与者包括外围格都有可能成为论元。

第二部分的内容为"汉语中的致使构式",具体探讨的是致使范畴的语音实现及其句法语义作用。致使范畴可以没有专门的语音形式,也可以有专门的语音形式,如"把""以"等。致使范畴对应的事件为完成事件,相应的成分会受到完全影响。如果不考虑致使范畴的专门语音形式,会将受影响的完全性归结为动名间的作用,其实它是致使范畴与役事间的作用。致使范畴选择论元,这使得致事可以是主动词的施事、受事或独立致事,也可以是活动本身。致使范畴有可能接受活动范畴的扩展,相应的操作会引起母语说话者的语感差异。如果致使范畴选择役事的领有者做致事,就会产生领属性致使句。如果役事的领有者提升,就会产生领属性保留宾语句。如果受致使范畴扩展的达成范畴选择等同短语做结果论元,会产生等同双宾句。

第三部分的内容是"汉语中的被动中动构式",具体探讨的是两种被动句与两种中动句。"由"与"给"都是被动范畴的专门语音形式,它们扩展对象不同:前者扩展带完整论元的轻动词短语,即其中轻动词的phi—特征集完整;后者扩展带不完整论元结构的轻动词短语,即其中轻动词的phi—特征集不完整。中动句是以主动的形态表达被动意义的句子,汉语中"V-起来"句与"好V"句都算不得严格意义上的中动句。我们将其中的"起来"看作状态范畴的语音形式,将"好V"看作句法复合词,其中"好"以phi—特征集不完整的"v-VP"为补足语。语言有的时候看起来差不多,只是大同中存在小异,但小异的作用不可小觑。

2011年,我出版了自己的第一本论文集《现代汉语中的功能范畴》,这本《论元结构与汉语构式》是我的第二本论文集。两本集子都由安徽师范大学出版社出版,很有意义。感谢安徽师范大学出版社,特别是责任编辑潘安先生。感谢为这些论文提供发表的期刊及其审稿人,感谢为这些研究提供资助的基金项目和评审专家,感谢在我学术成长中为我提供帮助的所有师友。

我将继续努力!

熊仲儒

2014年11月